LE SYMBOLE
DU XIe CONCILE DE TOLÈDE

DU MÊME AUTEUR

El concepto de la Tradición en San Vicente de Lerins (Analecta Gregoriana, vol. V), Rome, 1933, in-8°, 215 p.

El Commonitorio de San Vicente de Lerins. Traducción castellana, con comentario y precedida de una introducción, Madrid, 1935, in-8°, 150 p.

La Iglesia de Jesucristo. Fuentes y Documentos para el estudio de su constitución e historia, Madrid, 1935, 282 p.

El Primado Romano. Fuentes y Documentos para el estudio de su constitución e historia, Madrid, 1936, 440 p.

El Florilegio patrístico del II concilio de Sevilla (a. 619), dans les *Miscellanea Isidoriana.* Homenaje a S. Isidoro de Sevilla en el XIII centenario de su muerte. 636 — 4 de abril — 1936. Rome, 1936, in-8°, 177-220 p.

UNIVERSITÉ CATHOLIQUE
ET COLLÈGES THÉOLOGIQUES O. P. ET S. J. DE LOUVAIN

SPICILEGIUM SACRUM LOVANIENSE
ÉTUDES ET DOCUMENTS
FASCICULE 19

JOSEPH MADOZ, S. J.
PROFESSEUR AU COLLÈGE THÉOLOGIQUE D'OÑA (MARNEFFE)

LE SYMBOLE DU XIe CONCILE DE TOLÈDE

SES SOURCES, SA DATE, SA VALEUR

LOUVAIN
« SPICILEGIUM SACRUM LOVANIENSE »
BUREAUX
RUE DE NAMUR, 40

1938

PRÉFACE

Depuis plusieurs années, les recherches sur les symboles de foi ont les faveurs du public. Par ailleurs, de nouveaux aspects de la patristique espagnole, mis en relief de nos jours, attirent plus que jamais l'attention des savants.

Dans le vaste champ de ces investigations, le XIe symbole de Tolède, de l'an 675, occupe une place privilégiée : notre étude s'attache à définir ses origines, ses sources patristiques et la date de sa composition. Comme le géographe relève et décrit les moindres affluents qui viennent grossir le Tage, gloire de Tolède, la « Cité Impériale », nous avons tenté de définir les divers éléments, traditionnels et patristiques, dont la convergence a contribué à l'élaboration de cette célèbre formule de foi, honneur de la science théologique des Pères tolétains. L'identification de ces sources nous permet de fixer la date de composition du symbole. Ajoutons que, par cette voie, nous sommes à même de confirmer le témoignage de la transmission manuscrite, qui attribue la paternité de ce symbole au XIe concile de l'année 675.

Il nous reste à exprimer ici notre sincère gratitude à tous ceux qui nous ont aidé dans le présent travail. Le R. P. Joseph de Ghellinck, S. I., qui fut jadis notre professeur d'Histoire des Dogmes et de Patrologie à l'Université Grégorienne de Rome, a mis aimablement à notre disposition ses vastes connaissances de patristique et sa bienveillance si obligeante. Nous le remercions aussi, lui et les autres membres du Comité de Direction, qui ont bien voulu accorder à notre étude la généreuse hospitalité du *Spicilegium Sacrum Lovaniense*. Aux RR. PP. P. Leturia et A. Gómez, nous sommes spécialement reconnaissants pour l'aide accordée dans la consultation de plusieurs manuscrits.

MARNEFFE (BELGIQUE), *Collège Théologique*,
12 janvier 1938.

J. MADOZ, S. J.

LISTE DES ABRÉVIATIONS

BRUNS, Herm. Théod.	*Canones Apostolorum et Conciliorum saeculorum IV, V, VI, VII*, Berlin, 1839.
CSEL	*Corpus Scriptorum Ecclesiasticorum Latinorum*, editum consilio et impensis Academiae Litterarum Caesareae Vindobonensis, Vienne, 1866 et suiv.
DTC	*Dictionnaire de théologie catholique* (Vacant-Mangenot-Amann).
FLOREZ, Henri	*España sagrada*, 51 volumes, Madrid, 1754-1866.
HAHN, Auguste	*Bibliothek der Symbole und Glaubensregelen der alten Kirche*. Dritte Auflage von Ludwig Hahn, Breslau, 1897.
JTS	*The Journal of Theological Studies*, Londres.
MANSI, Jean Domin.	*Sacrorum Conciliorum nova et amplissima collectio*, Florence, 1759 etc.
MGH	*Monumenta Germaniae Historica*, Hanovre.
PG	*Patrologiae cursus completus*, accurante J. P. Migne, série grecque, Paris, 1857-1866.
PL	*Patrologiae cursus completus*, accurante J. P. Migne, série latine, Paris, 1844-1855.
RHE	*Revue d'histoire ecclésiastique*, Louvain.
SBWA	*Sitzungsberichte der Wiener Akademie der Wissenschaften*, philosophische - historische Klasse.

INTRODUCTION

LE XIe SYMBOLE DE TOLÈDE

SOMMAIRE. — I. Appréciations sur le symbole du XIe concile de Tolède. — II. Aperçu sur les récits historiques de son apparition au concile de l'année 675. — III. La transmission manuscrite du symbole et les manuscrits utilisés pour la reconstruction du texte. — IV. Le texte du symbole. — V. Sommaire de son contenu. — VI. Objet et méthode du présent travail.

I

Le XIe symbole de Tolède (a. 675) est classique par l'admirable précision théologique de ses idées et par l'éclatante netteté de ses formules dans l'exposé de la doctrine trinitaire et christologique. Le IVe concile de Tolède (a. 633), tout auréolé du glorieux souvenir de son président saint Isidore de Séville, avait fixé dans une formule de foi, aux traits nets, le contenu symbolique de la tradition espagnole. Le VIe concile (a. 638) avait continué dans la même voie ; la formule qu'il avait rédigée ne fait que développer les mêmes idées, mais y ajoute la profession de foi dans l'Église catholique, corps du Christ, appelée à régner avec son chef dans le royaume à venir.

Le XIe symbole de Tolède prend comme base le même schème ; il le développe, l'amplifie, y joint des articles d'une élaboration théologique achevée, et présente un exposé doctrinal d'une telle ampleur qu'il revêt l'aspect d'un petit traité théologique. Le XVIe symbole (a. 693) ajoutera plus tard de nouvelles précisions sur l'explication psychologique de la Trinité, la dualité des volontés dans le Christ, la virginité perpétuelle de Marie, etc. ; il gardera toutefois le caractère de symbole-traité inauguré par le XIe symbole, dont il répète en grande partie les formules, mais sans atteindre toujours à la même précision technique.

Même dans la tradition espagnole du symbole, ces quatre formules de Tolède, la IVe, la VIe, la XIe et la XVIe ont une frappe tout à fait caractéristique et gardent un air de famille. D'ailleurs, le XIe symbole dépend du VIe et du IVe, le XVIe du XIe, et le VIe n'a pas été sans faire au Ier des emprunts appréciables. Dans une autre étude, nous avons taché de découvrir l'origine du IVe, et nous avons conclu en le rattachant à saint Isidore ; des études postérieures attireront notre attention sur les symboles VI et XVI ; c'est au XIe symbole que ce travail-ci est consacré.

Les théologiens et les historiens du dogme répètent à l'envi ses formules lapidaires et il n'est pas rare de voir ces éloges accompagnés d'une note admirative. « C'est — d'après Scheeben, — la formulation symbolique la plus parfaite de la foi trinitaire à l'époque patristique... Il reflète toute la formation technique du dogme tel qu'il s'est déroulé dans la lutte contre les hérésies [1]. » Parlant de ce symbole, le P. Jules Tailhan donne libre cours à l'enthousiasme chaleureux qui imprègne tout son ouvrage sur l'*Anonyme de Cordoue* : « La profession de foi, placée par eux en tête de leurs décrets, est un chef-d'œuvre de clarté et de précision théologiques. Les dogmes chrétiens de la Trinité et de l'Incarnation y sont nettement affirmés ; toutes les hérésies, celles d'Arius, de Macédonius, d'Apollinaire, de Nestorius, d'Eutychès, des Acéphales, catégoriquement condamnées. C'est dans ce magnifique symbole de notre foi, si largement développé, qu'apparaît pour la première fois en Espagne la formule des *trois substances* dans les *deux natures* du Verbe incarné [2]. » Il forme, — dit Schwane —, « le dernier

---

[1] *Handbuch der katholischen Dogmatik*, t. I, § 106, Fribourg en Br., 1873, p. 749.

[2] *Anonyme de Cordoue. Chronique rimée des derniers rois de Tolède et de*

chaînon dans la suite évolutive de la doctrine trinitaire [1] ». « Le symbole du XIe concile de Tolède, — ajoute J. B. Heinrich, — est remarquable par son extension, sa précision et sa pénétration théologique [2]. » Künstle, enfin, l'appelle « le sommet du développement des formules de foi espagnoles [3] ». « C'est peut-être, — ajoute encore le même auteur, — le plus beau, c'est en tout cas le plus étendu des symboles. C'est avec une précision et une maîtrise de langage inaccoutumée qu'il exprime les doctrines trinitaires et christologiques [4]. »

C'est précisément cette perfection qui, aux yeux de quelques critiques, pose une énigme au sujet de la date traditionnelle de sa composition. Künstle dit encore : « Il exprime les doctrines trinitaires et christologiques avec une précision si inusitée et une propriété de termes si parfaite qu'on est surpris de trouver ce texte dans les actes d'un concile provincial du VIIe siècle [5]. Bien qu'à cette époque de décadence générale — ajoute le même auteur, — l'église d'Espagne réussisse à sauvegarder une culture supérieure aux autres nations d'occident, comme en témoigne l'activité si féconde de ses conciles, cependant aucun précédent ne vient expliquer l'origine d'un symbole marqué de telles qualités théologiques et d'expression [6]. » D'au-

---

la conquête de l'Espagne par les arabes, éditée et annotée par le P. J. TAILHAN, S. I., Paris, 1885, p. 17, note 5.

[1] « Das Schlussglied in der Reihe der die Trinitätslehre betreffenden Entwicklungen ». *Dogmengeschichte*, t. II, Fribourg en Br., 1895, § 23, p. 209.

[2] *Dogmatische Theologie*, t. IV², Mayence, 1885, p. 382.

[3] « Das Höhepunkt der spanischen Symbolentwicklung ». *Antipriscilliana. Dogmengeschichtliche Untersuchungen und Texte aus den Streite gegen Priscillians Irrlehre*, Fribourg en Br., 1905, p. 73.

[4] *Eine Bibliothek der Symbole und theologischer Tractate...*, Mayence, 1900, p. 23.

[5] « Mit grosser sprachlicher Gewandtheit und mit ungewöhnlicher Präcision im Ausdruck werden die trinitarischen und christologischen Lehren auseinandergesetzt, so dass man überrascht ist, diesen Text in den Acten eines Provinzialconcils aus dem Ende des 7. Jahrhunderts zu finden ». *Eine Bibliothek*, p. 33.

[6] « Wenn die spanische Kirche im Zeitalter der allgemeinen Decadenz sich auch einen höheren Kulturstand bewahrt hatte als alle übrigen Länder des Westens, wie sich aus der reichen conciliaren Thätigkeit deutlich erkennen lässt, so fehlen doch auch in ihr um diese Zeit die Voraussetzungen für die Entstehung eines Symbolums von so grossen sprachlichen und theologischen Vorzügen ». *Eine Bibliothek*, p. 33.

tres faits attirent également l'attention ; la controverse monotélite, qui émouvait alors l'Église universelle, n'y est même pas effleurée ; en revanche, la doctrine trinitaire et christologique y est conçue d'un point de vue antipriscillien [1]. En outre, si cette formule de foi se trouve dans l'introduction aux actes du concile, elle ne garde avec eux aucun rapport [2]. Il faut donc conclure, malgré la déclaration du bon métropolitain Quiricius, que « ce que nous appelons le XIe symbole de Tolède n'a pu provenir du synode provincial de 675, synode sans importance, uniquement consacré à des questions disciplinaires d'un ordre tout secondaire. Elle est bien plutôt une *Expositio Fidei* due à un théologien espagnol du Ve siècle ; le XIe concile de Tolède la fit sienne et, de cette sorte, elle a obtenu l'autorité officielle qu'elle possède encore aujourd'hui [3]. »

II

Avant de passer outre, voyons dans quelles circonstances notre symbole fait son entrée au concile [4]. Les ennemis de Wamba avaient été mis en déroute et l'ordre régnait à nou-

---

[1] « Auch darüber lässt er uns im unklaren, wie er dazu kommt, am Ende des 7. Jahrhunderts die trinitarische und christologische Lehre lediglich im antipriscillianischen Sinne darzustellen und von den monotheletischen Streitigkeiten, die damals die ganze Kirche bewegten, ganz zu schweigen ». *Antipriscilliana*, p. 73.

[2] « Das Symbol steht in der Einleitung zu den Acten des XI. Concils von Toledo und ausserhalb jeglichen Zusammenhangs mit diesen ». *Eine Bibliothek*, p. 33.

[3] « Um es kurz zu sagen : das sogenannte Toletanum XI stammt nicht von dem unbedeutenden Provinzialkonzil des Jahres 675, das sich, wie seine Akten zeigen, mit ganz unbedeutenden Disziplinarbestimmungen beschäftigte. Was wir heute Toletanum XI nennen, ist vielmehr eine Expositio fidei eines spanischen Theologen des 5. Jahrhunderts ; sie wurde von der Synode zu Toledo im Jahre 675 als Glaubensregel übernommen und erhielt so offizielles Ansehen, das ihr bis heute geblieben est », *Antipriscilliana*, p. 74. — Le P. L. KOESTERS a subi aussi l'influence de Künstle lorsqu'il affirme dans son bel ouvrage *Unser Christusglaube*, Fribourg en Br., 1937, p. 50 : « Das Konzil von Toledo spricht dieselbe Ueberzeugung in einen eigenen ausführlichen Glaubensbekenntnis aus, das aus einer früheren Zeit übernommen scheint. »

[4] Quant au milieu et autres circonstances historiques, cfr FLOREZ, t. VI, p. 199-204 ; P. B. GAMS, *Die Kirchengeschichte von Spanien*, Fribourg, 1885,

veau dans le royaume. Les évêques de la province de Carthagène se réunirent en concile le septième des ides de novembre, en la quatrième année du règne de Wamba (7 novembre 675). Ce fut le XIe concile de Tolède. Vingt années s'étaient écoulées depuis le dernier concile national. Dans son introduction, sous des couleurs parfois sombres à l'excès, le concile déplore cette longue parenthèse funeste à l'enseignement religieux, à la moralité et à la discipline :

« In nomine sanctae Trinitatis collectis in unum Carthaginis provinciae sacerdotibus in Toletana urbe in beatae matris Domini Mariae virginis sede, anno quarto excellentissimi et religiosi Wambanis principis, sub die septimo Idus Novembris, res votiva gaudii et dies nimium optatae gratulationis occurrit, in quo nobis datum est conspicere pariter et deflere, quid lacrymarum de praeteritis Domino deberemus. Eramus nimirum hucusque prolabentis saeculi colluvione instabiles, quia annosa series temporum, subtracta luce conciliorum, non tam vitia auxerat, quam matrem omnium errorum ignorantiam otiosis mentibus ingerebat. Cernebamus enim quomodo Babylonicae confusionis olla succensa nunc tempora conciliorum averteret, nunc sacerdotes Domini de resolutis moribus irretiret ; purpuratae enim meretricis sequebantur invitamenta, quia ecclesiastici conventus non aderat disciplina, nec erat qui errantium corriperet partes, cum sermo divinus haberetur extorris, et quia non erat adunandorum pontificum ulla praeceptio, crescebat in maius vita deterior. Cum tandem divina nos clementia ex alto respiciens et tempori aetatis nostrae se occursuram praebuit et saluti, praeparans nostris saeculis religiosi principis mentem devotam pariter et instructam, cuius fervidac sollicitudinis voto et lux conciliorum renovata resplenduit et alterna caritas se mutuo in corrigendis vel instruendis moribus excitavit, dum et aggregandi nobis hortatu principis religiosi facultas est data et opportuna corrigendis praeparata est disciplina, ut qui decursis longe ante temporibus post decem et octo scilicet labentium annorum excursum in unum meruimus aggregari conventum, mederi possemus speciali gratia sanitatum. Neque enim numerus iste alienus est a salute ; sic quippe mulier illa in evangelio tersenis annorum

---

t. III, 2, p. 161-165 ; HEFELE-LECLERCQ, *Histoire des conciles*, III, 1, p. 310-314 ; Z. G. VILLADA, *Historia eclesiástica de España*, t. II, 2, Madrid, 1933, p. 141-162.

excursibus curva, quae figuram totius generis humani gestabat, sub sacramento huius numeri saluti pristinae a salvatore donatur. Nos igitur per tot annos curvo nostri ordinis persistente statu in eo, quod nulla nos conciliorum definitio iungeret, nullus etiam conventus ecclesiastici ordinis adunaret, tandem divinae voluntatis imperio et religiosi principis iussu evocati in toletanam urbem convenimus [1]. »

L'Anonyme de Tolède, dans sa *Chronique,* fait les mêmes constatations ; il emprunte à cet effet un certain nombre de remarques à la préface susdite et souligne le grand prestige dont jouissait la science de saint Ildefonse, dont les disciples présents au concile faisaient honneur à l'assemblée :

« Hic (Wamba) anno regni sui quarto in era DCCXIII in Toletana urbe in beate matris domini Marie virginis sede atrio in secretario post transactos octo et decem perturbationum diversarum cladium annos, ad instar mulieris illiua in evangelio curbe concilium salutis parat, atque omnes Spanie Gallieque episcopos sinodaliter adgregat. Cum quos et tempora absque concilia pretereuntia satis deplorat. In hoc vero consolationem cum tantimodos viros receptat, quod prenitente tunc sanctissimo Hildefonso melliflue os aureum in libris diversis eloquentem atque de virginitate nostre domine semper Marie virginis nitido politoque eloquio, ordine sinonime perflorentem et hancora fidei eius tempore in omni sua ecclesia insidente, libelli ab eo editi et per Iberiam discursati ut vere a magna concilia fidelium lectitantium recreate sunt mentes atque a ribulis doctrinarum eo in tempore magnopere consolati sunt pusillanimes [2]. »

Avant cette assemblée et dès le premier jour, Quiricius, archevêque de Tolède et président du concile, propose un projet de symbole, sur lequel les Pères du concile seraient appelés

---

[1] F. A. GONZALEZ, *Collectio canonum Ecclesiae Hispanae,* p. 467-469. C'est à présent la meilleure édition de la collection canonique espagnole. Préparée par le P. Marc BURRIEL, S. J., cette édition est basée sur neuf manuscrits espagnols dont la date s'échelonne entre 976 et 1050. On consultera avec profit l'introduction de cette édition. H. T. BRUNS, *Canones Apostolorum et conciliorum,* l'a mise dans la partie espagnole en y ajoutant les variantes des collections canoniques qu'il décrit dans l'introduction, p. XI. Il a cependant omis le XIe symbole de Tolède. Le cas échéant nous noterons le texte dont nous nous servons pour notre étude.

[2] MGH, *Auct.,* t. XI, p. 349.

à se prononcer après trois jours de prière et de jeûne. Au troisième jour on récita en commun le symbole :

« Qui cum in ecclesia beatae virginis Mariae debitis in sedibus locaremur, inter cetera quae subterius discreto capitulorum ordine sunt digesta non aliunde primum coepimus habere sermonem quam de nostrae fidei puritate, ut quia initiandis ad beatam vitam hominibus haec prima semper est via salutis, praevia quoque nostris fieret et institutis pariter et praeceptis. Unde de sacro huius instructionis arcano sanctorum patrum Nicaeni scilicet et Constantinopolitani, Ephesini et Chalcedonensis conciliorum monita amplectentes, per quae et radicitus haereticorum falsa concinnabula destruuntur et fidei catholicae limpor evidens declaratur, hoc communi alternoque animorum iudicio definivimus ut hanc ipsam nostrae fidei regulam verbis simplicibus niteremur alternatim nobis singulariterque referre : ita ut quidquid per triduum de huiusmodi questionibus unicuique nostrorum lectionis memoria ministrasset, prout animis vel memoriae occurrisset, omni sobrietatis compendio simplici notaretur stilo, relatio tamen ipsius sacramenti pura et evidens a capite primum inciperet, et sic ad membra reliqua perveniret, nullas obscuritatis in se lineas habens, nullas etiam inusitate locutionis regulas continens, sed puritas sola esset clara sermonum, quae posset evidentem exprimere sensum, quo exercitatiores nos ad intelligendum redderet verborum simplex collatio quam relata condensae lectionis instructio ; quia et revera tantae rei mysterium ita sacerdotes Dei convenit nosse, ut non superficie verborum efferantur incogniti, sed sensibus sanae intelligentiae reperiantur instructi, ut in disserendo praecipue huius sanctae Trinitatis arcano plus evidentia quam eloquentia eos efficiat saporatos.

Sic enim ut divini muneris dono est actum, ut iuxta votum definitionis alternae promissio monstraretur in opere : unde quod primo die praesidentis metropolitani lingua profudit, die tertia omnium nostrorum vox singillatim collatione repetiit.

Iste ergo est tenor fidei nostrae qui et a capite copiose profluxit et a membris prolatus gloriose emicuit : Confitemur...[1] »

Il convient de remarquer les points suivants :

a. La préoccupation de rédiger une formule de foi est au premier plan des prescriptions et statuts du concile.

---

[1] Gonzalez, *op. cit.*, p. 469.

b. Les pères font grand état des qualités que doit revêtir la rédaction de cette formule ; des termes simples, *verbis simplicibus* ; un style et une forme qui n'ait rien d'insolite, *nullas inusitatae locutionis regulas continens* ; une grande pureté d'expression, *puritas sola esset clara sermonum* ; il faut que le contenu soit facilement compréhensible, que la vérité jaillisse à la simple lecture du texte et non pas que sa découverte soit le fruit d'une étude laborieuse, *quae posset evidentem exprimere sensum, quo exercitatiores nos ad intelligendum redderet verborum simplex collatio quam relata condensae lectionis instructio*. La formulation du symbole apparaît donc comme éminemment personnelle.

c. Du repos et de la réflexion avec oraison et jeûne, sur l'accomplissement des conditions présentées dans la formule.

d. Ce que le président a proposé, a été approuvé et récité par tous et chacun, chef et membres.

Les pères du concile suivirent à la lettre le plan qu'ils s'étaient tracé ; et à la fin de la formule, ils se plaisent à rappeler comment elle fut l'objet de leurs méditations, combien ils la savourèrent pendant le triduum :

« Haec est confessionis nostrae fides exposita ... cuius sacrosanctum saporem sub triduano dierum ieiunio continua relationum collatione ructantes ad ea quae subnixa sunt sequenti die decernenda transivimus. »

Évidemment, le narrateur n'entend tout ce qui précède que d'une formule propre et personnelle aux pères de concile, et non pas d'une formule venue d'ailleurs ou empruntée à un tiers par le concile. Nous traiterons plus loin de la date et de la paternité du symbole.

III

Le texte du symbole a été transmis dans les actes du XIe concile de Tolède et dans la collection *Hispana*.

[1] Gonzalez, *Op. cit.*, p. 475.

L'histoire de cette célèbre collection canonique est bien connue. Sa forme primitive, contemporaine du IVe concile de Tolède (a. 633), peut encore se reconstruire grâce à la table des matières du manuscrit de Vienne *Hofbibliothek 411* (olim, *Iuris, Can. 41)*, IXe-XIe s. et jusqu'il y a peu de temps, grâce aussi au manuscrit de Strasbourg, *Codex Argentoratensis*, VIIIe s. qui n'existe plus maintenant [1].

Elle comprenait après une préface et une table des matières, les conciles grecs, les africains, les canons de dix conciles gaulois jusqu'à celui d'Orléans en 511, quatorze conciles espagnols jusqu'au IVe de Tolède, les *Capitula Martini* et les *Sententiae* attribuées au concile d'Agde, et, enfin, une série de 104 décrétales [2].

La partie conciliaire reçut des additions successives. Pour ce qui regarde notre étude, avant l'an 683 elle augmentait la série des conciles de Tolède jusqu'au XIIIe, célébré cette même année. A partir de cette date, les manuscrits *Lucensis* IXe s., *Urgelensis* Xe s., *Gerundensis* XIe s., *Passioneus* IXe-Xe s., *Vat. Palat. lat. 575* IXe-Xe s. nous présentent déjà la série complète des conciles de Tolède jusqu'au XVIIe (a. 694). On peut voir leur description plus loin.

La classification des documents de l'*Hispana* se fit et se transmit toujours, en règle générale, d'après les pays et les villes, chronologiquement. Son caractère quasi officiel empêchait toute altération en Espagne. La forme était toujours la même quant à l'ordre et au nombre des documents contenus, surtout en ce qui regarde les conciles de Tolède, sauf quelques rares exceptions qui ne nous intéressent pas [3].

A partir des Carolingiens, et plus encore depuis les dernières années du VIIIe siècle, commence l'époque de diffusion et de célébrité de l'*Hispana* dans les Gaules et les pays rhénans; apportée par le clergé espagnol qui fuyait l'invasion musulmane,

---

[1] Voir sa description dans MAASSEN, *Geschichte der Quellen und der Literatur des canonischen Rechts im Abendlande bis zum Ausgange des Mittelalters*, Gratz, 1870, p. 667 et suiv. ; C. H. TURNER, *Ecclesiae occidentalis Monumenta iuris antiquissima*, t. I, 1, 2, Oxford, 1889, p. 155.

[2] Cfr MAASSEN, *Geschichte*, p. 704-706 ; P. FOURNIER et G. LE BRAS, *Histoire des Collections canoniques en Occident*, t. I, Paris, 1931, p. 68.

[3] Cfr MAASSEN, *Geschichte*, p. 704, 707 et suiv.

elle se répand à l'occasion de la controverse adoptianiste. Des transcriptions successives défigurèrent et corrompirent son texte dans l'*Hispana gallica* ; les réformateurs gaulois, vers la moitié du IXe siècle, donnèrent un nouveau texte afin de corriger ces défauts et ils ajoutèrent quelques pièces apocryphes : c'est l'*Hispana d'Autun*. L'élaboration postérieure qui produisit la *Pseudo-isidoriana* vient de celle-ci [1].

A travers ces transformations, la place occupée depuis le commencement par le XIe symbole de Tolède ne changea point. Il se transmet toujours dans les actes du XIe concile de Tolède, et celui-ci dans la série totale des conciles [2].

Les cas du *Codex Augiensis* XVIII, de E. Levis et de Mai, dans lesquels le symbole apparaît isolé, ne sont pas de vraies exceptions. Le fragment de *l'Augiensis* dénonce son origine par son titre : *Item alia fidei regula concilii toletanae civitatis regiae* [3]. Il faut en dire autant de l'exemplaire édité par Levis, qui contient à la fin la clause finale de connexion avec le reste des actes du concile : *Cuius sacrosancto sapore sub triduano dierum ieiunio continua relationum collatione ructantes ad ea quae subnixa sunt sequenti die exponenda transivimus* [4]. La connexion est dans ce cas tellement claire que l'éditeur, fermement persuadé que le symbole appartenait à Eusèbe de Verceil, ne sut pas comment expliquer cette clause : *Etsi in hac periodo* — dit-il — *videatur auctorem duobus aliis diebus locutum fuisse de hoc mysterio sanctissimae Trinitatis ; tamen*

---

[1] Cfr J. A. DE ALDAMA, *El símbolo toledano I, Su texto, su origen, su posición en la historia de los símbolos (Analecta Gregoriana*, vol. VII), Rome, 1934, p. 21.

[2] Cfr MAASSEN, *Geschichte*, p. 711-716. On peut voir, par exemple, l'ordre des documents dans quelques-uns des manuscrits de l'*Hispana*, que E. SCHWARTZ, *Acta Conciliorum Œcumenicorum...*, t. II, v. II, pars 2, Berlin-Leipzig, 1936, p. XXII, propose comme témoins du texte pur : *Codex Escorialensis d* I 2, Xe s., cfr G. ANTOLIN, *Catálogo de los códices latinos de la real Biblioteca del Escorial*, Madrid, 1911, t. I, p. 369 et 382 et suiv. ; *Codex Escorialensis e* I 12, Xe s., cfr ANTOLIN, *Catálogo*, t. II, p. 19-23 ; *Codex Escorialensis d* I IXe s., cfr ANTOLIN, *Catálogo*, t. I, p. 320 et 326-346, etc.

[3] K. KUENSTLE, *Eine Bibliothek*, p. 9.

[4] *Anecdota Sacra*, Turin, s. a. (La lettre de Pie VI à l'auteur porte la date de 1789), p. 16 (PL, XII, 968 B).

in codice nihil aliud adest, et ultimam paginae vacuam habet, alibi haec forsan petenda erunt [1].

Il faudrait donner une explication pareille du cas de Mai qui dit l'avoir trouvé isolé « *in codicibus vaticanis* » ; mais il ne fait aucune indication à laquelle nous puissions nous référer [2].

Nous pouvons donc tirer la conclusion que la transmission manuscrite est d'accord pour attribuer le symbole au XIe concile de Tolède.

Notre étude exige un texte sûr et critique du symbole. Ce texte existe-t-il ?

Pour répondre à cette question, nous devons porter nos regards sur l'*Hispana*. Il est très regrettable qu'il n'en existe pas une édition moderne. La meilleure édition jusqu'ici est celle de F. A. González, *Collectio Canonum Ecclesiae Hispanae ex probatissimis ac pervetustissimis codicibus nunc primum in lucem edita a publica Matritensi Bibliotheca*, Madrid, 1808 [3].

Pour cette édition, on avait pris comme archétype le manuscrit *Alveldensis* ou *Vigilanus, Escurial d 1, 2*, Xe s., et l'on avait tenu compte de huit autres manuscrits espagnols, datés entre 994 et 1050, dont les variantes ont été annotées par l'éditeur [4]. Tous ces manuscrits représentent l'*Hispana pura*.

Deux autres éditions avaient précédé celle de F. A. González pour les conciles, l'une de García de Loaisa, *Collectio Conciliorum Hispaniae*, Madrid, 1593, et l'autre de J. Sáenz de Aguirre, *Collectio Maxima Conciliorum Hispaniae et Novi Orbis*, six volumes, Rome, 1693. Les deux éditeurs avaient basé leur collection sur des manuscrits, également espagnols, représentant l'*Hispana pura* [5].

Labbe et Baluze dépendent de Loaisa, et Hardouin de Sáenz

---

[1] *Ibid.*, col. 968, note d.

[2] *Nova Patrum Bibliotheca*, t. I, Rome, 1852, p. 462.

[3] Elle a été reproduite par Migne, PL, LXXXIV.

[4] Cfr *ibid.* l'introduction. Dans l'édition de 1808, celle-ci n'est pas paginée ; dans Migne, PL, LXXXIV, 15-24.

[5] On peut voir la description de ces manuscrits dans les éditions respectives de GARCIA DE LOAISA, p. VII-XV, et SAENZ DE AGUIRRE, t. I, p. 3-6.

de Aguirre; mais Hardouin introduit des variantes tirées d'autres manuscrits de qualité inférieure [1].

Dans son édition, Mansi mêla sans aucun discernement des variantes d'autres manuscrits principalement italiens de la *Pseudo-isidoriana* [2].

En dehors des collections conciliaires, notre symbole fut édité par E. de Levis [3], et J. K. Künstle [4].

Levis en fit l'édition, croyant que c'était une œuvre de saint Eusèbe de Verceil, d'après un manuscrit de l'ancien monastère des saints Michel et Janvier, de Lucedio : *Confessionem fidei adversus arianos luci mandandam statui ; quam fidei formulam tribus in foliis membranaceis pertinentibus iam ad perinsigne monasterium sanctorum Michaelis et Ianuarii martyris de Lucedio reperi et excribi curavi* [5]. De ce manuscrit, qui porte le titre *De Trinitate* [6], il n'apporte aucune caractéristique d'écriture ni de chronologie. Son texte coïncide en général avec les anciens manuscrits de l'*Hispana pura*.

Künstle fit une édition qui se base sur le *codex Augiensis XVIII* [7], IXe-Xe s., sur le texte édité par Levis et sur l'édition de Mansi [8].

Le *codex Augiensis XVIII* dans la formule du XIe symbole de Tolède coïncide aussi en général avec les manuscrits de l'*Hispana pura*. Ses variantes, comme nous allons le voir, sont les mêmes que celles du *Vat. Palat. lat. 575*, ce qui fait songer à un archétype commun. Mais l'édition de Künstle se ressent d'avoir pris un de ses éléments à la recension imparfaite de Mansi. D'autre part, les variantes de l'édition de Levis ne sont pas bien signalées dans Künstle.

---

[1] HARDOUIN, *Conciliorum Collectio regia maxima*, Paris, 1715, t. I, p. 989 et suiv.

[2] Cfr Dom QUENTIN, *Jean Dominique Mansi*, Paris, 1900, p. 85 et suiv.; J. A. DE ALDAMA, *El símbolo toledano I*, p. 26 et suiv.

[3] *Anecdota Sacra*, p. 5-16 (PL, XII, 959-968).

[4] *Antipriscilliana*, p. 74-83.

[5] *Anecdota Sacra*, Praefatio, p. 11.

[6] *Ibid.*, p. 1.

[7] Voir sa description et l'étude dans *Eine Bibliothek* ; cfr G. KRUEGER, *Theologische Litteraturzeitung*, 1901, n° 19, p. 529-531; C. H. TURNER, JTS, t. II, 1901, p. 459 ; O. BARDENHEWER, *Geschichte der altkirchlichen Literatur*, t. V, Fribourg, 1932, p. 394.

[8] *Antipriscilliana*, p. 74.

Étant donné ce que nous avons dit dans les lignes précédentes, nous employons pour la reconstruction du texte les manuscrits de l'*Hispana pura.*

Dans l'impossibilité de consulter dans les circonstances actuelles les meilleurs manuscrits espagnols, ceux de l'Escurial, Madrid, Urgel, Tolède, Gerona, etc., nous présentons une révision du texte sur la base de l'édition de González et des manuscrits suivants : *Manuscrit de Lugo,* qui périt dans l'incendie de l'Escurial l'année 1671 et que nous avons reconstitué avec les notes de J.B. Pérez († 1597) conservées dans le *Vat. lat. 4887*; le *ms. Passioneus*; le *Vat. Palat. lat. 575*; l'*Augiensis XVIII,* et le texte de *Lucedio* dans l'édition de Levis. De cette façon, la base du texte d'après González, qui était, quoique excellente, exclusivement espagnole, s'élargit au moyen d'autres manuscrits étrangers, d'une très grande valeur.

Le texte qui suit ne s'écarte de l'édition de González que dans quatre cas, où il nous a paru bon de tenir compte de l'autorité des sources, ou de nous appuyer sur quelques variantes de bons manuscrits inconnus ou négligés par l'ancien éditeur. Une édition définitivement critique ne sera possible que lorsque l'on aura terminé les travaux préparatoires à une édition de ce genre pour l'*Hispana,* dont dépend presque exclusivement la transmission textuelle du XIe symbole de Tolède; ni dans notre texte ni dans notre apparat critique, sauf ces rares exceptions, nous n'avons pas fait figurer les sources, dont l'étude et la discussion ne viendront que dans le chapitre suivant.

Nous établissons donc notre texte d'après les témoins suivants :

L = *Manuscrit de Lugo, Lucensis,* IXe s., reconstitué selon les variantes conservées par le *Vat. lat. 4887.* La partie, qui contient les variantes de notre symbole, occupe les fol. 198*v*-200*r* [1].

P = (*Passioneus*) *Roma, Bibl. Angelica 1091,* IXe-Xe s. ; parch., 184 p. (370 × 326), à deux colonnes. Le symbole se trouve aux pages 99-102 [2].

---

[1] Cfr Florez, t. XL, p. 325-336.

[2] H. Narducci, *Catalogus codicum manuscriptorum praeter graecos et*

V = *Vat. Palat. lat. 575*, IXe-Xe s. ; parch., 158 f. (370 × 260). Il vient du monastère de Saint-Martin de Mayence. Le symbole se trouve aux fol. 41*v*-43*r* [1].

K = *Augiensis XVIII*, IXe-Xe s., 90 f. in folio, à deux colonnes. Nous l'employons selon la transcription et les notes de Künstle. Le symbole se trouve au fol. 14*r* [2].

g = Édition de González, d'après les manuscrits espagnols [3].

l = Texte édité par Levis, d'après un manuscrit de *Lucedio* [4].

En outre, nous reproduisons en note, d'après González, les variantes des manuscrits qu'il a relevées dans son édition ; les manuscrits qui lui servirent de base sont les suivants :

E^2 = *Escurialensis, Escurial d I* 2 (Alveldensis), Xe s., parch. f. (455 × 325) à deux colonnes. Il vient du monastère de Saint-Martin de Alvelda, où Vigila l'écrivit en 976 [5].

E^1 = *Escurialensis, Escurial d I* 1 (Aemilianensis), Xe s., ex. parch., 476 f. (455×300) à deux colonnes. Il provient du monastère de San Millán de la Cogolla, où il fut écrit en 992 [6].

T^1 = *Toletanus primus*, Tolède, Biblioteca Capitular, XV, 16 ; XIe s. ; 315 f., in fol. max. à trois colonnes [7].

T^2 = *Toletanus secundus*, Tolède, Biblioteca Capitular, XV, 17 ; XIe s. ex. ; 839 f. Écrit à Alcalá en 1035. Il ressemble si fort au précédent que, au dire de Loaisa, il n'en est qu'une copie [8].

M = *Matritensis*, Madrid, Bibliothèque Nationale, ms. 1872, Xe s., parch., 345 f. Il appartint à García de Loaisa et passa plus tard au monastère de Saint Vincent de Florence [9].

E^3 = *Escurialensis tertius, Escurial I* 12 (Loaiso-Carvajaleus) ; X^e^-XIe s. ; parch. 323 f. (370 × 325) à deux colonnes [10].

---

orientales, in Bibliotheca Angelica,... Rome, 1893, p. 454-455. Voir aussi J. A. DE ALDAMA, *El símbolo toledano I*, p. 13.

1 STEVENSON-DE ROSSI, *Codices Palatini latini Bibliothecae Vaticanae*, I, Rome, 1886, p. 186-190.

2 KUENSTLE, *Eine Bibliothek*, p. 1-6, 9.

3 Voir leur description plus bas.

4 *Anecdota Sacra*, p. 11 s., 5-16.

5 ANTOLIN, *Catálogo*, t. I, p. 368-404.

6 ANTOLIN, *Catálogo*, t. I, p. 320-328.

7 MAASSEN, *Geschichte*, p. 669.

8 MAASSEN, *Geschichte*, p. 669 et suiv.

9 MAASSEN, *Geschichte*, p. 669.

10 ANTOLIN, *Catálogo*, t. II, p. 17-28.

E⁴ = *Escurialensis quartus, Escurial e I* 13, IXe-Xe s. ; parch. 135 f. (365 × 260), à trois colonnes. Il est incomplet [1].

U = *Urgelitanus,* Urgel, Archivo Catedral, Xe-XIe s. ; 329 f. in fol. max [2].

G = *Gerundensis,* Gerone, Archivo Catedral, XIe s. ; 389 f. [3].

Le texte du symbole, qui suit, a été divisé en articles munis de numéros d'ordre, ceux-ci ajoutés par nous pour la facilité des références ; ces numéros sont placés entre crochets.

---

[1] ANTOLIN, *Catálogo,* t. II, p. 29-31.

[2] MAASSEN, *Bibliotheca latina iuris canonici manuscripta* dans les SBWA, 56 [1867], p. 165.

[3] MAASSEN, *Geschichte,* p. 670.

IV

ITEM ALIA FIDEI REGULA CONCILII TOLETANAE CIVITATIS REGIAE

[1] « Confitemur et credimus sanctam atque ineffabilem Trinitatem Patrem et Filium et Spiritum Sanctum unum Deum naturaliter esse unius substantiae, unius naturae, unius quoque maiestatis atque virtutis.

[2] Et Patrem quidem non genitum, non creatum, sed ingenitum profitemur. Ipse enim a nullo originem ducit, ex quo et Filius nativitatem et Spiritus Sanctus processionem accepit. Fons ergo ipse et origo est totius divinitatis.

[3] Ipse quoque Pater est essentiae suae, qui de ineffabili substantia Filium ineffabiliter genuit, nec tamen aliud quam quod ipse est genuit : Deus Deum, lux lucem ; ab ipso ergo est omnis paternitas in caelo et in terra.

[4] Filium quoque de substantia Patris sine initio ante saecula natum, nec tamen factum esse fatemur, quia nec Pater sine Filio, nec Filius aliquando exstitit sine Patre.

[5] Et tamen non sicut Filius de Patre, ita Pater de Filio, quia non Pater a Filio sed Filius a Patre generationem accepit. Filius ergo Deus de Patre, Pater autem Deus sed non de Filio ; Pater quidem Filii, non Deus de Filio ; ille autem Filius Patris

---

L P V K g l E^{2} E^{1} T^{1} T^{2} M E^{3} E^{4} U G

---

1 Item alia fidei regula concilii toletanae civitatis regiae : *om. codd. omnes praeter* K ; De Trinitate l ‖ 3 atque : *om.* P ; ineffabilem : individuam l ‖ 5 Deum : Dominum l ‖ 7 Patrem : Deum *add.* V ; quidem : quoque Deum *superscr.* K ; non genitum, non creatum : non factum non creatum non genitum l ‖ 8 ducit : duxit l ‖ 10 et origo : ipse *add.* l ‖ 11-12 est essentiae... substantia : essentia quidem ineffabilis, substantiae suae L ‖ 11 est : *om.* KVl ; essentiae : substantiae K ‖ 13 quod : *om.* K ‖ 16 natum : genitum $E^{1}T^{2}$ ‖ 17 exstitit : *om.* K ; exstitit sine Patre : sine Patre aliquando exstitit P ‖ 21 Pater quidem... Deus de Filio : *om.* KV ; Pater autem quidem Filii L ‖

et Deus de Patre. Aequalis tamen per omnia Filius Deo Patri, quia nec nasci coepit aliquando nec desiit.

[6] Hic etiam unius cum Patre substantiae creditur, propter quod et homousion Patri dicitur, hoc est eiusdem cum Patre substantiae ; homos enim graece unum, ousia vero substantia dicitur, quod utrumque coniunctum sonat una substantia. Neque enim de nihilo neque de aliqua alia substantia, sed de Patris utero, id est de substantia eius idem Filius genitus vel natus esse credendus est.

[7] Sempiternus ergo Pater, sempiternus et Filius ; quod si semper Pater fuit, semper habuit Filium cui Pater esset ; et ob hoc Filium de Patre natum sine initio confitemur.

[8] Nec enim eundem Filium Dei pro eo quod de Patre sit genitus, desectae naturae portiunculam nominamus, sed perfectum Patrem, perfectum Filium sine diminutione, sine desectione genuisse asserimus, quia solius divinitatis est inaequalem Filium non habere.

[9] Hic etiam Filius Dei natura est Filius, non adoptione, quem Deus Pater nec voluntate nec necessitate genuisse credendus est, quia nec ulla in Deo necessitas capit nec voluntas sapientiam praevenit.

[10] Spiritum quoque Sanctum, qui est tertia in Trinitate persona, unum atque aequalem cum Deo Patre et Filio credimus esse Deum unius substantiae, unius quoque esse naturae,

---

L P V K g l E^2 E^1 T^1 T^2 M E^3 E^4 U G

14-15 desectae, desectione, VIGILIUS THAPS, *Contra Ar. Sabell. et Photin. Dialogus, II*, 13.

---

1 Aequalis tamen per omnia : et qui aliis tamen per omnia L ‖ 2 nec nasci : non esse l ‖ 4 homousion : homohusion P, omousion KV ; homo P, omo KV ‖ 5 ousia : husia P, usia KV ; substantia : substantiae V, vere substantiae K ‖ 7 Neque enim... substantia : *om.* V ; neque de aliqua de alia : neque aliqua alii K ; de aliqua alia : de alia l ‖ 8 eius idem : eiusdem KPl ‖ 10 Sempiternus ergo Pater : *om.* KV ‖ 11 semper Pater : Pater semper l ‖ 12 natum : tantum L ‖ 13 enim : *om.* l ‖ 14 desectae : disectae g, desertae *et* desectae *corr.* K ; perfectum Patrem : perfectus Pater, K ‖ 15 diminutione : imminutione V ; disectione g ‖ 20 nec ulla : nulla l ‖ 22 Spiritum... persona : Sanctum quoque Spiritum quem tertiam in Trinitate personam l ‖ 24 quoque esse : *om.* l.

non tamen genitum vel creatum sed ab utrisque procedentem, amborum esse Spiritum.

[11] Hic etiam Spiritus Sanctus nec ingenitus nec genitus creditur, ne aut si ingenitum dixerimus duos patres dicamus, aut si genitum duos filios praedicare monstremur. Qui tamen nec Patris tantum nec Filii tantum sed simul Patris et Filii Spiritus dicitur.

[12] Nec enim de Patre procedit in Filium vel de Filio procedit ad sanctificandam creaturam, sed simul ab utrisque processisse monstratur, quia caritas sive sanctitas amborum esse agnoscitur.

[13] Hic igitur Spiritus Sanctus missus ab utrisque sicut Filius creditur, sed minor a Patre et Filio non habetur, sicut Filius propter assumptam carnem minorem se Patre et Spiritu Sancto esse testatur.

[14] Haec est sanctae Trinitatis relata narratio, quae non triplex sed Trinitas et dici et credi debet : nec recte dici potest ut in uno Deo sit Trinitas, sed unus Deus Trinitas.

[15] In relativis vero personarum nominibus Pater ad Filium Filius ad Patrem, Spiritus Sanctus ad utrosque refertur : quae cum relative tres personae dicantur, una tamen natura vel substantia creditur.

[16] Nec sicut tres personas ita tres substantias praedicamus, sed unam substantiam tres autem personas.

[17] Quod enim Pater est, non ad se sed ad Filium est, et quod Filius est, non ad se sed ad Patrem est, similiter et Spiritus Sanctus non ad se sed ad Patrem et Filium relative refertur, in eo quod Spiritus Patris et Filii praedicatur.

L P V K g l E^2 E^1 T^1 T^2 M E^3 E^4 U G

---

1 ab utrisque : ab utroque l ‖ 3 Hic etiam : licentiam L ‖ 5 monstremur : monstremus Kl ; Qui : quod l‖ 10 esse : *om.* l ‖ 13 Filius : a Patre *add.* l ‖ 13-15 sicut... testatur : sicut et Filium... minorem esse testamur l ‖ 14 Patre : de Patre PKV. ‖ 16 sanctae Trinitatis : Sancta Trinitas ut fert credi l ‖ 17 Trinitas : trina K, aeternitas l ; et dici : se dici K ; debet : potest l ; potest : debet l ‖ 19 vero : *om.* l ‖ 20 ad utrosque : ab utrosque V ‖ 21 natura vel substantia : naturam per substantiam P ; vel : id est l ‖ 25 enim : autem P ; ad : a l ; Filium : Patrem l ; non ad se... est : non a se sed a Filio est P ‖ 25-26 et quod... ad se : *om.* l, non a se sed a Patre est P ‖ 27 non ad se... et Filium : non a se sed a Patre et Filio P ‖ ad se : a se l.

[18] Item cum dicimus Deum non ad aliquid dicitur, sicut Pater ad Filium vel Filius ad Patrem vel Spiritus Sanctus ad Patrem et Filium, sed ad se specialiter dicitur Deus.

[19] Nam et si de singulis personis interrogemur Deum necesse est fateamur. Deus ergo Pater, Deus Filius, Deus Spiritus Sanctus singulariter dicitur, nec tamen tres dii sed unus est Deus.

[20] Item et Pater omnipotens, et Filius omnipotens et Spiritus Sanctus omnipotens singulariter dicitur, nec tamen tres omnipotentes sed unus omnipotens, sicut et unum lumen unumque principium praedicatur.

[21] Singulariter ergo et unaquaeque persona plenus Deus et totae tres personae unus Deus confitetur et creditur, una illis vel indivisa atque aequalis deitas, maiestas sive potestas, nec minoratur in singulis nec augetur in tribus, quia nec minus aliquid habet cum unaquaeque persona Deus singulariter dicitur, nec amplius cum totae tres personae unus Deus enuntiatur.

[22] Haec ergo sancta Trinitas, quae unus et verus est Deus, nec recedit a numero nec capitur numero. In relatione enim personarum numerus cernitur, in divinitatis vero substantia quid numeratum sit non comprehenditur : ergo hoc solum numerum insinuant quod ad invicem sunt, et in hoc numero carent quod ad se sunt.

[23] Nam ita huic sanctae Trinitati unum naturale convenit nomen, ut in tribus personis non possit esse plurale : ob hoc

---

L P V K g l E^2 E^1 T^1 T^2 M E^3 E^4 U G

---

1 Deum : Deus PV ‖ 3 ad : a PV ‖ 4 interrogemur : interrogaremur l, interrogemus P ‖ 6 dicitur : dicuntur l ‖ 12 ergo : *om.* V ; et : ut l ; unaquaeque : unaquaque V ; persona : personae K ‖ 12-13 plenus... personae : *om.* KV ‖ 14 vel indivisa : non divisa l, indivisis KV ‖ 15-16 nec... habet : nec aliquid abest l ‖ 17 enuntiatur : enuntiantur ‖ 19 unus : est *add.* l ; est Deus : Deus est P ; nec : non l ‖ 22 numeratum : innumeratum l, enumeratum KV ‖ ergo hoc : haec ergo P ; ergo : in *add.* K ; numerum insinuant : numerus insinuat L ; insinuant : insinuat l ; ad : ab l ‖ 24 ad se sunt : asserunt P, adese sunt L ; sunt : essent KV ‖ 25 ita : *om.* P ; naturale : naturalem K ‖ 26 in : *om.* V ; non : con K.

ergo credimus illud in sacris litteris dictum : *Magnus Dominus noster, et magna virtus eius, et sapientiae eius non est numerus.*

[24] Nec quia tres has personas esse diximus unum Deum, eundem esse Patrem quem Filium vel esse Filium eum qui est Pater, aut eum qui Spiritus Sanctus est vel Patrem vel Filium dicere poterimus.

[25] Non enim ipse est Pater qui Filius, nec Filius ipse qui Pater, nec Spiritus Sanctus ipse qui est vel Pater vel Filius ; cum tamen ipsum sit Pater quod Filius, ipsum Filius quod Pater, ipsum Pater et Filius quod Spiritus Sanctus, id est natura unus Deus.

[26] Cum enim dicimus non ipsum esse Patrem quem Filium, ad personarum distinctionem refertur ; cum autem dicimus ipsum esse Patrem quod Filium, ipsum Filium quod Patrem, ipsum Spiritum Sanctum quod Patrem et Filium, ad naturam qua Deus est vel substantiam pertinere monstratur, quia substantia unum sunt ; personas enim distinguimus, non deitatem separamus.

[27] Trinitatem igitur in personarum distinctione agnoscimus, unitatem propter naturam vel substantiam profitemur. Tria ergo ista unum sunt, natura scilicet, non persona.

[28] Nec tamen tres istae personae separabiles aestimandae sunt, cum nulla ante aliam, nulla post aliam, nulla sine alia vel exstitisse vel quidpiam operasse aliquando credatur.

[29] Inseparabiles enim inveniuntur et in eo quod sunt, et in eo quod faciunt, quia inter generantem Patrem et generatum

---

L P V K g l E^2 E^1 T^1 T^2 M E^3 E^4 U G

---

1 *Ps.* CXLVI, 5.

---

1 ergo credimus : secundum l ; dictum : dicitur l ; Magnus : Dominus l ‖ 3 diximus : dicimus l ‖ 4-5 vel esse... Pater : *om.* l ‖ 5 eum qui : eumdem quod l ‖ 5 qui : est *add.* V ; vel Patrem : vel *om.* l ; vel : et V ‖ 12 ipsum : ipsud VK, ipse l ; ipsum Filius : ipsum Filium K ‖ 14 dicimus : dicamus K ; ipsum : ipsud K ‖ 13 distinctionem : distinctione P ‖ 14 ipsum : ipsud K ‖ 15 ipsum : ipsud K ‖ 14-15 ipsum Filium... et Filium : *om.* L ‖ 17 quia substantia : quoad substantiam l ‖ 19 distinctione : distinctionem PKV ‖ 21 Tria : trea K ‖ 22 personae : et creditur *add.* L ‖ 24 operasse : operatus esse P ; credatur : creditur KV ‖ 25 et in eo : et *om.* P ‖ 26 generatum : generantem KV.

Filium vel procedentem Spiritum Sanctum nullum fuisse credimus temporis intervallum, quo aut genitor genitum aliquando praecederet aut genitus genitori deesset aut procedens Spiritus Patri vel Filio posterior appareret.

[30] Ob hoc ergo inseparabilis et inconfusa haec Trinitas a nobis et praedicatur et creditur. Tres igitur personae istae dicuntur iuxta quod maiores definiunt, ut agnoscantur non ut separentur.

[31] Nam si attendamus illud quod scriptura sancta dicit de Sapientia : *Splendor est lucis aeternae,* sicut splendorem luci videmus inseparabiliter inhaerere, sic confitemur Filium a Patre separari non posse.

[32] Tres ergo illas unius atque inseparabilis naturae personas sicut non confundimus ita separabiles nullatenus praedicamus.

[33] Quandoquidem ita nobis hoc dignata est ipsa Trinitas evidenter ostendere, ut etiam in his nominibus quibus voluit singillatim personas agnosci, unam sine altera non permittat intelligi ; neque enim Pater absque Filio cognoscitur, nec sine Pater Filius invenitur.

[34] Relatio quippe ipsa vocabuli personalis personas separari vetat, quas etiam dum non simul nominat simul insinuat. Nemo autem audire potest unumquodque istorum nominum, in quo non intelligere cogatur et alterum.

[35] Cum igitur haec tria sint unum, et unum tria, est tamen unicuique personae manens sua proprietas : Pater enim aeternitatem habet sine nativitate, Filius aeternitatem cum nativitate, Spiritus vero Sanctus processionem sine nativitate cum aeternitate.

L P V K g l E² E¹ T¹ T² M E³ E⁴ U G

---

9 Sap., VII, 26. 25 cum aeternitate. Isid. Hisp. *Differ.* II, 2, 5.

---

5 Ob : Ab KV ‖ 6 praedicatur et creditur : creditur et praedicatur V, et creditur : *om.* K ‖ 7 definiunt : definierunt LPT¹ ; agnoscantur : cognoscantur l ; non ut separentur : *om.* KV ‖ 16 ut : cum l ; his : *om.* KV ; nominibus : omnibus E²MT², somnibus K ‖ 18 enim : *om.* l ; cognoscitur : agnoscitur K ‖ 20 personalis : *om.* l ‖ 21 dum : *om.* KV ‖ 22 audire : audere K, audiere V ‖ 23 cogatur : cogamur PL ‖ 27 nativitate : cum aeternitate *om. omnes codd. praeter* l.

[36] De his tribus personis solam Filii personam pro liberatione humani generis hominem verum sine peccato de sancta et immaculata Maria virgine credimus assumpsisse ; de qua novo ordine novaque nativitate est genitus : novo ordine, quia invisibilis divinitate visibilis monstratur in carne ; nova autem nativitate est genitus, quia intacta virginitas et virilem coitum nescivit et fecundata per Spiritum Sanctum carnis materiam ministravit.

[37] Qui partus virginis nec ratione colligitur nec exemplo monstratur ; quod si ratione colligitur, non est mirabile ; si exemplo non erit singulare.

[38] Nec tamen Spiritus Sanctus pater esse credendus est Filii pro eo quod Maria eodem Spiritu Sancto obumbrante concepit, ne duos patres Filii videamur asserere, quod utique nefas est dici.

[39] In quo mirabili conceptu, aedificante sibi sapientia domum, Verbum caro factum est et habitavit in nobis. Nec tamen Verbum ipsum ita in carne conversum atque mutatum est, ut desisteret Deus esse qui homo esse voluisset ; sed ita Verbum caro factum est, ut non tantum ibi sit Verbum Dei et hominis caro, sed etiam rationalis hominis anima, atque hoc totum et Deus dicatur propter Deum, et homo propter hominem.

[40] In quo Dei Filio duas credimus esse naturas, unam divinitatis alteram humanitatis, quas ita in se una Christi persona univit ut nec divinitas ab humanitate nec humanitas a divinitate possit aliquando seiungi.

L P V K g l E^2 E^1 T^1 T^2 M E^3 E^4 U G

---

4 quia : qui K, qua V ‖ 5 monstratur : monstraretur P ‖ 6 quia : qua K ; virilem : visibilem P ‖ 7 fecundata : fecundatam KV, fecunda l ‖ 8 Qui : qua P ‖ 10-11 quod si... singulare : quod si ratione colligitur nec exemplo erit singulare KV ‖ 10 est : potest esse P ; exemplo : monstratur *add.* l ‖ 11 erit : est l ‖ 13 Spiritu Sancto : Sancto Spiritu PK ‖ 15 duos : *om.* l ; Filii : *om.* P ‖ 16 aedificante : *bis pon.* P. aedificat V, aedificati K ‖ 17 habitavit : habitabit PKV ‖ 17-18 tamen : est *add.* K ‖ 18 ipsum : ipsud V ; ita : *om.* l ; carne : carnem V ; est : *om.* K ‖ 19 qui : quod l ‖ 19-20 sed... est : *om.* KV ‖ 21 hominis : et *add.* P ; hominis caro : anima KV ; sed... anima : *om.* KV ; rationalis : rationabilis P ‖ 21-22 atque hoc totum : *om.* K ‖ 22 et Deus : ut Deus K ‖ 25-26 persona univit : personavit K, uni : *superscr.* V.

[41] Unde perfectus Deus, perfectus et homo in unitate personae unus est Christus. Nec tamen quia duas diximus in Filio esse naturae, duas causabimus in eo esse personas, ne Trinitati, quod absit, accidere videatur quaternitas.

[42] Deus enim Verbum non accepit personam hominis sed naturam, et in aeternam personam divinitatis temporalem accepit substantiam carnis.

[43] Item cum unius substantiae credamus esse Patrem et Filium et Spiritum Sanctum, non tamen dicimus ut huius Trinitatis unitatem Maria virgo genuerit, sed tantummodo Filium, qui solus naturam nostram in unitate personae suae assumpsit.

[44] Incarnationem quoque huius Filii Dei tota Trinitas operasse credenda est, quia inseparabilia sunt opera Trinitatis ; solus tamen Filius formam servi accepit in singularitate personae non in unitate divinae naturae, in id quod est proprium Filii non quod commune Trinitati.

[45] Quae forma illi ad unitatem personae coaptata est, id est ut Filius Dei et filius hominis unus sit Christus. Item idem Christus in his duabus naturis tribus exstat substantiis : Verbi quod ad solius Dei essentiam referendum est, corporis et animae, quod ad verum hominem pertinet.

[46] Habet igitur in se geminam substantiam divinitatis suae et humanitatis nostrae.

[47] Hic tamen per hoc quod de Deo Patre sine initio prodiit, natus tantum, neque factus neque praedestinatus accipitur ; per hoc tamen, quod de Maria virgine natus est, et natus et factus et praedestinatus esse credendus est.

[48] Ambae tamen in illo generationes mirabiles, quia et de Patre ante saecula sine matre est genitus, et in fine saeculo-

---

L P V K g l E^2 E^1 T^1 T^2 M E^3 E^4 U G

---

1 et : *om.* PK ‖ 2 unus est Christus : *om.* KV ‖ 3 causabimus : causabimur KPV ; ne : nec KV ‖ 4 accidere : abcedere V ‖ 6 aeternam : aeternum KV ; personam : persona P ‖ 8 cum : *om.* KV ; credamus : credimus PKV ; esse : Deum *add.* V ‖ 9 huius : unius P ‖ 16 unitate : humanitate P ‖ 17 non quod : quod *om.* LP ‖ 18 illi : illa l ; coaptata : quodacta L, quod acta P, allata l ; id est : adeo l ‖ 19 idem : id est V ‖ 25 tamen : etiam l ‖ 27-28 et... factus : *om.* l.

rum de matre sine patre est generatus. Qui tamen secundum quod Deus est creavit Mariam, secundum quod homo creatus est a Maria : ipse et pater Mariae matris et filius.

[49] Item per hoc quod Deus est, et aequalis Patri, per hoc quod homo, minor est Patre.

[50] Item et maior et minor se ipso esse credendus est : in forma enim Dei etiam ipse Filius se ipso maior est propter humanitatem assumptam, qua divinitas maior est ; in forma autem servi se ipso minor est, id est humanitate, quae minor divinitate accipitur.

[51] Nam sicut per assumptam carnem non tantum a Patre sed et a se ipso minor accipitur, ita secundum divinitatem, quae aequalis est Patri et ipse et Pater maior est homine quem sola Filii persona ssumpsit.

[52] Item in eo quod quaeritur utrum posset Filius sic aequalis et minor esse Spiritu Sancto, sicut Patri nunc aequalis nunc minor creditur esse, respondemus : secundum formam Dei aequalis est Patri et Sancto Spiritui, secundum formam servi minor est et a Patre et ab Spiritu Sancto, quia nec Spiritus Sanctus nec Deus Pater, sed sola Filii persona suscepit carnem, per quam minor esse creditur illis personis duabus.

[53] Item hic Filius a Deo Patre et Spiritu Sancto inseparabiliter discretus creditur esse persona, ab homine autem assumpto natura. Item cum homine unus exstat persona, cum

---

LPVKgl $E^2E^1T^1T^2ME^3E^4UG$

---

21 assumpto : Ex Conc. Tol. VI.

---

1 Qui : quod l || 2 homo : est *add.* l ; || 3 et pater : est pater ; et : *om.*K ; et filius : est filius K || 4 Item : idem K ; et : *om.* PKV || 6 se ipso : *om.* L || 7-8 propter... maior est : *om.* V || 8-9 in forma... humanitate : in forma autem hominis etiam ipse Filius se ipso maior ad humanitatem l || 9 quae : qui P || 11-12 Nam sicut... accipitur : *om.* l || 11 a : *om.* KV || 12 et : *om.* P ; a : *om.* KV ; quae : qua P || 13 homine : homini PKV ; || 14 Filii persona : persona Filii P || 15 quaeritur utrum posset : quaeri potest l ; posset : possit KV || 16 Spiritu : Spiritui KV ; Spiritu Sancto... minor : *om.* l ; Patri : *om.* KV || 17 creditur esse : esse creditur l ; respondemus : respondeamus l || 18 aequalis... formam : *om.* l || 19 est : *om.* l ; a : *om.* Vl ; ab : ab : *om.* Vl || 20 nec Deus : dicitur l || 22 Spiritu Sancto : Sancto Spiritu V || 24 assumpto : assumpta LPKg ; natura : ex Maria l ; cum homine : cum in homine l ; unus exstat : exstat unus V ; unus : *om.* K

Patre vero et Spiritu Sancto natura divinitatis sive substantia.

[54] Missus tamen Filius non solum a Patre sed ab Spiritu Sancto missus esse credendus est in eo quod ipse per prophetam dicit : *Et nunc Dominus misit me et Spiritus eius.*

[55] A se ipso quoque missus accipitur pro eo quod inseparabilis non solum voluntas sed et operatio totius Trinitatis agnoscitur.

[56] Hic enim qui ante saecula unigenitus est vocatus, temporaliter primogenitus factus est ; unigenitus propter deitatis substantiam, primogenitus propter assumptae carnis naturam.

[57] In qua suscepta hominis forma iuxta evangelicam veritatem, sine peccato conceptus sine peccato natus, sine peccato mortuus creditur, qui solus pro nobis peccatum est factus, id est sacrificium pro peccatis nostris.

[58] Et tamen passionem ipsam salva divinitate sua pro delictis nostris sustinuit, mortique adiudicatus et cruci veram carnis mortem excepit, tertio quoque die virtute propria suscitatus e sepulchro surrexit.

[59] Hoc ergo exemplo capitis nostri confitemur veram fieri resurrectionem carnis omnium mortuorum.

[60] Nec in aërea vel qualibet alia carne, ut quidam delirant, resurrecturos nos credimus, sed in ista qua vivimus, consistimus et movemur.

[61] Peracto huius sanctae resurrectionis exemplo, idem Dominus noster atque Salvator paternam ascendendo sedem repetiit, de qua nunquam per divinitatem discessit.

L P V K g l E^2 E^1 T^1 T^2 M E^3 E^4 U G

---

4 Is., XLVIII, 16. 12 sine peccato natus : FULG. RUSP., *De fide ad Petrum*, cap. XXVI.

---

1 sive : suae l ‖ 3 ipse : om. XV ‖ 5 inseparabilis : sine parabolis l ‖ 6 voluntas : voluntatis K ; et : *om.* V ; operatio : opera L ‖ 8 Hic : Hinc V ; temporaliter : spiritualiter l ‖ 10 assumptae : assumptam VK, assumptionem *alia manu* K ‖ 11 suscepta : suscepti, P, susceptis V ; forma : formam PK ‖ 12 sine peccato... natus : *om.* LPlg ‖ 13 peccatum : peccator l ; peccatum est... pro : *om.* KV ‖ 15 salva divinitate : salvandi unitate sua propter unitate V, salvandi unitate K ‖ 16 adiudicatus : iudicatus L ; et : est P ; cruci veram : cruciferam K ‖ 17 excepit : suscepit V ‖ 18 e : a KV, de l ‖ 21 *Abhinc reliqua desunt in cod.* E^3 ‖ 21 aërea : aëria Pl, aera KV ; delirant : deliberant KV ‖ 22 resurrecturos : surrecturos PKV ; nos : vos l ; movemur : movemus l ‖ 24 Peracto : Peracta V ‖ 26 discessit : recessit, *superscr. prima manus* discessit V.

[62] Illic ad dexteram Patris sedens, exspectatur in fine saeculorum iudex omnium vivorum et mortuorum.

[63] Inde cum sanctis omnibus veniet ad faciendum iudicium reddere unicuique mercedis propriae debitum, prout quisque gesserit in corpore positus sive bonum sive malum.

[64] Ecclesiam sane catholicam pretio sui sanguinis comparatam, cum eo credimus in perpetuum regnaturam.

[65] Intra cuius gremium constituti unum baptisma credimus et confitemur in remissionem omnium peccatorum.

[66] Sub qua fide et ressurectionem mortuorum veraciter credimus et futuri saeculi gaudia exspectamus.

[67] Hoc tantum orandum nobis est et petendum, ut cum peracto finitoque iudicio, tradiderit Filius regnum Deo Patri, participes nos efficiat regni sui, ut per hanc fidem qua illi inhaesimus cum illo sine fine regnemus.

[68] Haec est confessionis nostrae fides exposita, per quam omnium haereticorum dogma perimitur, per quam fidelium corda mundantur, per quam etiam ad Deum gloriose acceditur, cuius sacrosanctum saporem sub triduano dierum ieiunio continua relationum collatione ructantes ad ea quae subnixa sunt sequenti die decernenda transivimus.

V

Un simple examen révèle à l'instant que ce symbole est rédigé suivant les grandes lignes traditionnelles des symboles espa-

---

L P V K g l E^2 l E^1 T^1 T^2 M E^3 E^4 U G

---

1 Illic : Illuc l ; exspectatur : exspectaturus P, exspectatus l ; fine : finem P ‖ 3 omnibus : angelis et hominibus K ; faciendum : iudicandum KV ‖ 4 mercedis : mercedem l. ‖ 6 sane : sanctam l ‖ 8 gremium : gremio KV ‖ 9 remissionem : remissione Pl ‖ 10 resurrectionem : resurrectione l ‖ 12 orandum nobis : nobis orandum V ‖ 13 Deo : et *add.* KV ‖ 14-15 ut per... regnemus : ut qui per hanc fidem illi inhaeremus cum illo sine fine regnemus l ‖ 16 est : *om.* P ‖ 18 mundantur : mundendentur *et superscribendo corr.* mundantur V ; acceditur : ascenditur in secula saeculorum Amen *add.* K. *Reliqua desunt in cod.* K ‖ 19 sacrosanctum saporem : sacrosancto sapore l ; sacrosanctum : sacrosancto V ; saporem : soporem LP ‖ 20 ructantes : rotantes V ‖ 21 transivimus : transibimus.

gnols. Il est apparenté au schéma de symbole placé par Grégoire d'Elvire en tête de son *Libellus fidei,* et que l'on trouve déjà, mais avec moins de clarté, dans le *De Fide* du même auteur : formule trinitaire, formule christologique, paragraphe final eschatologique [1].

Vu de plus près, il découvre toute la richesse de son contenu dogmatique dans l'abondance des formules heureuses, dans ses nuances d'une admirable précision, dans ses raisonnements d'une science théologique profonde. C'est avec raison qu'on a qualifié ce symbole de petit traité théologique, car il expose avec une certaine ampleur les mystères de la Trinité, de l'Incarnation et des fins dernières.

Voici, en termes succincts et sans phrases, l'ossature de cet exposé de la foi chrétienne.

A. — TRINITÉ.

Simple profession de foi aux trois Personnes divines et à leur consubstantialité [1].

Père : « Innascibilité » et origine des deux autres Personnes divines [2-3].

Fils : Génération éternelle [4]. — Dieu de Dieu, semblable en tout au Père [5]. — Consubstantiel au Père [6]. — Né de toute éternité [7]. — Il n'est pas une « particule » du Père [8]. — Fils par nature, non par adoption ; engendré ni par volonté ni par nécessité [9].

Esprit-Saint : Consubstantiel au Père et au Fils, procédant de tous deux [10]. — Ni inné ni engendré [11]. — Esprit du Père et du Fils, qui procède simultanément de tous deux, comme leur charité mutuelle [12]. — Envoyé par tous deux, comme le Fils, mais n'étant inférieur ni au Père ni au Fils [13].

Trinité, non pas triple, Dieu-Trinité [14]. — Relations mutuelles : trois Personnes, une substance [15-16]. — L'essentiel et le relatif dans les Personnes [17-18]. — Divinité et attributs essentiels en elles [19-21]. — Le nombre dans la Trinité [22-

---

[1] Voir la classification de ces schèmes dans J. A. DE ALDAMA, *El símbolo toledano I,* p. 78-83.

23]. — Distinction des Personnes, unité de substances [24-27]. — Inséparabilité des mêmes Personnes dans leur être et leurs opérations [28-34]. Propriétés personnelles [35].

B. — CHRISTOLOGIE.

Seul le Fils s'incarna ; naissance virginale, admirable et unique [36-37]. — L'Esprit-Saint n'est pas le père du Fils [38]. — Intégrité et immutabilité des deux natures, divine et humaine [39]. — Union indissoluble des deux natures, en une seule Personne [40-41]. — Le Verbe prit la nature humaine, non la personne [42]. — Seul le Fils s'est incarné, et non la Trinité. L'union se fit dans la Personne divine [43-44]. — Un seul Christ, Fils de Dieu et Fils de l'homme, en deux natures et trois substances [45-46]. — Diversité d'attributs d'après les deux admirables générations du Fils [47-48]. — Diversité d'attributs d'après les deux natures [49-52]. — En quoi il ressemble et en quoi il se distingue des deux autres Personnes et de l'homme [53]. — Envoyé par le Père, par le Saint-Esprit et par lui-même [54-55]. — Il est dit Fils unique et premier-né [56]. — Sans péché, mais sacrifié pour nos péchés [57]. — Sa passion, sa mort et sa résurrection [58].

C. — ESCHATOLOGIE.

Résurrection en notre propre chair, à l'exemple du Christ [59-60]. — Ascension du Seigneur [61]. — Jugement dernier (62-63]. — Règne perpétuel de l'Église [64]. — Un baptême [65]. — Foi en la résurrection et la vie future [66-67].

Conclusion [68].

VI

A notre connaissance, il n'existe pas encore d'étude des origines du XIe symbole de Tolède. Künstle a bien relevé quelques formules qui dérivent du VIe symbole de Tolède [1] ; mais en soutenant que ces deux formules de foi appartiennent au cinquième siècle, il s'interdit lui-même toute investigation ultérieure [2]. E. de Levis s'égare forcément aussi, puisqu'il attribue notre symbole à Eusèbe de Verceil [3] ; en outre les emprunts à saint Hilaire de Poitiers, auxquels il conclut, ne sont pas, comme nous le verrons, aussi directs qu'il le prétend. A part cela, nous ne trouvons que quelques très rares indications : celle de l'*Enchiridion* de Denzinger-Umberg, n. 282, relève l'origine augustinienne du 3e article, que nous retrouvons d'ailleurs explicitement formulé par le XVIe concile de Tolède [4], ou celle de E. Anspach [5] assigne comme origine au 6e article les *Etymologies* de saint Isidore. Dans son cours dactylographié, qu'il devrait un jour publier, sur l'*Enchiridion* de Denzinger, le P. M. Viller a eu le mérite de signaler plusieurs passages ou *loci paralleli* de saint Augustin, de saint Hilaire et de la profession de foi de 484.

Nous mettrons en parallèle ce que nous considérons comme sources directes et les passages correspondants du symbole. Comme on peut le voir au cours de notre exposé, sur 68 articles du symbole, nous repérons des emprunts ou des transcriptions certaines pour 35. Ce sont les articles : 1, 2, 4, 5, 6, 8, 9, 11, 12, 15, 19, 20, 22, 23, 27, 28, 29, 30, 31, 32, 33, 34, 35, 36, 37, 39, 40, 41, 42, 44, 45, 46, 50, 53, 57.

Parmi les articles qui restent, on peut déterminer avec certitude pour 19 d'entre eux l'inspiration dont ils dérivent : 3, 7, 10, 13, 14, 17, 21, 24, 25, 26, 43, 48, 49, 51, 52, 54, 55, 60, 62.

Nous y avons adjoint d'autres passages historico-patristiques : sources plus éloignées du même symbole ou simples reflets d'une formulation dogmatique similaire, à l'époque patristique.

L'étude des sources nous fournit spontanément une conclu-

---

[1] *Antipriscilliana*, p. 71-73.

[2] *Ibid.*, p. 71-74.

[3] *Anecdota Sacra*, p. 5-16 (PL, XII, 953-869).

[4] GONZALEZ, *op. cit.*, p. 565.

[5] *Taionis et Isidori nova fragmenta et opera*, Madrid, 1930, p. 47.

sion décisive relativement à la date de composition du symbole. Jointe au témoignage de la transmission manuscrite, elle confirmera, nous osons l'espérer, l'attribution au XIe concile de Tolède du symbole que nous étudions dans ces pages.

Notre travail s'achève par des considérations relatives à l'importance théologique du XIe symbole.

Les divers chapitres du présent ouvrage sont donc tout indiqués :

I. Les sources du XIe symbole de Tolède, pour la Trinité, la christologie, l'eschatologie ;

II. La date de sa composition ;

III. Son importance théologique.

Un appendice indiquera une nouvelle source de l'anonyme *Sententiae sanctorum patrum ... de fide sanctae Trinitatis*, qui n'est pas sans relation avec le XIe symbole de Tolède.

CHAPITRE I

LES SOURCES DU XIe SYMBOLE DE TOLÈDE

A. — TRINITÉ

SOMMAIRE. — I. Les trois Personnes divines. — II. Le Père : « innascibilité » et origine des deux autres Personnes. — III. Le Fils : génération éternelle ; l'« *homousios* » ; Fils par nature, non par adoption. — IV. Le Saint-Esprit : consubstantialité avec le Père et le Fils ; procession simultanée de tous deux. — V. Dieu-Trinité : l'« essence » et le relatif dans les Personnes ; inséparabilité des mêmes Personnes dans leur être et dans leurs opérations ; propriétés personnelles.

I

[1] « *Confitemur et credimus sanctam atque ineffabilem Trinitatem, Patrem et Filium et Spiritum Sanctum, unum Deum naturaliter esse unius substantiae, unius naturae, unius quoque maiestatis atque virtutis.* »

TOLÈDE VI (a. 638)

« *Credimus et confitemur* sacratissimam et omnipotentissimam *Trinitatem, Patrem et Filium et Spiritum Sanctum, unum Deum* solum non solitarium, *unius essentiae, virtutis,* potestatis, *maiestatis, uniusque naturae*[1]. »

FULGENCE DE RUSPE († 532)

« Principaliter atque indubitanter toto corde retine Patrem Deum et Filium Deum, et Spiritum Sanctum Deum, id est, *sanctam atque ineffabilem Trinitatem unum esse naturaliter Deum* [2]. »

---

[1] BRUNS, I, p. 250.

[2] *De Fide ad Petrum,* I, 3 (PL, LXV, 673, AB).

C'est un simple acte de foi en la Trinité et la consubstantialité des Personnes. Cet article dérive à l'évidence du IVe symbole de Tolède et de saint Fulgence.

Le groupement des attributs qui désignent cette consubstantialité nous révèle ultérieurement sa provenance éloignée. En effet, outre l'énumération plus simple du IVe symbole de Tolède (a. 633), *unius deitatis atque substantiae* [1], le prédécesseur immédiat paraît être le symbole de Rufin-Bachiarius (vers 400) : *Credimus beatissimam Trinitatem, quod unius naturae est, unius deitatis, unius eiusdemque virtutis, atque substantiae* [2], en passant par la *Fides Damasi* (Ve s.) : *unius cum Patre naturae, uniusque substantiae et unius potestatis* [3].

L'application à la Trinité de l'épithète *ineffabilem*, consacrée en ce passage par le XIe symbole de Tolède, est caractéristique de la doctrine trinitaire de saint Augustin, qui se plaît à souligner l'élévation de ce mystère : *Quod sane mirabiliter ineffabile est, vel ineffabiliter mirabile* [4]. Il l'a léguée à son disciple saint Fulgence de Ruspe, qui en fait un emploi extrêmement fréquent [5].

La particule *naturaliter* indique qu'il s'agit tout d'abord de la nature divine dans la Trinité ; on parlera plus loin des Personnes. L'emploi de cet adverbe marque un progrès de cette formule sur celles qui lui ont servi de modèle. Il semble que ce terme provienne de saint Fulgence de Ruspe. Dans sa XIVe Lettre, dont maint fragment a été inséré textuellement dans notre symbole, il en fait aussi un emploi fréquent.

« Quocirca secundum veritatem fidei christianae dicimus, unum Deum esse naturaliter Patrem et Filium et Spiritum Sanctum [6]. »

Dans son *De Fide ad Petrum*, il emploie le même tour de phrase et prélude ainsi à plus d'une formule du XIe symbole de Tolède :

---

[1] BRUNS, I, p. 221.
[2] HAHN, § 208, p. 288 (PL, XXI, 624 B).
[3] BURN, *An Introduction*, p. 245 ; HAHN, § 200, p. 276.
[4] *De Trinitate*, XV, 23, 43 (PL, XLII, 1090).
[5] Voir les textes réunis par FRIEBEL, *Fulgentius*, p. 171.
[6] *Epist. XIV*, 8 (PL, LXV, 398 D).

« Teneamus igitur Patrem et Filium et Spiritum Sanctum unum esse naturaliter Deum, nec tamen ipsum esse Patrem qui Filius ; nec Filium ipsum esse qui Pater est ; nec Spiritum Sanctum ipsum esse qui Pater est aut Filius. Una est enim Patris et Filii et Spiritus Sancti essentia, quam graeci homoousion vocant, in qua non est aliud Pater, aliud Filius, aliud Spiritus, Sanctus, quamvis sit personaliter alius Pater, alius Filius, alius Spiritus Sanctus [1]. »

Le terme *unius substantiae*, appliqué aux trois Personnes divines, provient originairement de Tertullien.

II

[2] « Et Patrem quidem *non genitum non creatum*, sed *ingenitum* profitemur. *Ipse enim a nullo originem ducit, ex quo et Filius* nativitatem et *Spiritus Sanctus processionem* accepit. *Fons ergo ipse et origo est totius divinitatis* ».

TOLÈDE VI

« *Parrem ingenitum, increatum, fontem et originem totius divinitatis* [3]. »

ISIDORE DE SÉVILLE († 636)

« *Pater* ergo Deus Omnipotens *ex nullo originem ducit, et ipse origo divinitatis est*, a quo Filius Deus Omnipotens *genitus* sine tempore est [4]... »

« *Pater ex nullo exordium ducit. Filius ex Patre* originem sumit, *Spiritus vero Sanctus* ex Patre Filioque *procedit* [5]. »

C'est le début de la profession de foi à chacune des trois Personnes divines. Dès l'abord, on relève un des traits caractéristiques du XIe symbole de Tolède. Visant à fournir un exposé raisonné du contenu symbolique traditionnel, il démembre chacun des articles des formules dont il hérite, pour

[1] *De Fide ad Petrum*, I, 5 (PL, XLV, 674 B).

[2] *Adversus Praxeam*, c. 2 (édit. KROYMANN, CSEL, t. XLVII, p. 229 ; PL, II, 157).

[3] BRUNS, I, p. 256.

[4] *De ordine creaturarum*, I, 3 (PL, LXXXIII, 915 B).

[5] *Differ.*, II, 3, 8 (PL, LXXXIII, 71 C).

mieux les expliquer et leur donner une base plus théologique. Le tryptique des processions divines, *Pater ingenitus... Filius genitus... Spiritus Sanctus procedens,* qui, avec l'une ou l'autre variante, se répète comme une profession de foi identique dans un grand nombre de symboles, est ici divisé en trois chapitres dont chacun est consacré à une des Personnes. Pour le moment il traite uniquement du Père.

On peut suivre le développement de ces formules dans le tableau ci-joint :

LIBELLUS FIDEI	TOLÈDE I	FIDES DAMASI
Patrem verum qui genuit Filium verum ; Spiritum vero Sanctum, non ingenitum..., sed Patris et Filii.	Est ergo ingenitus Pater, genitus Filius, non genitus Paraclitus sed a Patre procedens.	Patrem esse qui genuit ; Filium esse qui genitus sit ; Spiritum vero Sanctum, non genitum... sed... procedentem.

QUICUNQUE	TOLÈDE IV	TOLÈDE VI
Pater a nullo est factus nec creatus nec genitus. Filius... non factus nec creatus, sed genitus. Spiritus Sanctus a Patre et Filio, non factus nec creatus nec genitus, sed procedens.	Patrem a nullo factum vel genitum... Filium a Patre, non factum sed genitum... ; Spiritum vero Sanctum nec creatum nec genitum sed procedentem ex Patre et Filio...	Patrem ingenitum increatum... ; Filium a Patre... sine initio, genitum, non creatum... Spiritum Sanctum neque genitum neque creatum, sed de Patre Filio que procedentem...

TOLÈDE XI

Patrem... non genitum non creatum sed ingenitum...

Filium... de substantia Patris sine initio natum, nec tamen factum...

Spiritum... quoque Sanctum... non... genitum vel creatum, sed ab utrisque procedentem...

L'idée que le Père est la *source et l'origine de toute la divinité* dérive immédiatement du VIe symbole de Tolède, comme nous l'avons indiqué, et, en partie, de saint Isidore. Saint Augustin avait également écrit : *Totius divinitatis, vel si melius dicitur deitatis, principium Pater est* [1]. Au reste toute cette conception plonge profondément ses racines dans toute la patristique latine et grecque. Tertullien écrivait : *Nec dubitaverim Filium dicere et radicis fruticem, et fontis fluvium, et solis radium ; quia omnis origo Parens est et omne quod ex origine profertur progenies est* [2]. La théologie grecque affirme, avec saint Athanase et les Pères de Cappadoce que le Père est *le principe de la divinité, la racine et la source du Fils et de l'Esprit-Saint* [3].

SYMBOLE DE CARTHAGE (a. 484) [4]

[3] « Ipse quoque Pater est essentiae suae, qui de ineffabili substantia *Filium ineffabiliter genuit ; nec tamen aliud quam quod ipse est genuit : Deus Deum lux lucem :* ab ipso ergo est omnis paternitas in caelo et in terra. »

« Profitemur itaque Patrem de se ipso, hoc est de id quod ipse est, sempiterne atque *ineffabiliter Filium genuisse,* non extrinsecus non ex nihilo, non ex alia genuisse materia, sed ex Deo natum esse. Et qui de Deo natus est, *non aliud est quam id quod Pater est,* et idcirco unius substantiae est, quia veritas nativitatis diversitatem non admittit generis [5]. Nam si alterius a Patre substantiae est, aut verus

[1] *De Trinitate,* IV, 20, 29 (PL, XLII, 908). — Les conciles de Tolède ne sont pas registrés dans les études de J.-H. BAXTER, *Fons et origo,* dans l'*Archivum latinitatis medii aevi,* t. IV, 1928, p. 79 et 156.

[2] *Adversus Praxeam,* 8 (édit. KROYMANN, CSEL, t. XLVII, p. 238; PL, II, 163 C).

[3] SAINT ATHANASE, μία ἀρχὴ θεότητος (*Contra arianos,* Orat. IV, 1 ; PG, XXVI, 468) ; SAINT BASILE, ἔστι μὲν γὰρ ὁ πατὴρ ... ῥίζα καὶ πηγὴ τοῦ Υἱοῦ καὶ τοῦ Ἁγίου Πνεύματος (*Hom.* XXIV, 4 ; PG, XXXI, 609).

[4] Il fut composé par Eugène de Carthage, qui fut à la tête des évêques catholiques dans la conférence de 466 évêques, catholiques et ariens, réunis le premier février 484, à la requête d'Hunéric, roi des Vandales. Dans cette conférence, on traita le problème de l'ὁμοούσιος dans toute son étendue. De nombreux évêques des églises transmarines y assistaient, entre autres huit de Sardaigne et des Baléares. Cfr HEFELE-LECLERCQ, t. II, 2, p. 930-933. Victor de Vite inclut le symbole dans le récit de son *Historia persecutionis Africanae Provinciae,* lib. II, 66 (édit. PETSCHENIG, CSEL, t. VII, p. 46-71).

[5] CSEL, t. VII, p. 51 ; HAHN, § 173, p. 219.

Filius non est, aut, quod nefas est dicere, degener natus est [1]. »

VIGILIUS DE THAPSE (Ve s.)

« Ergo non extrinsecus neque ex nihilo, neque ex aliqua praecedente aut subsequente materia, sed ex se ipso genuit. Et *non aliud quam id quod ipse est genuit* [2]. »

TAYON (fl. 651)

« *Quod est Pater hoc genuit: Deus Deum lux lucem,* aequalem sibi Deum de Deo, Verbum apud Deum, Verbum Dei per quod facta sunt omnia. Lumen de lumine, coaeternum illi qui genuit et unum cum illo qui genuit [3]. »

L'apocryphe *Dialogus quaestionum LXV sub titulo Orosii percontantis et Augustini respondentis* [4], le traité pseudo-augustinien *De Trinitate et Unitate Dei* [5], et l'anonyme *Sententiae sanctorum patrum excerptae de fide sanctae Trinitatis* [6], tous postérieurs au XIe symbole de Tolède, ont recueilli également ces formules qui dérivent de divers passages de saint Augustin [7].

---

1 CSEL, t. VII, p. 51 et suiv. ; HAHN ne donne qu'un extrait du symbole.

2 *Contra Arianos, Sabellianos*... l. II, 4 (PL, LXII, 199 D-200 A).

3 *Sentent.*, lib. I, c. IV (PL, LXXX, 735 D).

4 PL, XL, 733-752.

5 PL, XLII, 1193-1200.

6 Elles furent éditées par K. KUENSTLE, *Eine Bibliothek*, p. 149-173, d'après le codex *Augiensis XVIII*. La phrase citée se trouve à la page 153. KUENSTLE a étudié, mais imparfaitement, les sources de cette collection. La seconde partie du chapitre II et les chapitres III, IV et V sont empruntés littéralement au *Dialogus quaestionum*. Le *De Trinitate et Unitate* est lui aussi en partie un extrait du *Dialogus*. Celui-ci à son tour n'est qu'un centon de sentences de saint Augustin et du pseudo-Eucher. Nous nous occuperons de tout cela dans l'Appendice.

7 *Collatio cum Maximino arianorum episcopo* (PL, XLII, 723) ; *Contra*

La phrase paradoxale qui déclare que le Père engendre son essence, est Père de cette même essence, se retrouve dans les écrits trinitaires du même docteur :

« Et si non alio magnus, alio Deus, sed eo magnus quo Deus, quia non aliud illi est magnum esse, aliud Deum esse ; consequens est ut nec Deus singulus, sed ea et cum ea deitate quam genuit, ut sic sit Filius deitas Patris, sicut sapientia et virtus Patris, et sicuti est Verbum et imago Patris. Et quia non aliud illi est esse, aliud Deum esse, ita sit etiam essentia Patris Filius, sicuti est Verbum et imago eius. Ac per hoc etiam excepto eo quod Pater est, non sit aliquid Pater, nisi quia est ei Filius : ut non tantum id quod dicitur Pater, quod manifestum est eum non ad seipsum, sed ad Filium relative dici, et ideo Patrem quia est ei Filius : sed omnino ut sit quod ad seipsum est, ideo sit quia genuit essentiam suam. Sicut enim magnus est, non nisi ea quam genuit magnitudine ; ita et est non nisi ea quam genuit essentia ; quia non est aliud illi esse, aliud magnum esse. Itane igitur pater est essentia suae, sicut pater est magnitudinis suae, sicut pater est virtutis ac sapientiae suae ? Eadem quippe eius magnitudo quae virtus, et eadem essentia quae magnitudo... At enim multo magis unius eiusdemque essentiae, quia una eademque essentia Pater et Filius ; quandoquidem Patri non ad seipsum est ipsum esse, sed ad Filium, quam essentiam genuit, et qua essentia est quidquid est... Sed Patris essentia est Filius, sicut Patris virtus et sapientia, sicut Verbum Patris et imago Patris [1]. »

Il affirme donc que le Père est père de son essence puisque le Fils est également l'essence du Père.

Concernant cette terminologie, saint Thomas fait remarquer :

« Dicendum quod ad exprimendam unitatem essentiae et personae sancti doctores aliquando expressius locuti sunt, quam proprietas locutionis patiatur. Unde huiusmodi locutiones non sunt extendendae sed exponendae, ut scilicet nomina abstracta exponantur per concreta vel etiam per nomina personalia, ut cum dicitur essentia de essentia, vel sapientia de sapientia, sit sensus : Filius qui est essentia et sapientia, est de Patre, qui est essentia et sapientia.

Maximinum arianorum episcopum, II, 7 (PL, XLII, 762) ; *De fide et symbolo*, 5 (PL, XL, 183).

[1] *De Trinitate*, VII, 1, 1-2 (PL, XLII, 933 et suiv.).

In his tamen nominibus abstractis, est quidam ordo attendendus quia ea quae pertinen ad actum, magis propinque se habent ad personas, quia actus sunt suppositorum. Unde minus impropria est ista ; natura de natura, vel sapientia de sapientia, quam essentia de essentia [1]. »

L'épithète *ineffable*, appliquée à la substance divine dans la génération du Verbe, est assez fréquente; ici elle est empruntée, comme plusieurs autres phrases que nous venons de signaler, au symbole de Carthage de 484 : *Qui, ut de sua ineffabilis naturae substantia proprium Filium genuisse monstraret...* [2]

La phrase *Ab ipso ergo est omnis paternitas in caelo et in terra*, se trouve aussi dans le symbole de Philippopolis (a. 343):

« Credimus in unum Deum Patrem omnipotentem, creatorem et factorem universorum, ex quo omnis paternitas in caelo et in terra nominatur [3]. »

III

[4] « *Filium* quoque de substantia *Patris sine initio* ante saecula natum, nec tamen factum esse fatemur*: quia nec Pater sine Filio, nec Filius aliquando exstitit sine Patre.*

[5] Et tamen non sicut Filius de Patre, ita Pater de Filio, quia non Pater a Filio, sed Filius a Patre generationem accepit. *Filius ergo Deus de Pater, Pater autem Deus sed non de Filio ; Pater* quidem *Filii, non Deus de Filio : ille autem Filius Patris et Deus de Patre. Aequalis tamen per omnia Filius Deo Pa-*

TOLÈDE VI

« *Filium a Patre* intemporaliter ante omnem creaturam *sine initio* genitum, non creatum, *nam nec Pater unquam sine Filio, nec Filius exstitit sine Patre, sed tamen Filius Deus de Patre Deo, non Deus de Filio ; ille autem Filius Patris et Deus de Patre, per omnia coaequalis Patri*, Deus verus de Deo vero [4]. »

AUGUSTIN († 430)

« Pater autem non est si non habeat Filium ; et Filius non est si non habeat Patrem ;

[1] *S. th.*, I, q. 39, a. 5, ad I.
[2] Mansi, t. VII, col. 1145 C.
[3] Hahn, § 158, p. 190.
[4] Bruns, I, p. 250.

tri : quia nec nasci coepit aliquando nec desiit. »

sed tamen *Filius Deus de Patre ; Pater autem Deus sed non de Filio. Pater Filii, non Deus de Filio ; ille autem Filius Patris et Deus de Patre* [1]. »

Génération et naissance éternelles du Verbe ; égalité parfaite des deux Personnes divines : procession du Fils par rapport au Père.

Dans ce premier article le *Toletanum* XI emprunte ce qu'il dit du Fils au *Toletanum* VI : c'est la même expression par affirmations et négations, c'est le même raisonnement, un peu plus développé cependant dans le *Toletanum* XI : *Et tamen non sicut Filius de Patre,* etc. Tous deux, comme on le voit, procèdent de saint Augustin.

Dans l'un et l'autre, on trouve des réminiscences d'anciens exposés de foi. Sans vouloir par là résoudre la question de la date de l'*Expositio fidei* du pseudo-Fortunatus [2], contentons-nous de signaler une phrase qui a pu influer sur nos symboles... *quia sicut numquam Filius sine Patre, sic numquam fuit Pater sine Filio, sic et numquam fuit Pater et Filius sine Spiritu Sancto* [3].

Saint Augustin à diverses reprises développe toutes ces idées; il le fait parfois dans des formules absolument identiques:

« Filius Deus de Patre Deo : Pater Deus non de Filio Deo. Sed Filius Deus aequalis Patri, aequalis natus, non minor natus ; non aequalis factus sed aequalis natus. Quod est ille, hoc et iste qui natus est. Aliquando fuit Pater sine Filio ? Absit. Tolle *aliquando* ubi tempus non est. Semper Pater, semper Filius. Sine initio temporis Pater, sine initio temporis Filius : nunquam Pater ante Filium, nunquam Pater sine Filio [4]. »

---

[1] *In Iohannis evangelium, tract. XXIX.* n. 5 (PL, XXXV, 1630).

[2] B. KRUSCH la place avant 799 (MGH, *Auct.*, t. IV, pars posterior, *Proemium*, p. XXXII) ; BURN avant 499 *(The Athanasian Creed,* p. LVII-LXXI) ; KUENSTLE la considère comme étant du VIe siècle au plus tard *(Antipriscilliana,* p. 213)

[3] Voyez l'édition critique de BURN, *The Athanasian Creed,* p. 32. Dans le symbole de JACOBI *(Zeitschrift für Kirchengeschichte,* t. VI, 1884, p. 282 et suiv.), que cet auteur date de la seconde moitié du VIe siècle, sans exclure la possibilité qu'il soit du IXe, on retrouve en partie cette même phrase : « Pater semper Pater est, quia nunquam sine Filio suo fuit » (HAHN, § 238, p. 350).

[4] *Sermo CXL,* 5 (PL, XXXVIII, 777).

« Nunquam Pater sine Filio. Et tamen qui nunquam sine Filio, genuit Filium. Et genuit et non coepit. Sine initio generato nullum est initium. Et tamen Filius et tamen genitus. Dicturus est homo : quomodo genitus et non habet initium ? Si genitus habet initium : si non habet initium, quomodo genitus ? Quomodo, nescio [1]. »

« Intelligendus Deus Pater esse principium, qui habet quidem Filium cui Pater sit, sed non habet de quo sit. Filius enim Patris est Filius, et Pater utique Filii Pater est ; sed Deus de Deo Filius dicitur, lumen de lumine Filius dicitur ; Pater dicitur lumen, sed non de lumine. Pater dicitur Deus, sed non de Deo [2]. »

Sans aucun doute, la doctrine du docteur d'Hippone a été la source immédiate de nos symboles. Mais on retrouve déjà des formules similaires chez Grégoire d'Elvire :

« Sempiternus cum Patre credendus est, quia nec Pater potest unquam sine Filio nominari, nec Filius sine Patre vocari : ac per hoc semper Filius quia semper Pater [3]. »

	ISIDORE
[6] « Hic etiam *unius cum Patre substantiae* creditur, propter quod et homousion *Patri dicitur*, hoc est eiusdem cum Patre subtantiae : *homos enim graece unum, ousia vero substantia dicitur, quod utrumque coniunctum sonat, una substantia.* »	« *Homousion Patri ab unitate substantiae appellatur. Substantia enim vel essentia graece* οὐσία *dicitur,* ὅμος *unum. Utrumque igitur coniunctum sonat una substantia* [4]. »

Dans le passage transcrit saint Isidore semble se faire l'écho d'un autre docteur espagnol, Grégoire d'Elvire :

« Proinde nos verum Filium de vero Patre, qui semper fuit, et est unius substantiae cum Patre, defendimus. Et hoc est quod Graeci homousion appellant, id est, cum uno aliud ipsum [5]. »

---

[1] *Sermo CXCVI*, 1 (PL, XXXVIII, 1019).

[2] *In Iohannis evangelium, tract. XXXIX*, c. 8 (PL, XXXV, 1682).

[3] *De Fide orthodoxa contra Arianos*, c. 2 (PL, XVII, 554 B).

[4] *Etymolog.*, l. VII, 2, 14 (édit. W. M. Lindsay, Oxford, 1911, VII, ii, 14 ; PL, LXXXII, 265 B).

[5] *De Fide*, c. 7 (PL, XVII, 562 C).

Avant de passer outre, une remarque s'impose. Nous venons de signaler saint Isidore de Séville comme une des sources du onzième symbole de Tolède. Nous semblons par là conclure dès maintenant que le symbole est bien de l'époque à laquelle l'attribue la tradition ainsi que la transmission manuscrite. Nous ne nous dissimulons pas l'objection que ce témoignage pourrait soulever, si on le considère séparément : ne serait-ce pas plutôt saint Isidore qui copie le symbole ? Cette objection, disons-nous, on peut la formuler en se basant sur un ou deux passages tirés de leur contexte : en effet, le seul examen interne de ces passages ne peut faire conclure à la postériorité du symbole. Mais elle est sans portée si l'on examine l'ensemble des témoignages. En effet, nous le noterons, les formules parallèles au *Toletanum* XI n'offrent nullement l'aspect de citations empruntées ; elles sont fusionnées, dans une continuité littéraire et une unité de pensée parfaites, avec tout le contexte dont elles font partie. Même quand notre symbole les cite littéralement, elles conservent, comme marque d'origine, quelque nuance de rédaction ou certaines affinités qui trahissent leur appartenance à un tout antérieur et que notre symbole, vrai travail de mosaïque ou de marqueterie, n'a pas réussi à effacer. Cette constatation se vérifiera davantage au cours de cette étude et nous n'omettrons pas de citer à l'occasion le contexte des sources.

[6]... « *Neque enim de nihilo neque de aliqua alia substantia, sed de Patris utero, id est de substantia eius idem Filius genitus vel natus esse* credendus est. »

TAYON

« Ac per hoc Deus Pater *non de nihilo, neque de aliqua substantia sed de seipso genuit Filium* coaeternum [1]. »

AUGUSTIN

« Itaque Deus cum Verbum genuit, id quod est ipse genuit, *neque de nihilo neque de aliqua infacta conditaque materia, sed de ipso*, id quod est ipse [2]. »

---

[1] *Sentent.*, l. I, c. IV (PL, LXXX, 735 D).

[2] *De fide et symbolo*, 5 (PL, XL, 183).

SYMBOLE DE CARTHAGE (a.484).

« Primum igitur de unitate substantiae Patris et Filii, quod Graeci ὁμοούσιος dicunt, exponendum nobis esse cognoscimus ... Et quia contra hanc catholicam vel apostolicam fidem exhorta haeresis novitatem quamdam induxerat, asserens *Filium non de Patris substantia genitum sed ex nullis exstantibus, id est ex nihilo substitisse*, ad hanc impietatis professionem, quae contra fidem emerserat, refellendam et penitus abolendam ὁμοούσιος sermo graecus positus est, quod interpretatur « unius substantiae vel essentiae », significans *Filium non ex nullis exstantibus nec ex alia substantia sed de Patre natum esse.* Sed si *ex nihilo non est, ex Patre* sine dubio est, et recte omousios, id est, unius cum Patre substantiae [1]. »

Principalement consacré à la défense et à l'explication du *homousios*, l'exposé du symbole de Carthage développe avec ampleur tous ces concepts condensés par le symbole de Tolède dans sa partie essentielle. Nous pensons que c'est de là qu'est empruntée, sous ces deux aspects négatif et positif, la formule précise qu'on oppose à l'arianisme.

Cet exposé est d'ailleurs fréquent chez de nombreux Pères. Voici par exemple un passage de saint Augustin :

« Pater ergo et Filius unius sunt eiusdemque substantiae. Hoc est illud Homousion, quod in concilio Nicaeno adversus haereticos Arianos a catholicis Patribus veritatis auctoritate et auctoritatis veritate firmatum est... Quid est enim Homousion, nisi unius eius-

[1] HAHN, § 173, p. 218.

demque substantiae ? Quid est, inquam, Homousion nisi, *Ego et Pater unum sumus ?* [1] »

C'est avec raison que l'Église a adopté le terme ὁμοούσιος comme cri de guerre contre les sabelliens et les ariens à la fois : *Recte ergo homousion Patri Filium dicimus,* remarque saint Ambroise, *quia verbo eo et personarum distinctio et naturae unitas significatur* [2].

Le symbole de Tolède,en suivant saint Isidore,essaie d'expliquer l'étymologie de ce terme pour en faire l'application au dogme. L'identité originelle de εἷς et ὁμός dans cette explication tolétaine, qui étonnait Petau [3], se trouve constatée aujourd'hui dans les meilleurs lexiques de la langue grecque [4]. Le concile fait preuve d'habileté dans l'ordre qu'il adopte, ne proposant la formule de la consubstantialité qu'après avoir affirmé que le Père est « non-engendré » et le Fils engendré. C'est d'ailleurs le conseil de saint Hilaire :

« Dicturus unam catholicus substantiam Patris et Filii, non inde incipiat, neque hoc quasi maximum teneat, tanquam sine hoc vera fides nulla sit. Tuto unam substantiam dicet, cum ante dixerit : Pater ingenitus est : Filius natus est, subsistit ex Patre, Patri similis est virtute, honore, natura [5]. »

	PS. AUGUST. SERMO CCXLII (VIe s.)
[7] « Sempiternus ergo Pater, sempiternus et Filius. *Quod si semper Pater fuit, semper habuit Filium, cui Pater esset : et ob*	« Advertite quod cum Dei Patris nomen in confessione coniungit, ostendit quod non ante Deus esse coeperit, et postea

[1] *Contra Maximinum arianorum episcopum,* II, 14, 3 (PL, XLII, 772).

[2] *De fide ad Gratianum,* III, 15, n. 126 (PL, XVI, 614 B). Sur l'origine et l'histoire du terme ὁμοούσιος, cfr G. Bardy, *Paul de Samosate (Spicilegium Sacrum Lovaniense,* t. IV), Louvain, 1929, p. 324-352 ; P. Galtier, L'*ὁμοούσιος de Paul de Samosate,* dans les *Recherches de Science religieuse,* t. XII, 1922, 30-45 ; F. Loofs, *Paulus von Samosata,* Leipzig, 1924 (voir F. Diekamp, dans la *Theologische Revue,* 1925, p. 205, 210).

[3] *De Trinitate,* IV, 5, 16 *(Dogmata theologica,* Paris, t. II, 1865, p. 657).

[4] Cfr H. C. Liddell et R. Scott, *A Greek-English Lexicon,* nouvelle édition par H. Stuart Jones, col. 492 A, Oxford, 1927. Cfr, sur un cas semblable, A. d'Alès, dans les *Recherches de Science religieuse,* t. XXII, 1932, p. 314.

[5] *De synodis,* n. 69 (PL, X, 526 B).

hoc Filium de Patre natum sine initio confitemur ».

Pater ; sed *sine ullo initio et Deus semper et Pater est. Quia ergo semper fuit Pater, semper habuit Filium cui Pater est*[1]. »

Le symbole de Tolède, et c'est une autre de ses caractéristiques, reprend une idée qu'il vient de noter pour la développer plus amplement [2]. C'est l'article *Filium sine initio :* on le voit dans les particules *ergo* et dans la raison qu'il donne explicitement *: ob hoc Filium de Patre natum sine initio confitemur.*

Développement qui garde quelque écho au sermon pseudo-augustinien CCXLII, cet article résume une conception très fréquente chez les Pères à l'époque arienne, concernant les relations entre le Père et le Fils : le Père n'aurait pu être Père de toute éternité s'il n'avait engendré le Fils de toute éternité ; la lumière éternelle se doit de diffuser éternellement sa splendeur. C'est ce qu'exprimait également saint Hilaire de Poitiers : *Aut enim non semper Pater si non semper et Filius ; aut si semper Pater, semper et Filius* [3].

VIGILIUS DE THAPSE (Ve s.)

[8] « Nec eundem Filium Dei pro eo, quod de Patre sit genitus, *desectae naturae portiunculam nominamus ; sed perfectum Patrem perfectum Filium sine*

« Neque enim exuberationem substantiae redundantis *Filium* dicimus, *neque* rursus *desectae naturae portiunculam nominamus ; sed perfectum Patrem, per-*

[1] PL, XXXIX, 2192. Sermon d'origine gallicane, il doit beaucoup à deux pièces du soi-disant Eusèbe d'Émèse sur le symbole (cfr PL, XXXIX, 2191 note *b*). Or, ce recueil a été constitué par un compilateur des environs de l'an 500 à l'aide de « ce qu'on conservait à Riez des matériaux légués par Fauste » (cfr G. MORIN, *La collection gallicane dite d'Eusèbe d'Émèse et les problèmes qui s'y rattachent*, dans *Zeitschrift fur die neutestamentliche Wissenschaft*, t. XXXIV, 1935, p. 92-115). Ce sermon a été utilisé dans les livres liturgiques gallicans, ceux d'Autun et de la Bourgogne, tout au moins dès le VIIe siècle. Il a été inséré également dans le grand recueil césarien G (voir la monumentale édition de dom Morin, *Sancti Caesarii Arelatensis Opera Omnia*, volumen I, *Sermones*, Maredsous, 1937), pour les fêtes de l'année, peut-être par Césaire lui-même. Ce sont des renseignements que nous devons à dom Morin dans une aimable communication très documentée dont nous le remercions chaudement.

[2] « Filium quoque de substantia Patris sine initio » [4].

[3] *De Trinitate*, l. XII, c. 32 (PL, X, 453 A).

diminutione, sine desectione genuisse asserimus, quia solius divinitatis est inaequalem Filium Filium non habere. »

fectum Filium, non ex iis quae in eo superfluis exuberationibus redundabant, (quod dictu nefas est), sed ex se ipso, id est ex eo quod ipse est, impassibiliter, indivisibiliter, incorporaliter, *sine diminutione, sine discissione*, sine afluentis copiae redundationes, sine ullo omnino pasi onis genere, ineffabiliter credimus natum [1]. »

SYMBOLE DE CARTHAGE (a. 484)

« Credentes ergo Deum Patrem de sua substantia impassibiliter Filium generasse, *non dicimus ipsam substantiam aut divisam esse in Filio aut diminutionem pertulisse in Patre*, et per hoc passionis potuisse vitio subiacere. Absit enim a nobis ut talia vel opinemur vel cogitemus de Deo, quia nos *perfectum Patrem perfectum Filium sine sui diminutione, sine aliqua derivatione*, sine omni omnino passionis infirmitate *genuisse* fideliter profitemur [2]. »

L'identité du raisonnement et la communauté des formules sont évidentes. Ce passage, développé avec plus d'ampleur dans Vigilius et dans le symbole de Carthage, où il est en connexion intime avec l'idée de l'impassibilité divine, amène à conclure que Tolède a pris Vigilius et le symbole de Carthage comme modèle.

On retrouve cependant ces formules dans des écrits plus anciens. La *Fides Phoebadii* (IVe s.) dit : *Pater Filium generans non minuit nec amisit plenitudinis suae deitatem* [3].

---

[1] *Contra Arianos*, l. II, 13 (PL, LXII, 206 A-B).

[2] CSEL, t. VII, p. 55 ; HAHN, § 173, p. 219.

[3] HAHN, § 189, p. 259.

La même idée est très fréquente chez saint Hilaire de Poitiers :

« Non est abscissio aut divisio : impassibilis est enim ille qui genuit, et imago invisibilis Dei est ille qui natus est [1]. »

« Perfectus a perfecto, quia totus a toto : non divisio aut discissio, quia alter in altero, et plenitudo divinitatis in Filio est [2]. »

« Non per diminutionem genitum, non ex solido parte aliqua decisum, sed omnia habentem genuisse omnia consecutum [3]. »

Il s'agissait par ces formules d'éviter cette conception grossière, qui ferait résulter la génération du Fils d'une scission dans le Père. Saint Augustin exprime avec une extrême netteté la position orthodoxe en partant de l'unité de la substance divine [4]. Selon saint Hilaire, cette erreur dérive d'une interprétation erronée du ὁμοούσιος : *Quin etiam et huius statim erroris occurrit occasio, ut divisus a sese Pater intelligatur, et partem exsecuisse quae esset sibi Filius* [5]. Tertullien également avait dit que le Fils était une dérivation, une *portion* du Père : *Pater enim tota substantia est, Filius vero derivatio totius et portio* [6]. Saint Hilaire, au contraire insiste, comme on l'a vu, sur la formule opposée : il va jusqu'à employer l'expression *non portio* [7].

PSEUDO-VIGILE (Ve s.)

[9] « Hic etiam *Filius Dei natura est Filius, non adoptione, quem Deus Pater nec voluntate nec necessitate genuisse* credendus est : quia *nec ulla in Deo necessitas capit, nec voluntas sapientiam praevenit.* »

« *Haereticus : Deus Pater, ex voluntate genuit Filium, an ex necessitate ?*

Responsio : Nec ex voluntate nec ex necessitate, quia Deo nulla manet necessitas... Qua de re *Filius ex Patre, non ex voluntate, nec ex necessitate,* sed ex substantia natus est, *quia supra vo-*

[1] *De Trinitate*, II, 8 (PL, X, 57 B).

[2] *De Trinitate*, II, 11 (PL, X, 59 A).

[3] *De Trinitate*, II, 11 (PL, X, 65 A).

[4] *Contra Maximinum arianorum episcopum*, l. II, c. 10, n. 1-2 (PL, XLII, 764 et suiv.).

[5] *De Trinitate*, IV, 4 (PL, X, 99 A).

[6] *Adversus Praxeam*, n. 9 (édit. KROYMANN, CSEL, t. XLVII, p. 239).

[7] *De Trinitate*, XII, 54 (PL, X, 468 B).

luntatem et necessitatem *est id quod est deitas*[1].»

FIDES DAMASI

« *Pater Filium genuit, non voluntate, nec necessitate, sed natura*[2]. »

GENNADE († ca 494)

«Dei ergo Filius hominis factus est filius, natus secundum veritatem naturae ex Deo Dei Filius, et secundum veritatem naturae ex homine hominis filius, ut veritas geniti *non adoptione* non appellatione sed in utraque nativitate filii nomen nascendo haberet, et esset verus Deus et verus homo unus filius[3].»

Cet article, déclarant que le Fils ne procède du Père ni par volonté ni par nécessité, était dirigé de toute antiquité contre Valentin dont saint Athanase expose l'erreur[4]. Les ariens aussi, au témoignage de saint Augustin, reprirent cette même conception : *Dicunt Christum voluntate Dei et Patris sui ante omnia saecula constitutum*[5]. Ariens et eunomiens d'une part et catholiques de l'autre, étaient divisés sur ce point : les uns faisaient du Fils le fruit de la volonté libre du Père ; pour les autres, il était Fils de sa nature et de sa substance[6]. Cette dernière affirmation était celle de la foi nicéenne.

L'expression *non adoptione*, qui probablement provient ici de Gennade, est dirigée contre les Bonosiens qui, en niant la filiation naturelle du Fils, en arrivaient logiquement à parler, et de façon explicite, d'une filiation adoptive. Cette conception

---

[1] *De Trinitate*, X (PL, LXII, 290 C).

[2] BURN, *An Introduction*, p. 245.

[3] *Liber ecclesiasticorum dogmatum*, II (édit. C. H. TURNER, JTS, t. VII, 1906, p. 89 ; PL, LVIII, 981 B).

[4] *Contra arianos*, oratio III, 65 et suiv. (PG, XXVI, 459 et suiv.).

[5] *Contra sermonem arianorum*, 2 (PL, XLII, 685).

[6] Cfr saint Augustin, *De Trinitate*, XV, 22 (PL, XLII, 1087).

des Bonosiens s'était répandue en Espagne ; nous le savons par ce que saint Isidore dit de Justinien de Valence : ... *secunda* (la seconde des quatre réponses qu'il envoyait, dans une œuvre aujourd'hui perdue, à un certain Rusticus) *est contra Bonosianos qui Christum adoptivum Filium et non proprium dicunt* [1]. Saint Isidore lui-même explique cette hérésie : *Bonosiaci a Bonoso quodam episcopo exorti produntur, qui Christum Filium Dei adoptivum, non proprium asserunt* [2].

Évidemment, il ne faut pas confondre cette erreur avec celle d'Élipand de Tolède et de Félix d'Urgel au VIIIe siècle, concernant la filiation adoptive de Jésus-Christ comme homme.

L'hérésie de Bonose était donc connue en Espagne et il était normal que le symbole de Tolède y fît allusion.

Il convient de remarquer la variante « capit », qu'on trouve dans les *meilleurs manuscrits*. Selon cette variante, le verbe serait employé dans un sens intransitif : *nec necessitate genuisse credendus est, quia nec ulla in Deo necessitas capit ;* ce paraît être un hispanisme *: no cabe necesidad en Dios* [3]. Dans le *Dialogus quaestionum*, ainsi que dans le *De Trinitate et Unitate* et dans les *Sententiae*, on lit : « necessitas in Deo *non est* [4] ». Le pseudo-Vigile a cette variante : « Deo nulla *manet* necessitas ».

L'abbé Samson (IXe siècle) cite la même formule, mais emploie le verbe *accidit :*

« Antequam parturiret Pater Filium peperit. Quia nec voluntate nec necessitate Filium genuit. Nam nec Deo necessitas accidit, nec

---

[1] *De viris illustribus*, XXXIII (G. VON DZIALOWSKI, *Isidor und Ildefons als Litterarhistoriker*, Munster, 1898, p. 57).

[2] *Etymolog.*, l. VIII, 5, 52 (PL, LXXXII, 302 C).

[3] Pareil emploi du verbe « capio » n'est pas inconnu dans l'antiquité : « Talia capit opinari eos », dit TERTULLIEN, *De praescriptione haereticorum*, 44 (édit. J. MARTIN, dans *Florilegium Patristicum*, fasc. IV, Bonn, 1930, p. 40; PL, II, 60 A) ; « Nec capit humanis angoribus excruciari », dit PRUDENCE en parlant de Dieu, *Apotheosis*, 86 (CSEL, t. LXI, p. 85 ; PL, LIX, 928); « Sed domini carmen tellus aliena mereri non capit », saint PAULIN DE NOLE, *Carmen*, IX, 22-23 (CSEL, t. XXX, p. 22 ; PL, LXI, 451 B). On trouvera d'autres exemples dans le *Thesaurus linguae latinae*, t. III, Leipzig, 1912, « Capio », II, B b, col. 333. Voir aussi J. DEFERRARI, J. MARSHALL CAMPBELL, *A Concordance of Prudentius*, Cambridge, 1932, « Capit », p. 80.

[4] KUENSTLE, *Eine Bibliothek*, p. 152 et suiv.

voluntas Filii nativitatem praecessit, quia semper natum esse proprium habet, sicut fides catholica credit [1]. »

IV

[10] « *Spiritum quoque Sanctum, qui est tertia in Trinitate persona,* unum *atque aequalem cum Deo Patre et Filio credimus esse Deum, unius substantiae,* unius quoque esse naturae : *non tamen genitum vel creatum,* sed *ab utrisque procedentem amborum esse Spiritum.* »

[11] « Hic etiam *Spiritus Sanctus nec ingenitus nec genitus, creditur, ne, aut si ingenitum dixerimus, duos patres dicamus, aut si genitum, duos filios praedicare monstremur. Qui tamen nec Patris tantum nec Filii tantum sed simul Patris et Filii Spiritus dicitur.* »

TOLÈDE VI

« *Spiritum Sanctum neque genitum neque creatum, sed de Patre Filioque procedentem utriusque esse Spititum* [2]. »

TOLÈDE III (a. 589)

« Spiritus aeque Sanctus confitendus a nobis et praedicandus est *a Patre et a Filio procedere* et cum Patre et Filio *unius esse substantiae : tertiam vero in Trinitate Spiritus Sancti esse personam,* qui tamen communem habeat cum Patre et Filio divinitatis essentiam [3]. »

ISIDORE

« *Spiritus Sanctus ideo non dicitur genitus, ne duo in Trinitate Filii suspicentur. Ideo non praedicatur ingenitus, ne duo Patres in ipsa Trinitate credantur* [4]. »

AUGUSTIN

« Nos *Spiritum Sanctum nec Patris tantum, nec Filii tantum sed utriusque Spiritumdicimus*[5]. »

---

[1] *Apologeticus*, l. I, c. 2 (FLOREZ, t. XI, p. 339).

[2] BRUNS, I, p. 250 ; voir également le IVe symbole de Tolède, *ibid.*, p. 221.

[3] HAHN, § 177, p. 232.

[4] *Etymolog.*, l. VII, 3, 6 (PL, LXXXII, 268 B) ; saint Ildephonse cite littéralement ce texte de saint Isidore, *Liber de cognitione baptismi*, 58 (PL, XCVI, 135 C).

[5] *De civitate Dei*, X, 23 (CSEL, t. XL, p. 1 ; PL, XLI, 300).

En commençant dans cet article la profession de foi à la troisième Personne, le XIe symbole de Tolède nous fournit un exemple de son caractère de centon et de l'hétérogénéité des sources dont il s'inspire. Tout l'essentiel de la rédaction est emprunté aux symboles précédents de Tolède, à saint Isidore et à saint Augustin. Le symbole spécifie que l'Esprit-Saint est la troisième Personne de la Trinité, pour qu'on n'en fasse pas une simple qualité du Père et du Fils. C'est la doctrine de saint Augustin :

« Utrum autem boni Patris et boni Filii Spiritus Sanctus, quia communis ambobus est, recte bonitas dici possit amborum, non audeo temerariam praecipitare sententiam : verumtamen amborum eum dicere sanctitatem facilius ausus fuero, non amborum quasi qualitatem, et tertiam in Trinitate personam [1]. »

L'expression «*ab utrisque*» est caractéristique du XIe symbole de Tolède. On trouve une formule similaire chez saint Fulgence de Ruspe :

« Unus est enim atque idem Patris et Filii Spiritus, totus de Patre procedens, totus in utroque consistens, nec est divisus in singulis, quia inseparabiliter est utrisque communis [2]. »

Dans le *De Trinitate* du pseudo-Vigile, on retrouve à deux reprises dans les premiers livres l'emploi de cette expression :

« ...Dicente Ioanne evangelista in Epistola sua : *Tres sunt qui testimonium dicunt in caelo, Pater et Verbum et Spiritus, et in Christo Iesu unum sunt :* non tamen unus est, quia non est in his una persona. Nam unum quod dixit de utrisque, quid aliud intelligitur, quam quod Deus Pater divinitatis natura, idem ipse dicatur et Dominus, idem ipse sit et Spiritus ; et Filius Deus, idemque sit in divinitate et Dominus, idemque sit in deitate et Spiritus ; sed et Spiritus Paraclitus Deus idemque sit et Dominus in natura deitatis, idem sit et Spiritus [3] ? »

«Sed et si Spiritus Paraclitus in suo nomine tantum venisset, quod

---

[1] *De civitate Dei*, XI, 24 (CSEL, XL, 547 ; PL, XLI, 338).

[2] *Responsio contra arianos* (PL, LXV, 224 C). C'est un des traits typiques du latin de saint Fulgence, cfr FRIEBEL, *Fulgentius*, p. 73.

[3] *De Trinitate*, I (PL, LXII, 243 B).

dicitur Spiritus Paraclitus, et non in unita substantia Patris et Filii, quod nominatur Deus, iam proprium nomen eius in persona esse videretur, et non secundum unitam naturam, deitatis in utrisque, ut tantum unusquisque nomina singula in personis suis ostenderet, deitatis autem unitum nomen non indicaret [1]. »

Saint Augustin connaît une formule analogue :

« ...Non ipsum Dei Verbum per substantiam suam, qua Patri aequale atque coaeternum est, nec Spiritus Patris et Filii per suam substantiam, qua et ipse utrisque aequalis atque coaeternus est, sed utique creatura etc. [2] »

Dans le *De Trinitate* du pseudo-Ambroise, on l'applique également au Saint-Esprit.

« Neque ergo fraudatus est Pater, eo quod ingenitus est, aut quia genuit Filium : neque Filius defraudatus, eo quod generatus est, aut quia ex ingenito generatur : neque Spiritus Sanctus defraudatus est, quia utrorumque id est Patris et Filii est [3]. »

C'est dans Boèce que nous trouvons la formule la plus voisine :

« Ac si meminimus omnium in prioribus de Deo sententiarum, ita cogitemus, processisse quidem ex Deo Patre Filium Deum, et ex utrisque Spiritum Sanctum [4]. »

Le *Toletanum* XI transforme l'expression, et où il lisait dans ses sources « *ab utroque* », il écrit « *ab utrisque* », formule qu'il répète plusieurs fois. Les *Sententiae* conserveront aussi cette expression, qui ne se trouve pas dans le *Dialogus*, ni dans le *De Trinitate* non plus [5].

---

[1] *De Trinitate*, II (PL, LXII, 247 C).

[2] *De Trinitate*, II, 11, 27 (PL, XLII, 886).

[3] PL, XVII, 513 B.

[4] *De Trinitate* 5 (PL, LXIV, 1254 C).

[5] Comparez avec le texte des *Sententiae* : « Spiritum Sanctum neque genitum neque ingenitum fides certa declarat, quia si dixerimus ingenitum, duos patres adfirmare videbimur, sin autem genitum, duos filios credere culpamur. Sed quod certa fides tenet, nec ingenitus nec genitus, sed ab utrisque procedens, id est ex patre et filio », Cap. III, n. 24 (KUENSTLE, *Eine Bibliothek*, p. 153). — J. PH. KREBS (*Antibarbarus der lateinischen Sprache*, 6e édit., t. II, Bâle, 1888, p. 640-643), détermine l'emploi légitime de

Que le Saint-Esprit ne doive être dit ni engendré ni « non-engendré », Bachiarius le dit également, mais sous une formule quelque peu différente :

« Itaque, cum ingenitus Pater sit, cuius est Spiritus, incaute Spiritus Sanctus dicitur ingenitus, ne duo ingeniti aut duo Patres in infidelibus aestimentur. Filius Patris ante saecula genitus a Patre non potest alium genitum habere consortem, ut credatur unigenitus et duo geniti non dicantur [1]. »

D'autre part on peut trouver aussi la source de cet article dans la *Fides Damasi : Spiritum vero Sanctum, non genitum neque ingenitum, non creatum neque factum* [2].

On trouve également chez saint Augustin ces mêmes formules, diversement exprimées :

« Ideo enim cum Spiritum Sanctum genitum non dicamus, dicere tamen non audemus ingenitum, ne in hoc vocabulo vel duos patres in illa Trinitate, vel duos qui non sunt de alio quispiam suspicetur [3]. »

« Qui Spiritus Sanctus secundum scripturas sanctas, nec Patris est solius nec Filii est solius, sed amborum et ideo communem qua invicem se diligunt Pater et Filius nobis insinuat caritatem [4]. »

« Deum autem Spiritum Sanctum, non solius Patris aut solius Filii Spiritum, sed Patris et Filii [5]. »

« Non possumus dicere quod Spiritus Sanctus et a Filio non procedat : neque enim frustra idem Spiritus et Patris et Filii Spiritus dicitur [6]. »

Ces dernières lignes contiennent l'argument scripturaire de saint Augustin pour prouver que l'Esprit-Saint procède également du Fils : en effet, s'il en était autrement, l'Écriture ne l'appellerait pas *Spiritus Filii*.

« *uterque* » au pluriel ; c'est ainsi qu'on remarquera la singularité du terme « *ab utrisque* » employé dans notre symbole.

[1] HAHN, § 208, p. 287. Dans son commentaire (PL, XX, 1026 et suiv.), MURATORI entreprend de justifier ces phrases en s'appuyant sur l'autorité de quelques Pères.

[2] BURN, *An Introduction*, p. 245.

[3] *De Trinitate*, XV, 26, 47 (PL, XLII, 1095).

[4] *De Trinitate*, XV, 17, 27 (PL, XLII, 1080).

[5] *Sermo LXXI*, c. 12 (PL, XXXVIII, 454 A).

[6] *De Trinitate*, IV, 29 (PL, XLII, 908).

[12] « *Nec enim de Patre procedit in Filium, vel de Filio procedit ad sanctificandam creaturam, sed simul ab utrisque processisse* monstratur, quia *caritas sive sanctitas amborum* esse agnoscitur. »

AUGUSTIN

« Filius quippe nullus est duorum nisi patris et matris. Absit autem ut inter Deum Patrem et Deum Filium tale aliquid suspicemur. Quia nec filius hominum simul et ex patre et ex matre procedit : sed cum in matrem procedit ex patre, non tunc procedit ex matre, et cum in hanc lucem procedit ex matre, non tunc procedit ex patre. *Spiritus vero Sanctus non de Patre procedit in Filium, et de Filio procedit ad sanctificandam creaturam : sed simul de utroque procedit* [1]. »

ISIDORE

« Ideo igitur Spiritus Dei Sanctus vocatur, quia *Patris et Filii sanctitas est*... tanquam *sanctitas coessentialis* et consubstantialis *amborum* [2]. »

Nous avons transcrit intégralement ce témoignage pour montrer comment le fragment copié par le *Toletanum* s'insère dans le contexte antérieur. Chez saint Augustin, il est amené par la comparaison qu'il établit entre la procession de l'Esprit-Saint d'une part, et d'autre part, la conception et la naissance du Fils parmi les hommes. Le *Toletanum* n'a pris que la conclusion en faisant abstraction du contexte.

Il est intéressant de remarquer ici que le symbole de Tolède modifie la rédaction qu'il trouve dans ses sources ; là où il

[1] *In Iohannis evangelium, tract. XCIX*, n. 9 (PL, XXXV, 1890). Tout ce fragment est reproduit par saint Augustin intégralement dans le *De Trinitate*, XV, 27 (PL, XLII, 1905 et suiv.).Théodulphe d'Orléans reproduit entre autres témoignages celui de saint Augustin, dans son florilège *De Spiritu Sancto* (PL, CV, 263, B).

[2] *Etymolog.*, l. VII, 3, 5 (édit. LINDSAY, VII, III, 5; PL, LXXXII, 268 B).

lisait « *ab utroque* » (saint Augustin) il écrit « *ab utrisque* ». Et dans le paragraphe que nous allons analyser à l'instant, il emploie une fois encore cette expression indépendamment de ses sources.

La doctrine, suivant laquelle l'Esprit-Saint procède du Père et du Fils comme fruit de leur sainteté ou de leur charité mutuelle, est typiquement augustinienne. Le saint docteur l'expose à de multiples reprises dans ses œuvres :

« Consequenter enim et Spiritus Sanctus intelligitur, quia Spiritus est Patris et Filii tanquam caritas substantialis et consubstantialis amborum. Quoniam non duo dii Pater et Filius, nec tres dii Pater et Filius et Spiritus Sanctus ; sed ipsa Trinitas unus solus verus Deus. Nec idem tamen Pater qui Filius, nec idem Filius qui Pater, nec idem Spiritus Sanctus qui Pater et Filius ; quoniam tres sunt Pater et Filius et Spiritus Sanctus; sed ipsa Trinitas unus est Deus[1].»

« Cum sit et Pater spiritus et Filius spiritus, et Pater sanctus et Filius sanctus, proprie tamen ipse vocatur Spiritus Sanctus tamquam sanctitas substantialis et consubstantialis amborum [2]. »

	AUGUSTIN
[13] « *Hic* igitur *Spiritus Sanctus missus ab utrisque* sicut Filius creditur ; sed *minor a Patre et Filio non habetur*, sicut Filius propter assumptam carnem minorem se Patre et Spiritu Sancto esse testatur. »	« Per ipsum (Filium) nobis *Spiritus Sanctus missus est a Patre et ab ipso. Spiritus Patris et Filii ab utroque missus*, a nullo genitus : unitas amborum aequalis ambobus [3]. » « Nec Pater sine Filio, nec Filius sine Patre misit Spiritum Sanctum, sed *eum pariter ambo miserunt*. Inseparabilia quippe sunt opera Trinitatis. Solus Pater non legitur missus, quoniam solus non habet auctorem a quo genitus sit, vel a quo procedat [4].»

[1] *In Iohannis evangelium, tract. CV*, 3 (PL, XXXV, 1904 et suiv.).

[2] *De civitate Dei*, XI, 10, 1 (CSEL, t. XL, 1, p. 526 ; PL, XLI, 325) édit. Hoffmann.

[3] *Sermo CCII*, 1 (PL, XXXVIII, 1059).

[4] *Contra sermonem arianorum*, 4 (PL, XLII, 686).

SYMBOLE DE GRÉGOIRE DE TOURS
(† 593-4)

«... Et nunquam sine Patre fuisse vel Filio, *neque minorem Patre vel Filio* [1]. »

Que cette mission du Saint-Esprit par le Père et le Fils n'entraîne en elle aucune infériorité, c'est également un enseignement très fréquent de saint Augustin :

« Nunc autem non ideo minorem Filium quia missus est a Patre, nec ideo minorem Spiritum Sanctum quia et Pater eum misit et Filius, sufficienter, quantum arbitror, demonstratum est [2]. »

« Propter has ergo corporales formas, quae ad eum significandum et sicut humanis sensibus oportebat demonstrandum temporaliter exstiterunt, missus dicitur etiam Spiritus Sanctus ; non tamen minor Patre dictus est, sicut Filius propter formam servi ; quia illa forma servi inhaesit ad unitatem personae, illae vero species corporales ad demonstrandum quod opus fuit ad tempus apparuernt, et esse postea destiterunt [3]. »

« Ideo autem nusquam scriptum est quod Deus Pater maior sit Spiritu Sancto, vel Spiritus Sanctus minor Deo Patre, quia non sic est assumpta creatura, in qua apparuit Spiritus Sanctus, sicut assumptus est filius hominis, in qua forma ipsius Verbi Dei persona praesentaretur... Non ergo sic est assumpta creatura, in qua appareret Spiritus Sanctus, sicut assumpta est caro illa et humana illa forma ex virgine Maria [4]. »

V

[14] « Haec est sanctae Trinitatis relata narratio : quae *non triplex sed Trinitas* et dici et credi debet. *Nec recte dici potest ut in uno Deo sit Trinitas, sed unus Deus Trinitas.* »

AUGUSTIN

« Nec quoniam *Trinitas* est, ideo *triplex* putandus est : alioquin minor erit Pater solus, aut Filius solus, quam simul Pater et Filius. Quamquam non inveniatur quomodo dici possit

[1] MGH, *Script. rer. Merov.*, t. I, p. 34 ; HAHN, § 230, p. 336.
[2] *De Trinitate*, IV, 21, 32 (PL, XLII, 910 et suiv.).
[3] *De Trinitate*, II, 7, 12 (PL, XLII, 853).
[4] *De Trinitate*, II, 6, 11 (PL, XLII, 851).

aut Pater solus aut Filius solus ; cum semper atque inseparabiliter et ille cum Filio sit, et ille cum Patre...

Cum itaque tantus est solus Pater vel solus Filius, vel solus Spiritus Sanctus, quantus est simul Pater et Filius et Spiritus Sanctus, *nullo modo triplex dicendus est...*

...et ideo *Trinitas potius quam triplex* [1]. »

...« In illa unus Deus dicatur et sit : *nec in uno Deo sit illa Trinitas, sed unus Deus* [2]. »

L'absence, chez tout autre auteur en dehors de saint Augustin, de formules aussi caractéristiques que celles-là et aussi précises, nous autorise à voir dans le docteur d'Hippone la source de notre symbole. Saint Augustin est du reste, on l'a déjà vu, et on le verra encore davantage, celui qui a fourni le plus de matériaux aux théologiens espagnols du XIe concile de Tolède. La dernière formule exprime la conception typiquement augustinienne, *Dieu-Trinité*, qui se répète en divers passages du Docteur d'Hippone : *Illa vero Trinitas non inest, sed ipsa Deus est* [3] ; *Recte ipse Deus Trinitas intelligitur, beatus et solus potens* [4] ; *Dicimus Deum solum esse ipsam Trinitatem* [5].

	ISIDORE
[15] « *In relativis vero personarum nominibus Pater ad Filium, Filius ad Patrem, Sanctus Spiritus ad utrosque refertur,*	« Eadem et relativa quia ad se invicem referuntur. Cum enim dicitur *Deus, essentia est, quia ad seipsum dicitur.* Cum vero

[1] *De Trinitate*, VI, 6-7 (PL, XLII, 929 et suiv.).

[2] *De Trinitate*, XV, 23, 43 (PL, XLII, 1090).

[3] *Epist.* 169, cap. 2 (CSEL, t. XLIV, p. 615 et suiv. ; PL, XXX, 745).

[4] *De Trinitate*, I, 6, 10 (PL, XLII, 826).

[5] *De Trinitate*, VI, 7, 9 (PL, XLII, 939). On pensait jusqu'à maintenant que le terme *Trias* a été employé pour la première fois par Théophile. G. L. PRESTIGE (*God in patristic thought*, Londres, 1936, p.93 et suiv.) établit qu'un témoignage de Clément d'Alexandrie nous reporte à un temps antérieur.

quae cum *relative tres personae dicantur, una tamen natura vel substantia* creditur. »

[16] « Nec sicut tres personas ita tres substantia praedicamus, sed *unam substantiam, tres autem personas.* »

[17] « Quod *enim Pater est, non ad se, sed ad Filium est ; et quod Filius est, non ad se, sed ad Patrem est ; similiter et Spiritus Sanctus non ad se sed ad Patrem et Filium relative refertur ; in eo quod Spiritus Patris et Filii praedicatur.* »

[18] « Item cum dicimus Deus, non ad aliquid dicitur, sicut Pater ad Filium vel Filius ad Patrem vel Spiritus Sanctus ad Patrem et Filium, *sed ad se specialiter dicitur Deus.* »

dicitur *Pater et Filius et Spiritus Sanctus relative dicuntur* quia ad se invicem referuntur. *Nam Pater non ad seipsum sed ad Filium relative dicitur, quia est ei Filius ;* sic et *Filius relative dicitur, quia est ei Pater ; sic et Spiritus Sanctus quia est Patris Filiique Spiritus.* His enim appellationibus hoc significatur quod ad se invicem referuntur, non ipsa substantia qua unum sunt. Proinde *Trinitas in relativis personarum nominibus est ;* deitas non triplicatur, sed in singulariter est ; quia si triplicatur deorum inducimus pluralitatem [1]. »

« *In relatione personarum Trinitas est : in substantia vero naturae unus Deus est,* Pater scilicet, et Filius, et Spiritus Sanctus [2]. »

CLEMENS TRINITAS (Ve s.)

« Nam *tres nominantes personas, unam esse substantiam* catholica atque apostolica profitemur voce [3]. »

Nous croyons que ce long fragment emprunté aux *Étymologies* est la source immédiate du concile de Tolède, dans la partie qui lui correspond : même développement de la pensée, même terminologie, sans parler de phrases entièrement identiques, comme celle-ci, *sed ad se specialiter dicitur Deus* = *Deus essentia est, quia ad seipsum dicitur ; relative tres personae*

---

[1] *Etymolog.*, VII, 4, 6-8 (édit. LINDSAY, VII, IV, 6, 7, 8 ; PL, LXXXII, 271 C).

[2] *Differ.*, II, 2, 4 (PL, LXXXIII, 71 A).

[3] Texte critique, J. A. DE ALDAMA, *El símbolo « Clemens Trinitas »*, dans *Gregorianum*, t. XIV, 1933, p. 487.

dicantur = *Pater et Filius et Spiritus sanctus relative dicuntur; in relativis personarum nominibus*, etc. Sans doute, l'exposé est plus diffus et moins achevé chez saint Isidore ; par contre au concile de Tolède, il conserve des phrases parfaitement coupées et moulées, d'un type entièrement augustinien.

Ainsi, saint Isidore ne fut pas l'auteur de cette rédaction. Elle provient toute entière, par diverses dérivations, de la source trinitaire inépuisable de saint Augustin. Voyons quelques passages du grand théologien d'Hippone :

« Id enim quod Pater ad se est, Deus est ; quod ad Filium est, Pater est ; quod Filius ad seipsum est, Deus est ; quod ad Patrem est, Filius est... Quia enim Deus Pater ad se est Deus simul cum Patre et Spiritu Sancto non sunt tres dii ; quia ad se est omnipotens simul cum Filio et Spiritu Sancto, non sunt tres omnipotentes ; quia vero non ad se est Pater sed ad Filium ; nec Filius ad se est, sed ad Patrem : nec Spiritus ad se in eo quod dicitur Spiritus Patris et Filii ; non est quid dicam tres, nisi Patrem et Filium et Spiritum Sanctum, unum Deum, unum omnipotentem [1]. »

« Unde etiam in fide catholica... sic aedificamur ut dicamus Patrem et Filium et Spiritum Sanctum unius esse substantiae. Quid est unius substantiae ? Verbi gratia, si aurum est Pater, aurum et Filius, aurum et Spiritus Sanctus. Quidquid est Pater quod Deus est, hoc Filius, hoc Spiritus Sanctus. Cum auter Pater est, non illud est quod est. Pater enim non ad se sed ad Filium dicitur : ad se autem Deus dicitur... Quaeris quid sit Pater ; respondetur, Deus. Quaeris quid sit Filius : respondetur, Deus. Quaeris quid sit Pater et Filius : respondetur, Deus. De solo Patre interrogatus, Deum responde : de solo Filio interrogatus, Deum responde : de utroque interrogatus, non deos sed Deum responde [2]. »

« Si ergo tibi dictum fuerit, cum dicis mihi Filium hoc esse quod Pater est, profecto et Filius Pater est ; responde : Secundum substantiam tibi dixi hoc esse Filium quod Pater est, non secundum id quod ad aliud dicitur. Ad se enim Deus dicitur, ad Patrem Filius dicitur. Rursusque Pater ad se Deus dicitur, ad Filium Pater dicitur. Quod dicitur ad Filium Pater, non est Filius : quod dicitur Filius ad Patrem, non est Pater : quod dicitur ad se Pater et Filius ad se, hoc est Pater et Filius, id est Deus [3]. »

---

[1] *In Iohannis evangelium, tract. XXXIX*, 4 (PL, XXXV, 1683).
[2] *Enarrationes in Ps. LXVIII*, 5 (PL, XXXVI, 843 s.).
[3] *Enarrationes in Ps. LXVIII*, 5 (PL, XXXVI, 845).

« Dicitur enim ad aliquid, sicut Pater ad Filium, et Filius ad Patrem... Si vero quod dicitur Pater, ad seipsum diceretur, non ad Filium ; et quod dicitur Filius, ad seipsum diceretur, non ad Patrem ; secundum substantiam diceretur et ille Pater, et ille Filius. Sed quia et Pater non dicitur Pater, nisi ex eo quod est ei Filius ; et Filius non dicitur nisi ex eo quod habet Patrem, non secundum substantiam haec dicuntur ; quia non quisque eorum ad seipsum, sed ad invicem, atque ad alterutrum ista dicuntur [1]. »

Saint Augustin a fixé définitivement, pour la littérature latine, la terminologie qui définit avec une précision entière les concepts d'essence et de personne, transposant plutôt que traduisant littéralement les termes grecs.

« Quod enim de personis secundum nostram, hoc de substantiis secundum Graecorum consuetudinem, ea quae diximus, oportet intelligi. Sic enim dicunt illi tres substantias, unam essentiam, quemadmodum nos dicimus tres personas, unam essentiam vel substantiam [2]. »

Avec cette doctrine fondamentale sur les relations divines, saint Augustin prévient l'objection des ariens : en Dieu il ne peut y avoir d'accident ; donc la différence entre les Personnes doit être substantielle [3]. Saint Augustin établit la doctrine que le concept d'accident ne peut pas s'appliquer à Dieu ; d'autre part, tout ce que l'on dit de Dieu, ne peut pas se dire selon la substance. Donc il faut appliquer un concept intermédiaire entre ceux de substance et d'accident : c'est le concept de relation. Les Personnes ne se différencient pas par l'essence : elles sont des relations éternelles et immuables.

	AUGUSTIN
[19] « Nam et *si de singulis personis interrogemur, Deum necesse est fateamur. Deus ergo Pater, Deus Filius, Deus Spiri-*	« *Si* enim *de singulis interrogemur utrum Deus sit Pater, respondemus, Deus : utrum Deus sit Filius ; respondemus, Deus ;*

[1] *De Trinitate*, V, 5 (PL, XLII, 914).

[2] *De Trinitate*, VII, 4, 8 (PL, XLII, 941). Au sujet du progrès introduit sur ce point par saint Augustin, cfr J. Kuhn, *Katholische Dogmatik*, t. II, *Die christliche Lehre von der göttlichen Dreieinigkeit*, Tubingue, 1857, p. 427.

[3] Cfr *De Trinitate*, V, 3 (PL, XLII, 913).

tus Sanctus singulariter dicitur : *nec tamen tres dii, sed unus est Deus.* »

[20] « Item et *Pater omnipotens et Filius omnipotens et Spiritus Sanctus omnipotens singulariter dicitur : nec tamen tres omnipotentes, sed unus omnipotens,* sicut et unum lumen, unumque principium praedicatur. »

[21] « *Singulariter ergo et unaquaeque persona plenus Deus, et totae tres personae unus Deus confitetur et creditur : una illis vel indivisa* atque aequalis *Deitas,* maiestas sive potestas, *nec minoratur in singulis nec augetur in tribus* : quia *nec minus aliquid habet cum unaquaeque persona Deus singulariter dicitur, nec amplius cum totae tres personae unus Deus enuntiatur.* »

utrum Deus sit Spiritus Sanctus ; respondemus, Deus. Cum autem de omnibus interrogati fuerimus, utrum tres sint ; referimus nos ad divinam Scripturam dicentem, « Audi Israël : Dominus Deus tuus, Dominus unus est ». Et in hac divina praescriptione condiscimus eamdem ipsam Trinitatem unum esse Deum. Sic et de singulis si quaeratur, utrum Pater omnipotens sit ; respondemus : Omnipotens : si Filius, hoc idem respondemus : si Spiritus Sanctus ; nec ipsum negamus omnipotentem. *Nec tamen* dicimus *tres omnipotentes quomodo non dicimus tres deos :* sed sicut simul illi tres unus Deus, sic simul illi tres unus omnipotens est, et invisibilis unus Deus Pater et Filius et Spiritus Sanctus est [1]. »

AUGUSTIN

« Quemadmodum enim *Pater Deus est et Filius Deus est, et Spiritus Sanctus Deus est,* quod secundum substantiam dici nemo dubitat : *non tamen tres deos sed unum Deum dicimus* eam ipsam praestantissimam Trinitatem / Ita magnus Pater, magnus Filius, magnus Spiritus Sanctus : non tamen tres magni, sed unus magnus... Itaque *omnipotens Pater, omnipotens Filius, omnipotens Spiritus Sanc-*

[1] *Collatio cum Maximino arianorum episcopo,* n. 12 (PL, XLII, 715).

tus : nec tamen tres omnipotentes, sed unus omnipotens [1]. »

QUICUNQUE (ca. 500)

« Similiter *omnipotens Pater, omnipotens Filius, omnipotens Spiritus Sanctus : et tamen non tres omnipotentes, sed unus omnipotens ; ita Deus Pater, Deus Filius, Deus Spiritus Sanctus ; et tamen non tres dii, sed unus est Deus ;* ita Dominus Pater, Dominus Filius, Dominus Spiritus Sanctus ; et tamen non tres Domini, sed unus est Dominus ; quia sicut *singillatim unamquamque personam Deum* et Dominum *confiteri* christiana veritate compellimur, ita tres deos aut dominos dicere catholica religione prohibemur. Pater a nullo est factus nec creatus nec genitus. Filius a Patre solo est, non factus, nec creatus, sed genitus. Spiritus Sanctus a Patre et Filio, non factus, non creatus, nec genitus sed procedens. Unus ergo Pater, non tres patres ; unus Filius, non tres filii unus Spiritus Sanctus, non tres spiritus sancti ; et in hac Trinitate nihil prius aut posterius, *nihil maius aut minus, sed totae tres personae coaeternae sibi sunt et coaequales* [2]. »

TOLÈDE VI

« In hac autem Trinitate tan-

---

[1] *De Trinitate,* V, 8, 9 (PL, XLII, 917).

[2] Texte critique, cfr C. H. TURNER, JTS., t. XI, 1909-1910, p. 408.

ta est unitas substantiae, ut pluralitate careat et aequalitatem teneat, *nec minor in singulis quam in omnibus nec maior in omnibus quam in singulis maneat personis* [1]. »

Cette formule pratique et populaire, pour exprimer l'unité de substance et la distinction des Personnes, et qui est à l'origine de la formule de nos catéchismes, n'est pas rare chez saint Augustin [2]. Voyons cet autre passage :

« Tamen si interrogemur de singulis, et dicatur nobis, Deus est Pater ? respondebimus Deus. Si quaeratur utrum Deus sit Filius, hoc respondebimus. Nec si fuerit de Spiritu Sancto talis interrogatio, aliud esse debemus respondere quam Deum... Quamquam ergo de singulis interrogati respondeamus Deum esse de quo quaeritur, sive Patrem sive Filium, sive Spiritum Sanctum ; non tamen tres deos a nobis coli quisquam existimaverit... Nec quisquam miretur et absurdum putet quod Deum dicimus Patrem, Deum Filium, Deum Spiritum Sanctum, nec tamen tres deos in ista Trinitate, sed unum Deum unamque substantiam [3]. »

Outre les quelques phrases de saint Augustin, que nous venons de rapporter, nous avons voulu transcrire ici tout un fragment du *Quicunque* parce qu'il est, avec celles-là, le modèle sur lequel ce passage de notre symbole a été dessiné.

Il paraît évident, en effet, qu'en énonçant l'égalité de nature dans la distinction des Personnes, le concile de Tolède suit de près, et copie même, le *Quicunque*, ou parfois s'y adapte. L'ordre dans les deux premiers membres est inverse : *Deus ergo Pater... Item et Pater omnipotens...* = *Similiter omnipotens Pater... Ita Deus Pater...* Mais l'énoncé et les formules sont identiques. Dans ces dernières affirmations le symbole de Tolède reprend les sentences du *Quicunque*. Remarquons la ressem-

---

[1] BRUNS, I, p. 250.

[2] *In Iohan. evangelium tract. XXXIX*, 3, 4 ; *tract.* CV, 3 ; *Contra sermonem arianorum*, cap. 15 ; *De doctrina christiana*, I, 5 ; *In psalm.* 5, n. 3 ; *Sermo* 214, n. 10 ; *De fide et symbolo*, cap. 9, n. 20.

[3] *De fide et symbolo*, cap. IX, n. 16-17 (PL, XL, 189 ; CSEL, t. XLI, p. 18 et suiv.).

blance des phrases : *singulariter unaquaeque persona plenus Deus... confitetur* = *singillatim unamquamque personam Deum... confiteri ; nec minus... nec amplius, cum totae tres personae* = *nihil maius aut minus, sed totae tres personae...*

On peut remarquer aussi l'enchaînement des idées extrêmement logique dans ce fragment du symbole de Tolède : chacune des trois Personnes divines est également Dieu, pourtant il n'y a pas trois dieux, mais toute la plénitude de la divinité, sans amoindrissement dans chacune d'elles, sans augmentation dans les trois, leur correspond, indivise et égale à toutes les trois et à chacune d'elles.

Or, ce sont aussi des formules qui se répètent beaucoup chez les principaux Pères du siècle d'or de la patristique latine. Il suffit de citer quelques exemples :

« Ita ut cum tres sint, et eorum singulus quisque Deus sit, tres tamen dii non sint. Nam et Pater Deus est, et Filius Deus est, et Spiritus Sanctus Deus est ; nec Filius idem qui Pater est, nec idem Spiritus Sanctus qui aut Pater aut Filius ; sed Pater semper Pater, et Filius semper Filius, et amborum Spiritus nunquam cuiquam eorum aut Pater aut Filius, sed semper utriusque Spiritus : universa tamen Trinitas unus est Deus [1]. »

« In Trinitate igitur quae Deus est, et Pater Deus est, et Filius Deus est, et Spiritus Sanctus Deus est, et simul hi tres unus Deus : nec huius Trinitatis tertia pars est unus, nec maior pars duo quam unus st ibi ; nec maius aliquid sunt omnes quam singuli : quia spiritualis, non corporalis est magnitudo [2]. »

Et la « *Clemens Trinitas* » disait avec son admirable concision :

« Patrem Deum et Filium Deum et Spiritum Sanctum Deum, non tres deos esse dicimus, sed unum piissime confitemur [3]. »

	AUGUSTIN
[22] « Haec ergo sancta Tri-	« Est ibi aliquid ineffabile,

[1] S. Augustin, *Contra sermonem arianorum*, cap. XV (PL, XLII, 694 et suiv.).

[2] S. Augustin, *Contra Maximinum arianorum episcopum*, II, XL, 2 (PL, XLII, 765).

[3] J. A. de Aldama, dans *Gregorianum*, t. XIV, 1933, p. 487.

nitas, quae unus et verus est Deus, *nec recedit a numero, nec capitur numero. In relatione enim personarum numerus cernitur ;* in divinitatis vero substantia, quid numeratum sit non comprehenditur. Ergo *hoc solum numerum insinuant, quod ad invicem sunt ; et in hoc numero carent quod ad se sunt.* »

[23] « Nam *ita huic sanctae Trinitati unum naturale convenit nomen, ut in tribus personis non possit esse plurale.* Ob hoc ergo credimus illud in sacris litteris dictum : « *Magnus Dominus noster et magna virtus eius et sapientiae eius non est numerus.* »

quod verbis explicari non possit, ut et numerus sit et numerus non sit. Videte enim si non quasi *appareat numerus, Pater et Filius et Spiritus Sanctus Trinitas.* Si tres, quid tres ? Deficit numerus. Ita Deus *nec recedit a numero nec capitur numero.* Quia tres sunt, tanquam est numerus : si quaeris *quid* tres, *non est numerus.* Unde dictum est : *Magnus Dominus noster et magna virtus eius, et sapientiae eius non est numerus.* Ubi cogitare coeperis incipis numerare : ubi numeraveris, quid numeraveris, non potes respondere... *Hoc solo numerum insinuant quod ad invicem sunt, non quod ad se sunt* [1]. »

FULGENCE DE RUSPE

« Ubi ergo sic est nomen quodlibet unum, ut simul et tribus et singulis indifferenter posset convenire personis ; et *ita singulare in natura est, ut in personis esse plurale non possit*. quomodo separabiles esse personas dicimus, quando pluralem numerum in nomine recipi non videmus ? [2]. »

« Non itaque possunt Patris et Filii et Spiritus Sancti separari personae, *quibus unum nomen naturale sic convenit, ut in tribus personis plurale esse non possit* [3]. »

---

[1] *In Iohannis evangelium, tractatus XXXIV*, 4 (PL, XXXV, 1683). Au sujet de la signification du nombre dans la Trinité, cfr DE RÉGNON, t. I, p. 101.

[2] *Epist. XIV*, 6 (PL, LXV, 397 C).

[3] *Epist. XIV*, 6 (PL, LXV, 398 D).

Le concile de Tolède commence ce paragraphe par une remarque sur le nombre dans la Trinité, sujet qu'il va développer ensuite. Déjà, à première vue on soupçonne l'origine augustinienne de tout cet exposé, étant donné les contrastes et jeux de mots, typiquement augustiniens, sur le concept et le terme de *nombre*. Les soupçons se confirment aussitôt avec la preuve positive des sources.

La similitude entière de la pensée, l'identité de deux phrases longues et typiques, et aussi les mêmes citations scripturaires comme preuves de l'exposé, ne laissent aucun doute sur la provenance augustinienne de ce fragment de notre symbole. Plus ample, plus oratoire et plus communicatif chez saint Augustin, ce qui s'explique par l'auditoire auquel il s'adressait, le raisonnement se limite au concile de Tolède en formules d'un exposé précis.

Quant aux textes de saint Fulgence, cette lettre de l'évêque de Ruspe essaie de démontrer l'inséparabilité des Personnes divines par l'impossibilité de concevoir dans la Trinité une pluralité de nombre.

Ses phrases sont insérées aussi dans le symbole de Tolède, comme le prouve l'identité des expressions. Le concile de Tolède emprunte le passage relatif au nombre, en laissant tomber le contraste qui servait à saint Fulgence pour l'amener. Mais la continuité du raisonnement total chez le saint Père prouve sa priorité par rapport au symbole : c'est celui-ci qui copie.

Remarquons, en passant, l'importance des citations de saint Fulgence, reprises dans le symbole de Tolède, pour faire crédit à la date que la tradition et la transmission manuscrite lui attribue. En effet, puisque ce saint Père a passé la partie la plus florissante de sa vie en plein VIe siècle († 532) et puisque plusieurs fragments de ses œuvres ont servi de modèle à l'élaboration du symbole du XIe concile de Tolède, la théorie qui faisait de ce symbole une œuvre du Ve siècle croule par sa base. Conséquence, d'autre part, qui vaut aussi pour d'autres Pères, comme pour saint Augustin dans le cas présent, puisqu'elle prouve à l'évidence que ce n'est pas saint Augustin qui copia ces passages, mais qu'il leur servit de modèle.

D'autre part, cette doctrine sur le nombre est énoncée aussi par saint Augustin, dans un autre passage que celui qui vient d'être cité :

« Tantamque vim esse eiusdem substantiae in Patre et Filio et Spiritu Sancto, ut quidquid de singulis ad seipsos dicitur, non pluraliter sed singulariter accipiatur [1]. »

[24] « Nec quia *tres has personas esse diximus unum Deum, eundem esse Patrem quem Filium, vel esse Filium eum qui est Pater, aut eum qui Spiritus Sanctus est, vel Patrem vel Filium dicere poterimus.* »

[25] « *Non enim ipse est Pater qui Filius, nec Filius ipse qui Pater, nec Spiritus Sanctus ipse qui est vel Pater vel Filius ; cum* tamen *ipsum sit Pater quod Filius, ipsum Filius quod Pater, ipsum Pater et Filius quod Spiritus Sanctus ;* id est *natura unus Deus.* »

AUGUSTIN

« Interrogant nos aliquando infideles et dicunt. Patrem quem dicitis, Deum dicitis ? Respondemus : Deum. Filium quem dicitis, Deum dicitis ? Respondemus : Deum. Spiritum Sanctum quem dicitis, Deum dicitis ? Res pondemus : Deum. Ergo, inquiunt, Pater et Filius et Spiritus Sanctus tres sunt dii ? Respondemus : non... Deus est Pater, Deus est Filius, Deus est Spiritus Sanctus, et tamen *Pater non est qui Filius, nec Filius est qui Pater, nec Spiritus Sanctus Patris et Filii Spiritus, aut Pater est aut Filius.* Trinitas unus Deus... Id enim quod Pater ad se est, Deus est ; quod ad Filium est, Pater est : quod Filius ad seipsum est, Deus est ; quod ad Patrem est, Filius est [2]. »

SYMBOLE DE CARTHAGE

« Patrem ergo et Filium et Spiritum Sanctum ita in unitate deitatis profitemur ut et Patrem in sua proprietatis Persona subsistere, et Filium nihilominus in propria exstare Persona, atque Spiritum Sanctum Personae suae proprietatem reti-

[1] *De Trinitate*, V, 8, 9 (PL, XLII, 917).
[2] *In Iohannis evangelium, tractatus XXXIX*, 3 (PL, XXXV, 1682 s.).

nere fideli confessione fateamur ; *non eundem asserentes Patrem quem Filium, neque Filium confitentes qui Pater sit aut Spiritus Sanctus, neque ita Spiritum Sanctum accipimus, ut aut Pater sit aut Filius*[1]. »

FULGENCE DE RUSPE

« Ipsam vero Trinitatem quae unus est Deus, unam quidem esse naturam, non tamen unam esse personam. Quia et quod dicitur unus Deus esse Trinitas, verum est ; unus Deus est enim Trinitas, quia non aliam naturam habet Pater, et aliam Filius, et aliam Spiritus Sanctus ; sed *una natura est ipsa Trinitas Deus :* nec tamen una persona est Pater et Filius et Spiritus Sanctus, sed Persona Patris solius Patris est, et Persona Filii solius Fili est, et Persona Spiritus Sancti solius Spiritus Sancti est. Personaliter ergo, *qui est Pater non est ipse Filius, et qui Filius est non est ipse Spiritus Sanctus. Quod vero naturaliter est Pater, hoc est Filius, hoc est Spiritus Sanctus, quia naturaliter ipsa Trinitas unus est Deus...* [2]. »

SYMBOLE DE BACHIARIUS (ca. 400)

« Pater Deus et Filius Deus, sed *non idem Pater qui Filius, sed idem creditur esse Pater quod Filius* [3]. »

---

[1] VICTOR DE VITE, *Historia persecutionis Africanae provinciae,* lib. II, 56, édit. PETSCHENIG (CSEL, t. VII, p. 46) ; HAHN, § 173, p. 218.

[2] *De Incarnatione Filii Dei,* 3 (PL, LXV, 575 A-B). Cfr *De Fide ad Petrum,* c. I, 5 (PL, LXV, 674 B).

[3] HAHN, § 208, p. 287. Voir le canon I du concile de Braga (a. 563) :

L'erreur qui consiste à admettre une seule Personne dans la Trinité parce qu'en elle il n'y a qu'une substance, se déduit selon saint Hilaire de Poitiers, d'une mauvaise interprétation du *ὁμοούσιος* :

« At vero si idcirco unius substantiae Pater et Filius dicatur, ut hic subsistens, sub significatione licet duum nominum, unus ac solus sit : confessum nomine Filium conscientia non tenemus, si unam substantiam confitentes ipsum sibi unicum ac singularem et Patrem esse dicimus et Filium [1]. »

Saint Augustin s'exprime fréquemment en ce sens contre les sabelliens, dans ses *Tractatus in Iohannis Evangelium.* Là aussi, on retrouve la caractéristique de la doctrine de ces hérétiques : *Nomina diversa, unam vero esse personam* [2].

« Dicunt solum esse Patrem, sed pro diversitate causarum ipsum dici Filium, ipsum dici Spiritum Sanctum [3]. »

« In medio naviga, utrumque periculosum latus evita. Pater, Pater est ; Filius, Filius est. Iam dicis, Pater, Pater est ; Filius, Filius est : bene periculum absorbentis gurgitis evasisti ; quid vis ire in alteram partem, ut dicas, Aliud est Pater, Filius aliud ? Alius est, recte dicis ; aliud, non recte. Alius enim est Filius quia non est ipse qui Pater ; et alius Pater quia non ipse qui Filius ; non tamen aliud sed hoc ipsum est et Pater et Filius [4]. »

Le concile de Tolède réfute les deux erreurs antagonistes, le sabellianisme et l'arianisme, par sa profession harmonieuse de la foi en l'unité de l'essence et la distinction des Personnes. Il signale avec à propos, selon sa méthode, les deux extrêmes opposés : « nec quia... etc », pour déterminer ensuite la vérité entre les deux. Saint Augustin notait déjà aussi :

« Contraria dicitis *(les sabelliens et les ariens)*, sed non eo modo

« Si quis Patrem et Filium et Spiritum Sanctum non confitetur tres personas unius substantiae et virtutis ac potestatis, sicut catholica et apostolica ecclesia docet, sed unam tantum ac solitariam dicit esse personam, ita ut ipse sit Pater qui Filius, ipse etiam sit Paraclitus Spiritus, sicut Sabellius et Priscillianus dixerunt, anathema sit » (BRUNS, II, p. 30).

[1] *De synodis,* n. 68 (PL, X, 525 C).

[2] *In Iohannis evangelium, tractatus XXXVII,* n. 6 (PL, XXXV, 1672).

[3] *In Iohannis evangelium, tractatus LII,* n. 3 (PL, XXXV, 1775).

[4] *In Iohannis evangelium, tractatus XXXVII,* n. 7 (PL, XXXV, 1668).

sicut est falsum contrarium vero, sed sicut sunt inter se duo falsa contraria [1]. »

Ces précisions du symbole de Tolède sont d'une exactitude et d'une concision admirables. Ce que saint Augustin développe en une forme oratoire concrète et dialoguée, il le condense d'une manière plus abstraite mais avec plus d'énergique concision.

La dernière partie du fragment de saint Fulgence se rapproche davantage dans sa rédaction précise de celle du symbole.

La distinction, ainsi formulée entre la nature et les Personnes divines, est très fréquente chez les Pères, puisque avec elle ils pouvaient s'opposer à l'erreur de Sabellius et de Priscillien.

[26] « Cum enim dicimus *non ipsum esse Patrem quem Filium, ad personarum distinctionem refertur.* Cum autem dicimus ipsum esse Patrem quod Filium, ipsum Filium quod Patrem, ipsum Spiritum Sanctum quod Patrem et Filium, ad naturam, qua Deus est, vel substantiam pertinere monstratur, *quia substantia unum sunt. Personas enim distinguimus, non deitatem separamus.* »

[27] « *Trinitatem igitur in personarum distinctione agnoscimus; unitatem propter naturam vel substantiam profitemur. Tria ergo ista unum sunt, natura scilicet, non persona.* »

AUGUSTIN

« Fides autem nostra est Patrem et Filium et Spiritum Sanctum unum Deum credere et confiteri ; *nec* tamen *eum qui Filius est, Patrem dicere ; nec eum qui Pater est, Filium ; nec eum qui Spiritus Patris et Filii* est, aut Patrem aut Filium nuncupare. His enim appellationibus hoc significatur quod ad se invicem referuntur, non ipsa *substantia qua unum sunt* [2]. »

TOLÈDE IV

«... *in personarum diversitate Trinitatem credentes, in divinitate unitatem praedicantes, nec personas confundimus, nec substantiam separamus* [3]. »

---

[1] *In Iohannis evangelium, tractatus LXXI*, n. 2 (PL ,XXXV, 1820).

[2] *Epist.* 238, 14 (CSEL, t. LVII, p. 543 ; PL, XXXIII, 1043). Remarquons dans ce témoignage une phrase que saint Isidore a copiée, dans les termes que nous avons transcrits plus haut, au sujet du n. [15].

[3] BRUNS, I, 221. Sur d'autres dérivations plus lointaines, cfr *Le symbole du IVe Concile de Tolède*, dans la RHE, t. XXXIV, 1938, p. 10.

ISIDORE

« Inter Trinitatem et unitatem haec distinctio est, quod *unitas propter inseparabilem deitatis substantiam, Trinitas vero propter personarum diversitatem vocatur.* In personis enim discretio est, in divinitate nulla distinctio. Est enim gignens, genitus et procedens. *Tria quidem nomina, sed substantia una...* In *relatione enim personarum Trinitas est; in substantia vero naturae, unus Deus est*[1]. »

L'exposé provient de saint Augustin, du IVe concile de Tolède qui emprunte du reste au *Quicunque* et de saint Isidore.

Il y a une communauté d'idées, avec une très grande ressemblance verbale, et même identité parfois. Saint Isidore raisonne davantage, étant donné qu'il expose un chapitre de ses *Différences.* Dans le symbole de Tolède, on prend seulement l'essentiel.

Le long fragment que nous allons exposer ensuite est emprunté, quant à son contenu doctrinal et en grande partie aussi mot à mot, à la *XIVe Lettre* de saint Fulgence de Ruspe. On a seulement changé l'ordre de l'original, au cours du travail d'insertion et d'adaptation qui a été fait dans le symbole.

[28] « *Nec tamen tres istae personae separabiles aestimandae sunt, cum nulla ante aliam, nulla post aliam, nulla sina alia vel exstitisse vel quidpiam, operasse* aliquando credatur. »

[29] « *Inseparabiles enim inveniuntur in eo quod sunt, et in eo quod faciunt: quia inter*

FULGENCE DE RUSPE

« *Dicuntur ergo singillatim tres illae personae, ut agnoscantur, non ut separentur:* in quibus sic nulla est separatio sicut in eis nulla potest esse confusio. Neque enim tres illae personae, quia non possunt confundi, propterea debent separabiles aestimari, cum omnino *inseparabiles*

[1] *Differ.*, II, 2, 3-4 (PL, LXXXIII, 70 D-71 A).

generantem Patrem et generatum Filium vel procedentem Spiritum Sanctum *nullum fuisse credimus temporis intervallum,* quo aut genitor genitum aliquando praecederet, aut genitus genitori deesset, aut procedens Spiritus Patri vel Filio posterior appareret. »

[30] « Ob hoc ergo *inseparabilis et inconfusa* haec Trinitas a nobis et praedicatur et creditur. *Tres igitur personae istae dicuntur,* iuxta quod maiores definiunt, ut *agnoscantur non ut separentur.* »

[31] « *Nam si attendamus illud quod Scriptura Sancta dicit de Sapientia : « Splendor est lucis aeternae, sicut splendorem luci videmus inseparabiliter inhaerere, sic confitemur Filium a Patre separari non posse.* »

[32] « *Tres ergo illas unius atque inseparabilis naturae personas sicut non confundimus, ita separabiles nullatenus praedicamus.* »

[33] « *Quandoquidem ita nobis hoc dignata est ipsa Trinitas evidenter ostendere, ut etiam in his nominibus, quibus voluit singillatim personas agnosci, unam sine altera non permittat intelligi : neque enim Pater absque Filio cognoscitur, nec sine Patre Filius invenitur.* »

[34] « *Relatio quippe ipsa voinveniantur et in eo quod sunt et in eo quod faciunt. Nec quisquam separabiles audeat illas tres personas asserere, cum nullam ante aliam, nullam post aliam, nullam sine alia vel exsistentem vel operantem valeat invenire*[1]. »

« Vera quippe in Trinitate Deo non solum naturae unitas, verum etiam *inconfusa atque inseparabilis* manet personarum proprietas[2]. »

« Ex eo igitur quod inseparabiles sunt Pater et Filius et Spiritus Sanctus, consequens est ut inseparabiliter operentur. Quod si Trinitas separabiles posset habere personas, essent et aliqua separata opera Trinitatis. *Nam si attendamus illud quod Scriptura sancta dicit de Sapientia : « Splendor est* enim *lucis aeternae, sicut splendorem luci videmus inseparabiliter inhaerere, sic agnoscamus Filium a Patre separari non posse*[3]. »

« Quisquis ergo separabiles dicit esse personas Patris et Filii, ostendat in quolibet eorum aliquod vocabulum personale quod ita unius personae sit, ut ad alteram referri non possit. Sed quia hoc nullatenus invenitur, hoc sine dubio ad veram pertinet fidem : *ut tres unius atque inseparabilis naturae personas,*

---

[1] *Epist. XIV,* 14 (PL, LXV, 404 C).
[2] *Epist. XIV,* 11 (PL, LXV, 402 B).
[3] *Epist. XIV,* 10 (PL, LXV, 401 D).

cabuli personalis personas separari vetat, quas etiam, dum non simul nominat, simul insinuat. Nemo autem audire potest unumquodque istorum nominum, in quo non intelligere cogatur et alterum. »

sicut non confundimus, ita separare nullatenus audemus. Quandoquidem ita nobis hoc dignata est ipsa Trinitas evidenter ostendere ut etiam in his nominibus, quibus voluit singillatim personas agnosci, unam sine altera non permittat intelligi. Nam excepto quod ad se relative dicuntur Pater et Filius etc. [1]. »

« Nam cum Pater ad Filium, vel Filius referatur ad Patrem, licet singula singulis tantum possint nomina convenire personis, et communionem illorum duorum nominum omnino recuset proprietas personarum, *non tamen Pater sine Filio cognoscitur, nec sine Patre Filius invenitur. Relatio quippe illa vocabuli personalis personas separari vatat : quas etiam dum non simul nominat, insinuat. Nemo autem audire potest unumquodque istorum nominum, in quo non intelligere cogatur et alterum* [2]. »

Comme on le voit, l'ordre est inverse, mais la dépendance d'un document par rapport à l'autre est évidente, et il n'est pas besoin d'insister sur la preuve. Nous remarquons que, chez saint Fulgence, les passages empruntés par le symbole se trouvent placés dans un contexte d'une continuité rigoureuse et homogène d'un bout à l'autre. Il n'est pas vraisemblable de supposer chez le saint l'effort qu'il lui aurait fallu pour rédiger son exposé de manière à classer avec exactitude, sans modification verbale des fragments étrangers et copiés à la lettre. Au contraire, le symbole de Tolède, d'après le genre habituel des rédactions des symboles, a un caractère essentiellement frag-

[1] *Epist. XIV*, 9 (PL, LXV, 400 A).
[2] *Epist. XIV*, 8 (PL, LXV, 399 C).

mentaire qui s'accommode d'incises isolées. En outre, d'autres passages ont montré sa singulière contexture de centon et de florilège. Rien ne s'oppose chez lui, contrairement au cas de saint Fulgence, à ce que des fragments étrangers, copiés à la lettre, y aient trouvé place, même après la rédaction verbale primitive sans modifier pour cela la marche d'un exposé destiné intentionnellement à se nourrir des éléments patristiques traditionnels. Cela enlève évidemment au symbole le rôle de modèle par rapport au texte de saint Fulgence ; c'est le concile qui copie.

Remarquons ici de nouveau l'importance de ces emprunts à saint Fulgence pour établir la date traditionnelle de notre symbole : de nombreux fragments d'un écrit du premier tiers du VIe siècle y sont copiés.

Un seul élément, étranger semble-t-il à saint Fulgence, se trouve dans le passage du symbole de Tolède : le cas de la spécification ou exemple de ce que l'on vient de dire au sujet de l'inséparabilité des Personnes ; *quia inter generantem Patrem* etc. Il est copié sur ce passage de saint Augustin :

	AUGUSTIN
«... quia *inter generantem Patrem et generatum* Filium vel procedentem Spiritum Sanctum *nullum fuisse credimus temporis intervallum*, quo aut genitor genitum aliquando praecederet, aut genitus genitori deesset, aut procedens Spiritus Patre vel Filio posterior appareret. »	« Quamvis enim Filium Patri dicamus et credamus aequalem, nec ullam in eis esse naturae substantiaeque distantiam, nec *inter generantem atque generatum aliquod interfuisse temporis intervallum ;* tamen hoc servato et custodito ista dicimus, quod ille Pater est, ille Filius [1]. »

La splendeur qui jaillit de la lumière sans se séparer d'elle, avec application du texte de la *Sagesse*, 26, est une figure d'un emploi classique dans la spéculation théologique trinitaire et elle est enracinée dans la tradition depuis le plus haute antiquité [2].

[1] *In Iohannis evangelium, tractatus XXIX*, n. 5 (PL, XXXV, 1630).

[2] Voir le bel exposé de ce point dans LEBRETON, *Les origines*... 1[6], Paris, 1927, p. 446-449, avec la littérature correspondante. Riche documentation sur le même sujet chez Fr. Joseph DŒLGER, *Sonne und Sonnenstrahl als Gleichnis in der Logostheologie des christlichen Altertums*, dans *Antike und Christentum*, t. I, 1929, IV, p. 271-290.

Avant de commencer la section relative à l'Incarnation, notre symbole intercale un article de transition au sujet des propriétés personnelles du point de vue de leur éternité et de leur origine. Ensuite, il vient à parler de la naissance temporelle du Fils.

AUGUSTIN

[35] « Cum igitur *haec tria sint unum et unum tria*, est tamen unicuique personae manens sua proprietas. »

« Et haec omnia nec confuse unum sunt, nec disiuncte tria sunt : sed *cum sint unum, tria sunt, et cum sint tria unum sunt*[1]. »

Dans ce paragraphe, saint Augustin nous donne en un contexte très trinitaire une affirmation précise de l'unité non confuse et de la Trinité non séparée ; le symbole de Tolède au contraire se sert de cette affirmation comme d'un point de départ pour affirmer la propriété de chaque personne.

ISIDORE

...« *Pater enim aeternitatem habet sine nativitate, Filius aeternitatem cum nativitate, Spiritus vero Sanctus processionem sine nativitate cum aeternitate.* »

« Inter personam Patris et Filii et Spiritus Sancti ita secernitur. Quod Pater nec factus nec natus est. Filius natus, non factus ; Spiritus Sanctus nec factus nec natus, sed ex Patre Filioque procedens est. Proinde *Pater aeternitatem habet sine nativitate, Filius nativitatem cum aeternitate, Spiritus vero Sanctus processionem sine nativitate cum aeternitate*[2]. »

Malgré le caractère fragmentaire que ce paragraphe garde chez saint Isidore, étant donné qu'il fait partie de ses *Différences*, œuvre dont la contexture essentielle est une agglomération et une énumération de concepts, on peut en déduire, par le seul examen interne, qu'il est le modèle et que c'est le

[1] *Epist. CLXX*, 5 (édit. GOLDBACHER, CSEL, t. XLIV, p. 625 et suiv.; PL, XXXIII, 759).

[2] *Differ.*, II, 3, 7 (PL, LXXXIII, 71 B).

symbole qui copie. En effet, ces termes communs s'intercalent chez saint Isidore d'une manière plus méthodique dans un contexte général où sont exposées les différences personnelles. Dans le symbole de Tolède, ces termes sont proposés comme la seule expression de ces différences. Chez le docteur de Séville elles sont une conséquence de ce qui a précédé dans son exposé. Dans le symbole on remarque davantage le caractère additionnel d'un élément moins bien lié avec le contexte immédiat. On peut remarquer comment saint Isidore, en intervertissant l'ordre de sa phrase relative au Fils, s'efforce de donner au Fils et au Saint-Esprit le terme qui les caractérise : *nativitatem, processionem* [1].

Destinée à expliquer les relations entre la nature et les Personnes en Dieu, toute cette section du XIe symbole de Tolède nous offre l'occasion de souligner quelques-uns des caractères de ce symbole, auxquels nous avons déjà fait allusion.

Dans cette partie, de même que dans toute sa contexture, le symbole nous apparaît comme le développement d'une pensée capitale, qu'il emprunte au dépôt symbolique traditionnel et qu'il raisonne et développe avec des idées prises aux meilleurs documents de la patristique. Le thème fondamental de la pensée est ici la distinction des personnes dans l'unité de nature et leur inséparabilité dans le nombre trinitaire :

a) *Nec sicut tres personas ita tres substantias praedicamus, sed unam substantiam, tres autem personas* = unité de substance, Trinité des Personnes.

b) *Nec quia tres has personas esse dicimus unum Deum, eundem esse Patrem, quem Filium... dicere poterimus* = distinction des Personnes dans l'unité de nature.

c) *Nec tamen tres istae personae separabiles aestimandae sunt* = inséparabilité des Personnes dans leur être et dans leurs opérations.

On voit le même désir de précision dans toutes ces formules, qui d'abord écartent au moyen d'une négation l'interprétation erronée et affirment et développent ensuite la vérité

---

[1] L'abbé Samson cite ce passage un peu librement mais d'après la rédaction de saint Isidore, *Apologeticus*, lib. I, cap. 5 (FLOREZ, t. XI, p. 351).

positive. C'est une forme littéraire d'exposé que le symbole de Tolède emprunte au style traditionnel depuis le *Libellus Fidei* de Grégoire d'Elvire [1].

Sont exprimées pareillement dans toute cette section : l'unité de l'essence dans les Personnes sans qu'on omette d'affirmer leur nombre trinitaire ; leur nombre trinitaire, sans nier pour cela leur inséparabilité. Curieuse coïncidence ! C'est précisément un des articles fondamentaux de la formule « *Clemens Trinitas* » *: Qui ita unum sunt ut tres quoque esse non dubitemus ; ita tres sunt, ut separari a se non posse fateamur* [2].

B. — CHRISTOLOGIE

SOMMAIRE. — I. Naissance virginale. — II. Les deux natures dans le Christ. — III. Les « trois substances ». — IV. Diversité d'attributs dans le Christ. — V. Sacrifié pour nos péchés.

I

Si l'on met à part une dernière section, courte et consacrée à l'eschatologie, les mystères de la Trinité et de l'Incarnation forment le double objet du XIe symbole de Tolède et en divisent le contenu en deux moitiés. L'exposé que nous venons d'achever traite de la première partie ; nous commençons maintenant la seconde d'une étendue sensiblement égale à la première, par la naissance temporelle de la seconde personne de la Sainte Trinité, dans le sein virginal de Marie.

	TOLÈDE VI
[36] « *De his tribus personis solam Filii personam pro liberatione humani generis hominem*	« *Ex his* igitur *tribus* divinitatis *personis solum Filium* fatemur *ad redemptionem humani*

[1] Cfr J. A. DE ALDAMA, *El Símbolo toledano I*, p. 98-107.

[2] J. A. DE ALDAMA, *Gregorianum*, t. XIV, 1933, p. 487. Jusqu'ici les premières traces certaines de la « *Clemens Trinitas* » en Espagne se trouvent dans la *Credulitas christiana verissima*, un symbole espagnol, mozarabe, édité par FISCHER en 1931, *Sahagun und Toledo. Eine liturgiegeschichtliche Studie auf Grund spanischer Handschriften (Gesammelte Aufsätze zur Kulturgeschichte Spaniens. Spanische Forschungen*, III, 1931, p. 296 et suiv.). Cfr J. A. DE ALDAMA, *revue citée*, p. 498.

verum sine peccato de sancta et immaculata Maria Virgine credimus assumpsisse... »

generis propter culparum debita quae per inobedientiam Adae originaliter et nostro libero arbitrio contraxeramus resolvenda, a secreto Patris arcanoque prodiisse, et *hominem sine peccato de sancta* semper *Virgine Maria assumpsisse*[1]. »

LÉON I († 461)

...« de qua *novo ordine novaque nativitate est genitus ; novo ordine, quia invisibilis* divinitate, *visibilis* monstratur in carne ; *nova autem nativitate est genitus quia intacta virginitas et virilem coitum nescivit et fecundata per Spiritum Sanctum carnis materiam ministravit.* »

« Ingreditur ergo haec mundi infirma Filius Dei de caelesti sede descendens et a paterna gloria non recedens, *novo ordine nova nativitate generatus. Novo ordine quia invisibilis* in suis *visibilis est* factus in nostris, incomprehensibilis voluit comprehendi, ante tempora manens esse coepit ex tempore, universitatis Dominus servilem formam obumbrata maiestatis suae inmensitate suscepit, impassibilis Deus non dedignatus est homo esse passibilis, et immortalis mortis legibus subiacere. *Nova autem nativitate generatus, quia inviolata virginitas concupiscentiam nescivit, carnis materiam ministravit*[2]. »

« Quod ut fieret sine virili semine conceptus est Christus ex virgine *quam non humanus coitus sed Spiritus Sanctus fecundavit*[3]. »

---

[1] Bruns, I, p. 250. Au sujet des autres dérivations antérieures transmises par le IVe symbole de Tolède, voir l'article déjà cité : *Le symbole du IVe concile de Tolède,* dans la RHE, t. XXXIV, 1938, p. 12.

[2] *Lettre XXVIII, à Flavien* (C. Silva-Tarouca, *Textus et Documenta,* Series Theologica, 9, Rome, 1932, p. 25 et suiv. ; PL, LIV, 765 B-767 A).

[3] *Sermo XXII* (PL, LIV, 196 C).

La première partie de cet article est évidemment calquée sur le VIe concile de Tolède. Dans la seconde partie apparaît clairement aussi l'insertion de divers éléments provenant de saint Léon le Grand. Il s'agit en premier lieu d'un fragment du *Sermon XXII*, tel qu'il est contenu dans la *Lettre XXVIII à Flavien*, comme le prouvent les variantes *Nova autem nativitate est genitus quia... carnis materiam ministravit*, qui répondent au texte de la *Lettre* précitée et non à celle du *Sermon*.

On sait que le *Tome* de saint Léon compte parmi les documents ecclésiastiques qui eurent la plus grande diffusion dans l'antiquité. Au sujet de son introduction en Espagne et de sa promulgation, nous sommes informés par Idace dans sa *Chronique* achevée en 450 : *De Gallis epistolae deferuntur Flaviani episcopi ad Leonem episcopum missae cum scriptis Cyrilli episcopi Alexandrini ad Nestorium Constantinopolitanum, de Eutichete Hebionita haeretico, et Leonis episcopi ad eundem responsa, quae cum aliorum episcoporum et gestis et scriptis per ecclesias diriguntur* [1]. En effet : la chancellerie de Ravenius d'Arles était devenue à cette époque un centre de promulgation des documents provenant de Rome [2].

Cependant, nous croyons qu'un élément du *Sermon XXII* s'est inséré aussi directement dans la rédaction du symbole de Tolède ; celui d'après lequel le Christ a été conçu non par l'œuvre de l'homme, mais par le Saint-Esprit. Dans la *Lettre XXVIII* ne se retrouve pas pareil texte. Il semble bien pour cette raison qu'il a été emprunté au *Sermon XXII*.

	AUGUSTIN
[37] « Qui partus virginis nec ratione colligitur, nec exemplo monstratur, *quod si ratione col-*	« Ipsa virtus per inviolata matris virginae viscera membra infantis eduxit, quae postea per

[1] MGH, *Auct.*, t. XI, p. 25, 145.

[2] Cfr sur ces collections C. SILVA-TAROUCA, *Beiträge zur Ueberlieferungsgeschichte der Papstbriefe des IV-VI Jahrhunderts*, dans *Zeitschrift für katholische Theologie*, t. XLIII, 1910, p. 467-481 et 657-692 ; *Le antiche lettere dei Papi e le loro edizioni*, dans *Civiltà Cattolica*, t. LXXI, 1921, p. 13-22, 323-336 ; *Die Quellen der Briefsammlungen Papst Leos des Grossen (Mélanges Paul Kehr)*, Munich, 1926, p. 23-47 ; *Nuovi Studi sulle antiche lettere dei Papi*, dans *Gregorianum*, t. XII, 1931, p. 3-56, 349-425 et 547-598 (En tiré à part, Rome, 1932, 107 pages).

ligitur, non est mirabile ; si exemplo, non erit singulare. »

clausa ostia membra iuvenis introduxit. Hic *si ratio quaeritur non erit mirabile : si exemplum poscitur non erit singulare.* Demus Deum aliquid posse, quod nos fatemur investigare non posse [1]. »

Le beau témoignage de saint Augustin apprécie dans tout son contexte la merveille de l'enfantement virginal. Le symbole de Tolède, qui est évidemment celui qui copie, a pris ici comme de coutume l'élément capital de saint Augustin, laissant précisément de côté les nuances de la rédaction augustinienne. C'est une affirmation augustinienne, que le symbole de Tolède développe en ses éléments.

Saint Ildephonse aussi, sans nul doute, avait sous les yeux ces mots de saint Augustin lorsque, parlant de la virginité de Marie, œuvre sans pareille de la toute-puissance divine, il écrivait :

Fecisti (Deus) sine loquendi ratiocinatione mirabile : egisti sine rei exemplo singulare [2].

ISIDORE

[38] « *Nec tamen Spiritus Sanctus pater esse credendus est Filii,* pro eo quod Maria eodem Spiritu Sancto obumbrante concepit : ne duos patres Filii videamur asserere, quod utique nefas est dici. »

« Qua humanitate natus est de Spiritu Sancto et Maria semper Virgine ; *non quia et Spiritus Sancti* sicut et Mariae, *Filius esse credendus sit,* sed quia ex virtute et opere Spiritus Sancti conceptus, ex virgine natus sit [3].»

Nous ne trouvons pas d'autre source présentant un plus grand parallélisme verbal avec cette pensée du symbole de Tolède, dont le contenu doctrinal coïncide sans aucun doute aussi avec ce fragment de saint Isidore. D'ailleurs, la pensée est également de saint Augustin :

---

[1] *Epist. CXXXVII*, II, 8 (édit. GOLDBACHER, CSEL, t. XLIV, p. 107; PL, XXXIII, 519. C'est la seule source que signale Denzinger-Umberg pour ce symbole, *Enchiridion*, n. 282, note.

[2] *De perpetua virginitate S. Mariae*, c. 2 (PL, XCVI, 64 A).

[3] *De ordine creaturarum*, c. I, n. 5 (PL, LXXXIII, 916 A).

« Numquid tamen ideo dicturi sumus patrem hominis Christi esse Spiritum Sanctum, ut Deus Pater Verbum genuerit, Spiritus Sanctus hominem, ex qua utraque substantia Christus unus esset, et Dei Patris Filius secundum Verbum, et Spiritus Sancti filius secundum hominem ; quod eum Spiritus Sanctus tamquam pater eius de matre virgine genuisset ? Quid hoc dicere audebit ?... Natus de Spiritu Sancto, cum filius nullo modo sit Spiritus Sancti... Hic ergo, cum confiteamur natum de Spiritu Sancto et virgine Maria quomodo non sit filius Spiritus Sancti, et sit filius virginis Mariae, cum et de illo et de illa sit natus, explicare difficile, est. Procul dubio quippe non sic de illo ut de patre, sic autem de illa ut de matre natus est [1]. »

Les particules *pro eo quod — propterea quod*, qui se présentent plusieurs fois dans notre symbole [8],[38], sont très fréquentes chez saint Fulgence [2].

	LÉON I
[39] « In quo mirabili conceptu, *aedificante sibi Sapientia domum Verbum caro factum est et habitavit in nobis.* »	« Sed non ita intelligenda est illa generatio singulariter mirabilis et mirabiliter singularis, ut per novitatem creationis proprietas remota sit generis, fecunditatem virgini Sanctus spiritus dedit, veritas autem corporis sumpta de corpore est, et *aedificante sibi Sapientia domum, Verbum caro factum est, et habitavit in nobis*, hoc est in ea carne quam sumpsit ex homine et quam spiritus vitae rationalis animavit [3]. »

Dans un ordre d'idées semblable, puisqu'il s'agit dans les deux passages de l'admirable conception virginale du Christ, nous trouvons chez saint Léon le Grand cette rédaction qui est la même que celle du XIe concile de Tolède ; ainsi, bien qu'il s'agisse d'un texte formé par deux versets consécutifs de

[1] *Enchiridion, sive de fide, spe et charitate*, cap. 38 (PL, XL, 251 s.).

[2] Cfr Friebel, *Fulgentius*, p. 42 et suiv.

[3] *Lettre XXVIII à Flavien* (C. Silva-Tarouca, *Textus et Documenta*, Series Theologica, 9, Roma, p. 24 ; PL, LIV, 761 B-876 A).

l'Écriture, la disposition identique des idées et des mots semble démontrer que le concile copie de nouveau ici la *Lettre à Flavien.* D'ailleurs, l'attribution de ces versets de la Sagesse à l'Incarnation est très fréquente dans la patristique.

«... *Nec tamen Verbum ipsum ita in carne conversum atque mutatum est, ut desisteret Deus esse* qui homo esse voluisset ; sed ita Verbum caro factum est *ut non tantum ibi sit Verbum Dei et hominis caro, sed etiam rationalis hominis anima ; atque hoc totum et Deus dicatur propter Deum et homo propter hominem.* »

AUGUSTIN

« Si autem quaeritur ipsa incarnatio quomodo facta sit : ipsum Verbum Dei dico carnem factum, id est hominem factum, non tamen in hoc *quod factum est conversum atque mutatum ;* ita sane factum, *ut ibi sit non tantum Verbum Dei et hominis caro, sed etiam rationalis hominis anima, atque hoc totum et Deus dicatur propter Deum et homo propter hominem* [1]. »

« Neque enim illa susceptione alterum eorum in alterum *conversum atque mutatum est :* nec divinitas quippe in creaturam mutata est, *ut desisteret esse divinitas ;* nec creatura in divinitatem ut desisteret esse creatura [2]. »

Pour répondre à la question qu'il se pose, le concile reprend l'explication donnée avec tant de concision par saint Augustin. Aussi le second fragment du docteur d'Hippone garde-t-il une certaine analogie avec l'expression du concile de Tolède : *Neque enim — nec tamen ; conversum atque mutatum est — conversum atque mutatum est : ut desisteret esse divinitas — ut desisteret esse Deus.* Ce dernier texte fut aussi un de ceux

[1] *De Trinitate,* IV, 21 (PL, XLII, 910). C'est une rédaction typiquement augustinienne, du même que celle-ci : « Atque hoc totum (il parle des trois personnes divines) et Trinitas sit propter proprietatem personarum et unus Deus propter inseparabilem divinitatem, sicut unus omnipotens propter inseparabilem omnipotentiam ». *De civitate Dei,* l. XI, c. 24 (CSEL, t XL, 1, p. 547 ; PL, XLI, 337).

[2] *De Trinitate,* I, 6 (PL, XLII, 89).

que saint Isidore de Séville a cité dans le florilège patristique du IIe concile de Séville. Il appartenait donc déjà au patrimoine de la tradition patristique espagnole [1].

C'est une pensée qui se répète souvent chez saint Augustin. Voyons comment il l'exprime dans cette autre formule, qui se rapproche davantage du *Quicunque :*

« Ita quippe Verbum caro factum est, a divinitate carne suscpeta, non in carnem divinitate mutata [2]. »

II

FULGENCE DE RUSPE

[40] « In quo Dei Filio duas credimus esse naturas ; unam divinitatis alteram humanitatis, *quas ita in se una Christi persona univit, ut nec divinitas ab humanitate, nec humanitas a divinitate possit aliquando seiungi.* »

« Qui utique sic *in unitate personae suae naturam utramque coniunxit insolubiliter et univit, ut* in una persona Unigeniti Dei, *nec divinitas ab humanitate sua, nec humanitas a sua possit divinitate seiungi.* Indissolubilis quippe facta est etc. [3]. »

C'est un autre des nombreux fragments qui ont servi de source au symbole de Tolède, parmi les œuvres de saint Fulgence de Ruspe. Dans le symbole, les concepts sont exprimés en formules plus sèches et plus concises.

[41] « *Unde perfectus Deus perfectus et homo in unitate personae unus est Christus. Nec tamen quia duas diximus in Filio esse naturas, duas causabimus in eo esse personas ; ne Trinitati, quod absit, accidere videatur quaternitas.* »

QUICUNQUE

« *Perfectus Deus, perfectus homo* ex anima rationali et humana carne subsistens [4]. »

TOLÈDE VI

« *Deus perfectus et homo perfectus, ut homo et Deus esset unus*

[1] Cfr *El Florilegio patrístico del II concilio de Sevilla* (a. 619), *Miscellanea Isidoriana*, Rome, 1936, p. 209.

[2] *Enchiridion, sive de fide, spe et charitate*, cap. 34 (PL, XL, 249).

[3] *Epist. XIV*, 23 (PL, LXV, 444 A).

[4] C. H. Turner, JTS, t. XI, 1909-1910, p. 409.

Christus naturis in duabus, in persona unus, ne quaternitas trinitati accederet, si in Christo *persona geminata esset*[1]. »

AUGUSTIN

« *Homo et Deus est : unus Christus homo et Deus est ;* quomodo unus homo anima et corpus : *non autem Deus et homo duae personae. In Christo duae sunt quidem substantiae, Deus et homo,* sed una persona, *ut Trinitas maneat, non, accedente homine, quaternitas fiat*[2]. »

Le XIe symbole de Tolède emprunte ici au *Quicunque* une phrase qu'il avait déjà citée auparavant : un de ces cas de répétition qui abondent dans ce symbole, comme nous l'avons remarqué plus haut. Il copie à diverses reprises les mêmes formules, qu'il a puisées dans des sources différentes. Nous aurons encore l'occasion de remarquer d'autres cas semblables. Ensuite, avec sa formule accoutumée *Nec tamen quia...* il rédige le reste d'après le VIe concile de Tolède et saint Augustin.

La crainte de tomber dans l'erreur d'une *quaternité,* en affirmant deux personnes comme conséquence de deux natures dans le Christ, est très fréquente dans la littérature patristique:

« Quemadmodum homo est anima et caro, sic esset Christus Deus et homo. Idem Deus qui homo, et qui Deus idem homo : non confusione naturae, sed unitate personae... Ac sic et Filii divinitati est addita humanitas ; et tamen non est personarum facta quaternitas, sed permanet Trinitas [3]. »

« Unam personam (in Christo), ne duos profitendo Filios, quaternitatem videatur colere, non Trinitatem [4]. »

---

[1] BRUNS, I, p. 250 s.

[2] *Sermo CXXIX,* 3 (PL, XXXVIII, 727).

[3] S. AUGUSTIN, *Sermo CLXXXVII* (PL, XXXVIII, 999).

[4] S. VINCENT DE LÉRINS, *Commonitorium,* c. XIII, 4 (édit. G. RAUSCHEN, *Florilegium Patristicum,* fasc. V, Bonn, 1906, p. 31 ; PL, L, 655).

« Anathema Nestorio neganti ex Virgine Deum natum, asserenti duos Christos, et explossa Trinitatis fide, quaternitatem nobis introducenti[1]. »

Dans l'*Expositio Fortunati*, on retrouve des expressions semblables :

« Unus omnino, non confusione substantiae, sed unitate personae... id est divinitatis cum humanitate ut diximus duas substantias unam [personam] esse in Christo, ut sicut ante assumptionem carnis aeterna Trinitas, ita post assumptionem humanae naturae vera permaneat Trinitas, [ne propter assumptionem humanae carnis dicatur esse quaternitas, quod absit][2]. »

Finalement, le symbole de Milan de 680, qui renferme encore d'autres échos des symboles espagnols, exprime cette pensée :

« Nec enim quartae personae adiectionem suscepit sancta Trinitas, duas autem naturas in una subsistentia divinitatis et humanitatis[3]. »

	FULGENCE DE RUSPE
[42] « *Deus enim Verbum non accepit personam hominis, sed naturam, et in aeternam personam divinitatis temporalem accepit substantiam carnis.* »	« Firmissime tene et nullatenus dubites, Deum Verbum carnem factum unam habere divinitatis suae carnisque personam. ...*Deus enim Verbum non accepit personam hominis, sed naturam; et in aeternum personam divinitatis accepit temporalem substantiam carnis.* Unus est ergo Christus Verbum caro factum etc.[4]. »

Le texte se trouve à la lettre chez saint Fulgence. Chez celui-ci, comme on le voit par la transcription du contexte, il forme un libellé continu. L'expression *Deus Verbum* est d'un emploi

[1] S. VINCENT DE LÉRINS, *Commonitorium*, c. XVI, 2 (édit. RAUSCHEN, p. 37 ; PL, L, 659).

[2] BURN, *The Athanasian Creed*, p. 35. Ce qui est enfermé entre crochets manque dans certains manuscrits.

[3] HAHN, § 183, p. 250.

[4] *De Fide ad Petrum*, c. XVII, n. 58 (PL, LXV, 698 C).

très fréquent dans ces passages de saint Fulgence. Au contraire, dans le symbole de Tolède il ne se trouve en aucun passage, excepté celui-ci. Saint Fulgence est donc celui qui a servi de modèle exact et littéral au symbole de Tolède, et comme nous venons de le remarquer, avec une dépendance plus grande qu'aucun autre Père.

	AUGUSTIN
[43] « Item cum *unius substantiae credimus esse Patrem et Filium et Spiritum Sanctum, non tamen dicimus, ut huius Trinitatis unitatem Maria Virgo genuerit, sed tantummodo Filium,* qui solus naturam nostram in unitate personae suae assumpsit. »	« *Pater et Filius et Spiritus Sanctus, unius* eiusdemque *substantiae* inseparabili aequalitate etc.... *Non tamen eandem Trinitatem natam de virgine Maria... sed tantummodo Filium* [1]. »

Comme on l'a déjà observé plusieurs fois, on remarque ici dans le symbole de Tolède la même manière de préciser une vérité, en indiquant qu'elle n'est pas incompatible avec une autre vérité fondamentale déjà établie auparavant. En l'occurrence, c'est la vérité que seul le Fils et non la Trinité entière s'est incarné, nonobstant l'unité de substance des trois Personnes divines. C'est l'idée qu'il met au point, en empruntant la pensée et les expressions de saint Augustin et en laissant tomber des expressions intermédiaires qui étaient hors de son sujet.

	TOLÈDE VI
[44] « *Incarnationam quoque huius Filii Dei tota Trinitas operasse credenda est, quia inseparabilia sunt opera Trinitatis. Solus tamen Filius formam servi accepit in singularitate personae, non in unitate divinae naturae in id quod est proprium Filii, non quod commune Trinitati.* »	« *Et cum tota cooperata sit Trinitas formationem sucepti hominis, quoniam inseparabilia sunt opera Trinitatis, solus tamen accepit hominem in singularitate personae, non in unitate divinae naturae, in id quod est proprium Filii, non quod commune Trinitati* [2]. »

[1] *De Trinitate*, I, 4 (PL, XLII, 824).
[2] BRUNS, I, p. 251.

FULGENCE DE RUSPE

« Illam itaque *servi formam tota Trinitas fecit, quam tamen in personam suam solus Filius accepit.* Ipse enim solus est Verbum... [1]. »

Saint Ildephonse aussi, mort en 669, postérieur au VIe concile de Tolède et antérieur au XIe, écrivait :

« Quam incarnationis veritatem tota Trinitas operata est, quia inseparabilia sunt opera Trinitatis ; sola tamen persona Filii hanc suscepit, quoniam quaecunque per hanc dispensationem pertinent ad personam Christi, neque ad Patris neque ad Spiritus Sancti personas poterunt ullatenus pertinere [2]. »

Peut-être la source de tous ces passages est-elle saint Fulgence de Ruspe qui, dans son ouvrage *Contra sermonem Fastidiosi,* développe principalement cet article de foi en réfutant l'erreur contraire des sabelliens :

« Nunc vero quia in Christo alteram divinam et alteram humanam dicimus esse naturam, propterea utique humanam naturam, id est carnem rationalemque animam, non a tota Trinitate sed a solo Filio credimus confitemurque susceptam. In unitatem quippe personae, non in unitatem naturae Deus Unigenitus carnem suscepit et animam : quia utique persona Filii non est eadem quae Patris aut Spiritus Sancti [3]. »

« Diximus enim quod humanitatem Filii Dei tota Trinitas fecit, quam tamen non tota Trinitas, sed solus Filius in suam personam accepit. A tota quippe Trinitate, id est a Patre, Verbo et Spiritu Sancto, facta est illa caro : sed solum Verbum factum est caro [4]. »

AUGUSTIN

« Solus quippe in Trinitate Filius formam servi accepit, *quae forma illi ad unitatem personae*

[1] *De Incarnatione Filii Dei,* n. 21 (PL, LXV, 585 C).
[2] *Liber de cognitione baptismi,* c. IX (PL, XCVI, 115 A).
[3] *Contra sermonem Fastidiosi,* c. XII (PL, LXV, 519 B).
[4] *Contra sermonem Fastidiosi,* c. XIX (PL, LXV, 525 A).

[45] «...*Quae forma illi ad unitatem personae copatata est, id est ut Filius Dei et Filius hominis unus sit Christus.* Item idem, *Christus in his duabus naturis, tribus exstat substantiis: Verbi,* quod ad solius Dei essentiam referendum est, *corporis et animae,* quod ad verum hominem pertinet. »

coaptata est, id est ut Filius Dei et filius hominis unus sit Iesus Christus; ne non Trinitas sed quaternitas praedicetur a nobis, quod absit a nobis. Propter quam Personam unam ex duabus substantiis divina humanaque constantem... [1]. »

TOLÈDE VI

«... *ut idem Filius Dei Patris esset Filius hominis... unus Christus naturis in duabus...* [2]. »

[46] « *Habet igitur in se geminam substantiam divinitatis suae et humanitatis nostrae.* »

[47] « Hic tamen *per hoc quod de Deo Patre sine initio prodiit, natus tantum,* neque factus, *neque praedestinatus accipitur; per hoc tamen quod de Maria Virgine natus est, et natus et factus* et praedestinatus esse credentus est. »

ISIDORE

« Ex prima (generatione) nativitatem sumpsit, ex altera creationem. *Natus enim divina generatione, factus humana.* Primum fuit sine tempore, secundum in plenitudine temporis. Nos ex duabus subsistimus substantiis, corporis videlicet, atque animae; *ille vero ex tribus: Verbi corporis et animae.* Inde est quod perfectus praedicatur Deus et homo, *habens in se geminam substantiam, et divinitatis suae et humanitatis nostrae* [3]. »

AUGUSTIN

« Recte quippe dicitur *non praedestinatus secundum id quod est Verbum Dei, Deus apud Deum.* Ut quid enim praedestinaretur, cum iam esset quod erat, sine initio, sine termino sempiternus?

---

[1] *In Iohannis evangelium, tractatus XCIX,* 1 (PL, XXXV, 1886).

[2] Bruns, I, p. 250.

[3] *Differ.,* II, 8, 24 (PL, LXXXIII, 74 A).

Illud autem praedestinandum erat, quod nondum erat, ut sic suo tempore fieret quemadmodum ante omnia tempora predestinatum erat ut fieret [1]. »

Notre symbole semble copier de nouveau ces expressions du VIe concile de Tolède, qu'il avait déjà imité auparavant.

Ensuite, il s'approprie des idées et des expressions de saint Isidore et de saint Augustin pour former le reste du fragment. Chez saint Isidore l'ordre des phrases est inverse, mais le contenu, quant à la doctrine et quant à l'expression, est identique. La rédaction du symbole de Tolède a tous les caractères d'une élaboration postérieure, unissant en une synthèse symbolique, conformément à la nature même de l'œuvre, des éléments dispersés chez Isidore et Augustin dans un contexte plus étendu.

Au sujet du premier texte de saint Augustin qui a servi ici de source littérale, il vaut la peine de remarquer comment les Pères de Tolède ont abandonné l'affirmation augustinienne qu'ils y voyaient, *personam unam ex duabus substantiis*, pour adopter celle des trois substances dans le Christ, inspirée directement d'Isidore, mais se rattachant néanmoins à Augustin.

III

En effet, nous rencontrons ici la célèbre affirmation de trois substances dans le Christ. Parmi les auteurs latins, celle-ci apparaît déjà chez saint Augustin.

« Sic Deo coniungi potuit humana natura, ut ex duabus substantiis fieret una persona : ac per hoc iam ex tribus, scilicet Deo, anima et carne [2]. »

Le concile de Tolède s'exprime ici en suivant la rédaction de saint Isidore. L'âme et le corps sont comptés comme deux substances, c'est-à-dire deux éléments substantiels. Expression nettement orthodoxe et exacte, qui est expliquée en outre dans la phrase qui suit de près : *Habet igitur in se geminam substantiàm divinitatis suae et humanitatis nostrae.*

---

[1] *In Iohannis evangelium, tractatus CV*, 8 (PL, XXXV, 1907) ; cfr *De praedestinatione sanctorum*, c. XIV (PL, XLIV, 982).

[2] *De Trinitate*, XIII, 17 (PL, XLII, 1031).

Quelques années plus tard, Léon II envoya en Espagne le décret porté par le IIIe concile de Constantinople, condamnant Apollinaire et le monothélisme, pour qu'il fût signé par les évêques espagnols. En renvoyant les documents signés, Julien, le futur archevêque de Tolède, ajouta sa première *Apologie de la vraie foi*, comme témoignage plus développé et plus explicite de la foi des évêques d'Espagne. Il y exposait et démontrait magistralement la vérité attaquée par les hérétiques orientaux ; or, elle contenait l'affirmation des *trois substances*. Lorsque les envoyés arrivèrent à Rome, après la mort de Léon II, cette expression ne plut pas à son successeur Benoît II, et il demanda à saint Julien de vouloir bien fonder ses affirmations sur des sources théologiques. A cette mise en demeure du Souverain Pontife, saint Julien répliqua par sa seconde *Apologie*, argumentation magnifique et défense de sa première position. Un résumé de celle-ci fut insérée dans le XVe concile de Tolède, célébré peu après (a. 688) sous la présidence du même Julien [1].

Comme nous l'avons indiqué plus haut, comprise dans le sens orthodoxe de substances incomplètes, corps et âme dans l'homme, comme il fallait la comprendre dans une formule qui réfutait le nestorianisme, cette expression est exacte et heureusement trouvée pour combattre le docétisme et l'apollinarisme. Mais elle avait l'inconvénient de placer la substance complète de la nature divine sur le même plan que les deux autres. Les Pères du concile de Francfort (794) s'y opposèrent plus tard, en combattant les adoptionistes espagnols [2].

Dans cette dernière *Apologie*, outre quelques autres témoignages de la Sainte Écriture et des Pères, on cite précisément ce passage de saint Isidore, que nous venons de copier comme source du XIe concile de Tolède. En voici les termes: *Tres in Christo substantias diximus, quod et maiores nostros docuisse monstravimus, honorantes videlicet et sequentes sententiam doctoris egregii Hispalensis sedis episcopi, quam in libris suis de diffe-*

[1] Cfr *De Tribus capitulis liber apologeticus* (PL, XCVI, 525-536); le résumé de l'*Apologie* au XVe concile de Tolède (PL, LXXXIV, 513-520).

[2] MANSI, t. XIII, col. 884; MGH, *Concilia*, t. II, 1, p. 142. Cfr sur toute cette question J. TAILHAN, *Anonyme de Cordoue*, Paris, 1885, p. 126.

rentia naturae Christi vel nostrae, diseruit, ubi ait : « *Nos ex duabus subsistimus substantiis... perfectus praedicatur et Deus* [1]. » Le fait de citer saint Isidore et non le XIe concile de Tolède que saint Isidore était la source. Car ils ont cité l'autorité qui prouve d'après eux était d'un plus grand poids que le XIe de Tolède. Si le symbole de Tolède avait été un document antique, qui eût été adopté dans le XIe concile de Tolède à cause de sa perfection, saint Julien et les siens l'auraient cité comme une plus grande autorité [2].

IV

	AUGUSTIN
[48] « *Ambae* tamen in illo *generationes mirabiles*, quia et de *Patre ante saecula sine matre est genitus, et in fine saeculorum de matre sine patre* est generatus. »	« *Generatio Christi a patre sine matre, et a matre sine patre: ambae mirabiles ; prima aeterna, secunda temporalis* [3]. »
«... *Qui* tamen secundum quod Deus est, *creavit Mariam*, secundum *quod homo creatus est a Maria:* ipse et pater Mariae matris et filius. »	« De Christo enim dictum est : « Omnia per ipsum facta sunt » (Ioh. I, 3) : si omnia per ipsum et Maria per ipsum facta est, de qua postea natus est Christus. Intendat Caritas vestra. Quomodo *creavit Mariam et creatus est per Mariam:* sic dedit baptismum Iohanni et baptizatus est a Iohanne [4]. »

---

[1] PL, XCVI, 534-535 A.

[2] A propos de l'épisode des « trois substances » cfr H. LECLERCQ, *L'Espagne chrétienne*, Paris, 1906, p. 351 et suiv. C. DE LA SERNA SANTANDER cite dans sa *Praefatio historico-critica in veram et genuinam collectionem veterum canonum ecclesiae hispanae* (PL, LXXXIV, 912, note 93) la doctrine des trois substances exprimée par LOPE DE VEGA : « *Siendo tres naturalezas — cuerpo divinidad y alma — en un supuesto compuestas* ».

[3] *Sermo CLXXXIX*, 4 (PL, XXXVIII, 1006) ; cfr *Sermo CXC*, 2 (PL, XXXVIII, 1007) et *Sermo CXCVI*, 1 (PL, XXXVIII, 1019).

[4] *In Iohannis evangelium, tractatus V*, 4 (PL, XXXV, 1416).

FULGENCE DE RUSPE

« Idem quippe Deus *creatus est in virgine et de virgine secundum carnem, qui sibi de qua et in qua crearetur creaverat genitricem*[1]. »

Cette dernière affirmation est présentée par saint Augustin comme un exemple, pour prouver que le Christ peut avoir été baptisé par Jean Baptiste qui avait reçu pouvoir du même Christ pour le baptiser. Le concile de Tolède place cette affirmation au centre et l'explique un peu.

Dans d'autres documents, cette expression délicate n'est pas rare :

« Creavit virginem, creandus ex virgine ; et cuius ipse factor est, matrem sibi fecit [2]. »

Saint Ildephonse expose la même idée dans son livre *De perpetua virginitate S. Mariae*, en employant la méthode synonymique, qui préside à toute son œuvre :

« Filius Dei, factor omnium, fieret filius matris, quam ipse formaverat... Ita factorem suum pareret mater... atque fieret ex ea quam fecerat idem factor [3]. »

[49] « Item *per hoc quod Deus est et aequalis Patri : per hoc quod homo, minor est Patre.* »

[50] « *Item et maior et minor seipso* esse credendus est : *in forma enim Dei etiam ipse Filius seipso maior est,* propter humanitatem assumptam, qua divinitas maior est : *in forma autem servi seipso minor est,* id est,

ISIDORE

« Inter hoc *quod Filius nunc aequalis nunc minor est Patre* ista est differentia. Primum aeternae substantiae est, alterum humanae naturae. *In forma enim servi,* quia factus est ex muliere, *Pater maior illo est : in forma autem Dei,* in qua erat ante carnis assumptionem, *Patri coaequalis est... Aequalis ergo*

[1] *Epist. XVII*, 4 (PL, LXV, 454 C).
[2] S. Fulgence de Ruspe, *De Fide ad Petrum*, c. II, n.14 (PL, LXV, 678 C).
[3] *De perpetua virginitate S. Mariae*, c. VIII (PL, XCVI, 85 C).

humanitate, quae minor divinitate accipitur. »

[51] « Nam sicut per assumptam carnem non tantum a Patre, sed *a seipso minor accipitur, ita secundum divinitatem quae aequalis est Patri*, et ipse et Pater maior est homine, quem sola Filii persona assumpsit. »

[52] « Item in eo quod quaeritur, utrum posset Filius sic aequalis et minor esse Spiritu Sancto, *sicut Patri nunc aequalis, nunc minor* creditur esse, respondemus : *Secundum formam Dei aequalis est Patri* et Sancto Spiritui, *secundum formam servi minor est et a Patre* et a Spiritu Sancto : quia nec Spiritus Sanctus nec Deus Pater, sed sola Filii persona suscepit carnem, per quam minor esse creditur illis personis duabus. »

Patri in quantum Deus est, subiectus vero in quantum homo est [1]. »

AUGUSTIN

« Haec est enim *forma servi in qua Dei Filius minor est, non Patre solo sed etiam Spiritu Sancto : neque id tantum sed etiam seipso ; quia idem ipse in forma Dei maior est seipso.* [2] »

« Quomodo enim non etiam *seipso minor factus est*, qui *semetipsum exinanivit, formam servi accipiens* ? Neque enim sic accepit formam servi, ut amitteret *formam Dei, in qua erat aequalis Patri.* Si ergo ita accepta est forma servi, ut non amitteretur forma Dei, cum et in forma servi et in forma Dei idem ipse sit Filius unigenitus Dei Patris, *in forma Dei aequalis Patri, in forma servi* mediator Dei et hominum homo Christus Iesus ; quis non intelligit quod *in forma Dei, etiam ipse seipso maior est, in forma autem servi quam accepit, minor est Patre : in forma autem Dei* in qua erat etiam antequam hanc accepisset, *aequalis est Patri* [3]. »

« Filius Dei consubstantialis et coaeternus, atque *per omnia coaequalis Deo Patri* [4]. »

« Deus Filius Deo Patri natu-

---

[1] *Differ.*, II, 5, 13 (PL, LXXXIII, 72 B).

[2] *In Iohannis evangelium, tractatus LXXVIII*, 2 (PL, XXXV, 1836).

[3] *De Trinitate*, I, 7 (PL, XLII, 828 s.). Cfr *ibidem*, I, 11 (col. 836).

[4] *Sermo CXC*, 1 (Mai, *Nova Patrum Bibliotheca*, t. I, Rome, 1852, p. 447); cfr G. Morin, *Sancti Augustini Sermones post Maurinos reperti (Miscellanea Agostiniana*, I), Rome, 1930, p. 283.

ra est aequalis, habitu minor. In forma enim servi minor est Patri, in forma Dei aequalis est Patri [1]. »

TOLÈDE VI

« *In forma divinitatis aequalis Patri, in forma servi minor Patre* [2]. »

Ici aussi, on constate le travail d'élaboration et d'assimilation d'éléments étrangers de la part du XIe concile de Tolède. A l'intérieur d'un plan général, qui apparaît dans ses grandes lignes ce qu'il était dans le témoignage de saint Isidore, le symbole de Tolède exprime toute sa pensée en comparant la dignité qui revient au Fils, grâce à sa nature divine, avec la position inférieure dans laquelle sa nature humaine le place par rapport au Père, au Saint-Esprit et à lui-même. Il rédige tout cela à sa manière bien connue — à remarquer les termes accoutumés, *credendus est, accipitur,* etc. — d'après les idées de saint Isidore, de saint Augustin et de son précédesseur le VIe concile de Tolède. Les expressions que nous pourrions appeler les plus osées et paradoxales, *seipso maior, seipso minor,* il les emprunte à l'esprit puissant de saint Augustin dont il condense le raisonnement profond.

Saint Léon le Grand lui aussi a dit :

« Dum in ea humilitate qua nobis consuluit, non solum Patre sed etiam seipso factus est inferior [3]. »

[53] « Item hic Filius *a Deo Patre et Spiritu Sancto inseparabiliter discretus* creditur *esse persona, ab homine autem assumpto natura. Item cum homine unus exstat persona ; cum Patre vero*

TOLÈDE VI

« Ergo *a Patre et Spiritu Sancto inseparabiliter discretus est persona, ab homine autem assumpto natura ; item cum eodem homine unus exstat persona, cum Patre et Spiritu Sancto natura* [4]. »

[1] *De Trinitate,* I, 7 (PL, XLII, 829).

[2] BRUNS, I, p. 251.

[3] *Sermo XXV,* 2 (PL, LIV, 209 B).

[4] BRUNS, I, p. 251.

et Spiritu Sancto natura divinitatis sive substantia. »

On peut dire qu'ici le XIe concile n'a rien fait de plus que copier le VIe. La variante que nous avons adoptée, *assumpto* au lieu de *assumpta,* qui est celle qui se rencontre dans le mss VK et celui qui a servi de base à l'édition d'Eugène de Levis, se recommande par l'autorité du modèle, le VIe concile, qui la contient, et également par l'objectivité de la doctrine suivant laquelle le Fils ne se distingue pas de l'*homme* par la *nature assumée.*

[54] « Missus autem Filius *non solum a Patre, sed a Spiritu Sancto* missus esse credendus est : in eo quod *ipse per prophetam* dicit : *Et nunc Dominus misit me et Spiritus eius.* »

[55] « *A seipso* quoque *missus* accipitur : pro eo quod *inseparabilis non solum voluntas,* sed operatio totius Trinitatis agnoscitur. »

AUGUSTIN

« *Nec* sic arbitremur *a Patre missum esse Filium, ut non sit missus ab Spiritu Sancto ;* cum vox *ipsius* sit *per prophetam : Et nunc Dominus misit me et Spiritus eius... Nec* sic a Patre et Spiritu Sancto missus est, *ut se ipse non miserit...* Sicut autem Filius facit *voluntatem Patris,* sic et Pater facit *voluntatem Filii* [1]. »

Le concile de Tolède s'approprie la pensée de saint Augustin en la revêtant de son style et en l'exprimant sous forme de thèses en formules de foi, avec l'habituel *credendus est.* Saint Augustin procède par expressions négatives, *nec, nec...,* et amène un plus grand nombre de preuves de la Sainte Écriture que nous n'avons pas transcrites. Les affirmations et le raisonnement général sont identiques chez les deux.

On peut y retrouver en particulier la conception et la terminologie de saint Augustin, d'après laquelle coopère la Trinité entière, comme le symbole l'avait exprimé auparavant [2].

Saint Augustin nous en donne plus clairement la raison dernière dans un autre passage de son *De Trinitate* :

---

[1] *Contra Maximinum arianorum episcopum,* II, 20 (PL, XLII, 790).

[2] *In Iohannis evangelium, tractatus XLII,* 8 (PL, XXXV, 1702).

« Fortasse aliquis cogat ut dicamus etiam a seipso missum esse Filium... Credo respondebit, si haec probe sapit, quia una voluntas est Patris et Filii, et inseparabilis operatio. Sic ergo intelligat illam incarnationem et ex virgine nativitatem, in qua Filius intelligitur missus, una eademque operatione Patris et Filii inseparabiliter esse factam, non utique inde separato Spiritu Sancto, de quo aperte dicitur : *Inventa est in utero habens de Spiritu Sancto* [1]. »

Il est fait allusion ici à la même raison exprimée par le concile de Tolède, l'inséparabilité de la volonté et de l'opération dans toute la Trinité.

Saint Isidore lui aussi s'était inspiré de saint Augustin pour exprimer en partie la même idée :

« Christus non tantum a Patre, sed etiam a Spiritu Sancto se missum testatur, dicente propheta : *Accedite ad me et audite hoc : Non a principio in abscondito locutus sum : ex tempore antequam fieret, ibi eram : et nunc Dominus misit me et Spiritus eius* [2]. »

A propos de l'exactitude plus ou moins grande de ces formules d'origine augustinienne, il faut se rappeler la phrase de saint Bonaventure, qui classe les propositions traitant des missions divines, d'après que la Personne qui envoie est principe de la Personne envoyée, ou principe de l'effet pour lequel la mission a lieu : *Ex hoc patet quod haec est simpliciter et omnino propria : pater mittit Filium ; haec est minus propria, tamen a proprietate non recedit : Filius mittit se ; haec autem omnino impropria : Pater mittit se sive ipsa Trinitas* [3].

Saint Augustin passe parfois du sens propre de mission à un autre sens moins propre.

[56] « Hic enim qui *ante saecula unigenitus* est vocatus, temporaliter *primogenitus* factus est :

ISIDORE

« At vero secundum fraternam societatem primogenitus universae creaturae, iuxta id quod Apostolus ait : *ut sit ipse primogenitus in multis fratribus*. Est *ergo unigenitus in substantia dei-*

---

[1] *De Trinitate*, II, 5 (PL, XLII, 850).

[2] *Sentent.*, I, 15, 3 (PL, LXXXIII, 569 A).

[3] *In I Sent.*, d. 15, p. 1, q. 4 (Quaracchi, t. I, p. 266).

unigenitus propter deitatis substantiam, primogenitus propter assumptae carnis naturam. »

tatis, primogenitus in susceptione humanitatis ; primogenitus in gratia, unigenitus in natura ; primogenitus iuxta Apostolum in multis fratribus ; unigenitus tantum ex Deo solus. Inde est quod Frater nuncupatur et Dominus : Frater quia primogenitus ; Dominus vero quia unigenitus [1]. »

Nous croyons que le seul examen interne peut conclure à la priorité de ce fragment de saint Isidore par rapport au XIe concile de Tolède. Chez saint Isidore, se rencontre un exposé complet de la pensée, par l'énumération des divers aspects grâce auxquels le Fils de Dieu est appelé *unigenitus et primogenitus*. Tout cela y conserve l'apparence d'un tout complet et ininterrompu. Le concile de Tolède en a pris seulement l'affirmation la plus fondamentale et objective.

La même idée apparaît aussi dans les *Étymologies :*

« Unigenitus autem vocatur secundum divinitatis excellentiam, quia sine fratribus ; primogenitus secundum susceptionem hominis, in qua per adoptionem gratiae fratres habere dignatus est, quibus esset primogenitus [2]. »

Par sa dérivation verbale, elle provient du fragment des *Différences*. Remarquons en passant l'importance de cet indice pour établir la date traditionnelle du symbole : saint Isidore de Séville († 636) sert de source au XIe symbole de Tolède.

Tout cela dérive d'Augustin comme de sa première source :

« Primogenitum... esse dixisti, non secundum susceptionem hominis, in qua... fratres habere dignatus est quibus esset primogenitus ; sed potius secundum ipsam divinitatis excellentiam vis eum primogenitum intelligi... Quod si ita credis, primum contradicis Evangelio ubi etiam unigenitus dictus est : *Et vidimus*, inquit, *gloriam eius tanquam unigeniti a Patre :* quando nullo modo verum dicere-

[1] *Differ.*, II, 6, 15 (PL, LXXXIII, 72 C).
[2] *Etymolog.*, VII, 2, 13 (PL, LXXXII, 265 B).

tur si sempiterna quoque virtus eius ac divinitas, qua consubstantialis est Patri et est ante omnem creaturam, ex eadem substantia fratres haberet. Itaque cum et unigenitum et primogenitum eum divina testentur eloquia ; unigenitum quia sine fratribus : primogenitum quia cum fratribus, non invenies quomodo utrumque de illo secundum eamdem naturam divinitatis intelligas. Fides vero catholica... unigenitum eum accipiens secundum id quod scriptum est : primogenitum autem universae creaturae [1]. »

V

FULGENCE DE RUSPE

[57] « In qua suscepti hominis forma, iuxta evangelicam veritatem, *sine peccato conceptus, sine peccato natus, sine peccato mortuus* creditur, qui solus *pro nobis peccatum est factus, id est sacrificium pro peccatis nostris.* »	« A qua ira nullus liberatur nisi per fidem mediatoris Dei et hominum, hominis Iesu Christi, qui *sine peccato conceptus sine peccato natus, sine peccato mortuus peccatum pro nobis factus est, id est sacrificium* factus est *pro peccatis nostris.* In veteri quippe Testamento peccata dicebantur sacrificia quae pro peccatis offerebantur [2]. »

Cet article dérive évidemment de saint Fulgence de Ruspe. Il y a non seulement communauté de pensée, mais encore identité d'expression, s'étendant même au texte scripturaire que le concile de Tolède reproduit partiellement, et où dans la variante il diffère du texte de la Vulgate. D'autre part, cette tournure de phrase rappelle cet autre passage de saint Fulgence :

« Caro Christi... sine peccato concepta, sine peccato nata est : utpote secundum quam Deus aeternus et iustus misericorditer et conceptus et natus est, et Dominus gloriae crucifixus est [3]. »

Saint Isidore conserve quelques échos de cette rédaction :

« Et quia non pro suis sed pro nostris peccatis crucifixus est...

---

[1] *Contra Secundinum manichaeum,* 5 (PL, XLII, 581).
[2] *De Fide ad Petrum,* XXVI, 67 (PL, LXV, 701 D).
[3] *De Fide ad Petrum,* II, 15 (PL, LXV, 679 A).

Iuxta Apostolum qui dicit : Quia cum peccatum non cognovisset, ipse pro nobis peccatum factus est, id est, sacrificium pro... [1]. »

Mais la doctrine complète provient également dans ce cas-ci de saint Augustin :

« Damnatae originis propagatio nos damnat nisi mundemur similitudine carnis peccati, in qua missus est sine peccato, qui tamen de peccato damnavit peccatum, factus pro nobis peccatum ... Deus ergo cui reconciliamur, fecit eum pro nobis peccatum, id est sacrificium per quod dimitterentur nostra peccata : quoniam peccata vocantur sacrificia pro peccatis [2]. »

« Nulla igitur voluptate carnalis concupiscentiae seminatus sive conceptus, et ideo nullum peccatum originaliter trahens ; Dei quoque gratia Verbo Patris Unigenito, non gratia Filio sed natura, in unitate personae modo mirabili et ineffabili adiunctus atque concretus, et ideo nullum peccatum et ipse committens ; tamen propter similitudinem carnis peccati in qua venerat, dictus est et ipse peccatum, sacrificandus ad diluenda peccata. In vetere quippe lege peccata vocabantur sacrificia pro peccatis... Non ait, ut in quibusdam mendosis codicibus legitur *Is qui non noverat peccatum pro nobis peccatum fecit ;* tamquam pro nobis Christus ipse peccaverit : sed ait *Eum qui non noverat peccatum,* id est Christum, *pro nobis peccatum fecit* Deus, cui reconciliandi sumus, hoc est sacrificium pro peccatis... sicut ipse peccatum, non suum sed nostrum, nec in se sed in nobis constitutum, similitudine carnis peccati, in qua crucifixus est, demonstravit ; ut quoniam peccatum ei non inerat, ita quodammodo peccato moreretur [3]. »

Saint Hilaire de Poitiers, dans une rédaction différente, il est vrai, a cependant un jeu de mots, semblable à celui du XIe concile de Tolède, au sujet de ce même texte de saint Paul :

« ...*eum qui non cognovit peccatum, pro nobis peccatum fecit.* Peccatum enim in carne per peccatum condemnaturus, peccati licet expers, factus est ipse peccatum, id est, carnem peccatum in carne condemnans, carnis quidem nescius, sed pro nobis caro factus : et idcirco propter iniquitates nostras est vulneratus [4]. »

---

[1] *De Fide catholica contra iudaeos,* I, 43 (PL, LXXXIII, 488 A).

[2] *Liber de peccato originali,* 32 (PL, XLIV, 403).

[3] *Enchiridion, sive de fide, spe et charitate,* cap. 41 (PL, XL, 252 s.).

[4] *De Trinitate,* X, 47 (PL, X, 381 C).

[58] « Et tamen passionem ipsam, salva divinitate sua, *pro delictis nostris* sustinuit, *mortique adiudicatus* et cruci veram carnis mortem excepit. »

TOLÈDE VI

« Traditus est *propter delicta nostra*, mortuus est propter expiationem nostram [1]. »

ISIDORE

« Passionem crucis carne, non divinitate sustulit ; mortem pro nostra redemptione et salute sustinuit : tridui tempore sepulcro conditus, divina virtute in eadem carne resurrexit [2]. »

Outre les réminiscences du VIe concile de Tolède, il semble que l'on peut encore en remarquer d'autres de saint Isidore de Séville.

Saint Léon le Grand a donné le signal d'alarme contre les erreurs qui s'efforçaient de nier la mort et la résurrection réelles de Jésus-Christ :

« Non sinantur latere homines qui legem per Mosen datam, in qua Deus universitatis conditor ostenditur, recipiendam esse non credunt, prophetis et Sancto Spiritui contradicunt, psalmos davidicos qui per universam Ecclesiam cum omni pietate cantantur, damnabili impietate ausi sunt refutare Christi Domini nativitatem secundum carnem negant, passionem et ressurrectionem eius simulatam dicunt fuisse, non veram, baptismum regenerationis totius gratiae virtute dispoliant [3]. »

Les symboles et les professions de foi prenaient soin de souligner la réalité de la passion et de la mort du Christ, tout en maintenant l'affirmation de sa divinité impassible, et de la réalité de sa résurrection : *Qui passus est vera carnis passione, mortuus vera corporis sui morte* [4].

---

[1] BRUNS, I, p. 251.

[2] *De ordine creaturarum*, I, 6 (PL, LXXXIII, 916 B).

[3] *Sermo IX*, 4 (PL, LIV, 163 B-C).

[4] *Statuta Ecclesiae antiqua*, PL, LVI, 879 et suiv. La collection *Statuta Ecclesiae antiqua* a été insérée dans l'*Hispana*, non pas dans l'ordre historique primitif, mais dans un ordre systématique de matières ; cfr HEFELE-LECLERCQ, *Histoire des Conciles*, t. II, 1, p. 102-121.

	AUGUSTIN
[58] «... Tertio quoque die *virtute propria suscitatus* e sepulcro surrexit. »	« Haec verba ubi ait, *Quoniam Dominus suscepit me,* non sic occurrant mentibus vestris, quasi corpus suum non suscitaverit ipse Christus. Suscitavit eum Pater, *suscitavit et seipsum* [1]. »

L'expression passive « quem Deus suscitavit a mortuis » *(Act.* 2, 15), qui était la plus ordinairement employée dans le Nouveau Testament et dans la catéchèse primitive pour exprimer la résurrection du Christ, était une de ces phrases exposées à subir de la part des ariens un emploi abusif. Le concile de Tolède prévient cet abus, d'accord avec la doctrine sûre de saint Augustin, en suivant de loin et en soulignant l'expression active déjà introduite par saint Jean (II, 19) et saint Ignace d'Antioche [2].

C. — ESCHATOLOGIE.

SOMMAIRE. — I. Résurrection, ascension, jugement dernier. — II. Règne perpétuel de l'Église.

I

En relation intime avec la résurrection du Christ, notre chef et notre exemple, se présente aussi notre résurrection future. Le symbole commence ici sa partie eschatologique, où il insère parfois quelques articles de christologie.

Dans cette partie, il ne nous a pas été possible de trouver des sources directes pour toutes les affirmations. Le symbole aurait-il ici une élaboration plus personnelle que dans les parties précédentes ?

---

[1] *Sermo CCCV,* 3 (PL, XXXVIII, 1399).

[2] Cfr HAHN, p. 380 ; J. LEBRETON, *Les Origines du dogme de la Trinité,* t. I[6], Paris, 1927, p. 344, n. 9.

GRÉGOIRE I († 604)

[59] « Hoc ergo *exemplo capitis nostri* confitemur *veram fieri resurrectionam carnis* omnium mortuorum. »

« Resurrectionem quippe quam *in se ostendit nobis promisit*, quia *sui capitis* gloriam sequuntur membra... Ostendit resurrectionem ut nos resurgere posse confidamus... *Exemplo quippe monstravit* quod promisit in praemio, ut sicut ipsum resurrexisse fideles agnoscerent, ita in sepsis in fine mundi resurrectionis praemia sperarent... Habemus ergo spem resurrectionis nostrae, considerata gloria *capitis nostri* [1]. »

Le célèbre ouvrage des *Moralia* de saint Grégoire le Grand, qui eut en Espagne une si grande et si rapide diffusion [2], semble avoir trouvé un écho dans ce fragment du concile de Tolède. La doctrine est la même et une partie de la terminologie est également commune. Il est facile de trouver chez saint Augustin des échos plus éloignés :

« Quia Dominus, per quem nobis dimissa sunt peccata, in vigilia matutina resurrexit a mortuis, ut hoc speremus in nobis futurum quod praecessit in nobis factum est quod praecessit in capite nostro. Quid praecessit in capite nostro ? Quia et caro ipsius capitis resurrexit ; spiritus illius capitis numquid mortuus est ? Sed quod in eo mortuum est resurrexit. Resurrexit autem tertia die ; et quodam modo hoc nobis dixit Dominus : Quod in me vidistis sperate in vobis ; id est quia ego resurrexi, resurgetis et vos [3]. »

GRÉGOIRE I

[60] « *Nec in aërea vel qualibet alia carne, ut quidam delirant, resurrecturos nos credimus, sed*

« Credo namque quia resurrecturus sim, sed volo ut audiam qualis. Sciendum quippe mihi

[1] *Moral.*, XIV, 55 (PL, LXXV, 1075-1076).

[2] Voir sur cette question dom SERRANO, *La obra « Morales » de S. Gregorio en la literatura hispano-goda*, dans la *Revista de Archivos, Bibliotecas y Museos*, t. XXIV, 1911, p. 482-497.

[3] *Enarrationes in Ps., CXXIX*, 6 (PL, XXXVII, 1700).

in ista, qua vivimus, consistimus et movemur. »

est utrum in *quodam alio* subtili fortasse, vel *aëreo*, an in eo quo moriar corpore resurgam. Sed si in *aëreo* corpore surrexero, iam ego non ero qui resurgo [1]. »

SYMBOLE DE BACHIARIUS

« Carnem quoque nostrae resurrectionis fatemur *integram atque perfectam huius, in qua vivimus* in praesenti saeculo, aut bonis artibus gubernamur aut malis operibus subiacemus, ut possimus in ipsa aut pro malis poenarum tormenta sustinere, aut pro nobis bonorum praemia acquirere ; *neque, ut quidam absurdissime (Rufin : ut quidam calumniantur), aliam pro hac resurrecturam dicimus, sed hanc ipsam* nullo omnino ei vel membro amputato vel aliqua corporis parte deserta [2]. »

FIDES DAMASI

«... ab eo resuscitando die novissimo *in hac carne, qua nunc vivimus* [3]. »

TOLÈDE IV

« Resuscitandi ab eo in die novissima *in ea qua nunc vivimus carne* et in ea qua resurrexit idem Dominus forma [4]. »

Il est très probable que les Pères de Tolède, en rédigeant

[1] *Moral.*, XIV, 55, n. 71 (PL, LXXV, 1077 C).
[2] HAHN, § 208, p. 288.
[3] BURN, *An Introduction*, p. 246.
[4] BRUNS, I, p. 221.

cet article, ont eu devant les yeux la doctrine exposée par saint Grégoire le Grand dans ses *Moralia* contre le patriarche de Constantinople, Eutychès. Celui-ci avait affirmé que dans la gloire de la résurrection notre corps allait être « *impalpabile, ventis aereque subtilius* [1] ». Le saint Pape le réfute en exposant la doctrine véritable. La terminologie du XIe concile de Tolède, qui rappelle au moins de loin les symboles de Rufin-Bachiarius, la *Fides Damasi* et le IVe de Tolède, semble conserver des échos plus rapprochés de cet exposé de saint Grégoire le Grand, même dans sa terminologie.

Outre la communauté de pensée et la similitude des termes, soulignant contre l'erreur eutychienne l'identité du corps ressuscité avec le corps mortel, il vaut la peine de remarquer la ressemblance ou la coïncidence de cette parenthèse, *ut quidam delirant* — *ut quidam absurdissime*, ou *ut quidam calumniantur*, qui fait voir la dépendance immédiate du concile de Tolède par rapport à ce fragment du symbole de Rufin-Bachiarius.

Cette affirmation de l'identité de la chair ressuscitée se trouve aussi dans le symbole du Rituel mozarabe : *Carnis huius resurrectionem et vitam aeternam. Amen* [2].

La dureté des épithètes que les Pères et les symboles appliquent aux erreurs touchant notre résurrection vaut la peine d'être remarquée : ils les traitent de songes et de délires. Outre les cas indiqués ici, voyons comment parle Gennade :

« Erit resurrectio mortuorum omnium : sed una et insemel et semel : non prima iustorum et secunda peccatorum, ut fabulat somniator, sed una omnium. Et si id resurgere dicitur quod cadit, caro ergo nostra in veritate resurgit, sicut in veritate cadit. Et non secundum Origenem immutatio corporum erit, id est, non aliud novum corpus pro carne : sed eadem caro corruptibilis quae cadit, etc. [3]. »

---

[1] *Moral.*, XIV, 56, n. 72 (PL, LXXV, 1077 D).

[2] Cfr Férotin, *Liber Ordinum en usage dans l'Église wisigothique et mozarabe d'Espagne du cinquième au onzième siècle*, Paris, 1904, col. 185, n. 1.

[3] *Liber ecclesiastiorum dogmatum*, c. VI (édit. C. H. Turner, JTS, t. VII, 1906, p. 90 et suiv. ; PL, LVIII, 982 D).

[61] « *Peracto huius sanctae resurrectionis exemplo* idem Dominus noster atque salvator *paternam ascendendo sedem* repetiit, *de qua nunquam per divinitatem discessit.* »

[62] « Illic ad dexteram Patris sedens, *exspectatur in fine saeculorum iudex omnium vivorum et mortuorum.* »

[63] « Inde cum sanctis omnibus veniet ad faciendum iudicium, reddere unicuique mercedis propriae debitum, prout quisque gesserit in corpore positus sive bonum sive malum ».

AUGUSTIN

« In qua carne *ascendit* in caelum, *qui de caelo non recessit* etiam cum inde descendit [1]. »

ISIDORE

« *Ad Patrem rediens, unde nunquam defuit* sedet in dextera Patris, unde resurgentibus cunctis hominibus ad iudicium vivorum et mortuorum affuturus in gloria Patris, impiis aeternas poenas, iustis aeterna premia reddat [2]. »

TOLÈDE VI

« Cuius resurrectione sumus resuscitati, quem etiam venturum *in fine exspectamus saeculorum* cum resurrectione omnium aequissimo *suo iudicio redditurum* iustis praemia et impiis poenas [3]. »

ISIDORE

« Et *cum eadem ipsa carne glorificata ascendisse in caelum,* in qua et *ad iudicium vivorum et mortuorum exspectatur venturus* [4]. »

La remarque, suivant laquelle le Fils ne s'est jamais séparé du Père, est très fréquente dans les symboles.

Le *codex Augiensis* lit *cum sanctis angelis et hominibus,* alors que tous les autres documents *cum sanctis omnibus.* La

[1] *Contra sermonem arianorum,* c. XII (PL, XLII, 692).
[2] *De Ordine creaturarum,* I, 6 (PL, LXXXIII, 916 B).
[3] BRUNS, I, p. 251.
[4] *De officiis,* II, 24 1 (PL, LXXXIII, 916 B).

seconde lecture paraît plus naturelle et sûre. Saint Grégoire le Grand, commentant dans ses *Moralia* le texte des *Proverbes*, XXXI, 23, *Nobilis in portis vir eius, quando sederit cum senatoribus terrae,* dit :

« Vir quippe est Ecclesiae humani generis Redemptor, qui in portis se nobilem ostendit, qui despectus prius in contumeliis exstitit, sed in ingressu regni sublimis apparebit. Qui cum terrae sematoribus residet, quia iudicii sententiam cum sanctis eiusdem Ecclesiae praedicatoribus decernet, sicut ipse in Evangelio dicit *(Matth.*, XIX, 28). Quod Isaias quoque ante praenuntians ait : *Dominus ad iudicium veniet cum senioribus populi sui* [1]. »

Il y a une certaine communauté de pensée et d'expression entre ce passage de saint Grégoire le Grand et le dernier texte cité du XIe symbole de Tolède : *le juge suprême, assis à la droite du Père, jugeant les vivants et les morts, à leur entrée dans son royaume.* Or, saint Grégoire ne place autour du juge suprême que les saints de l'Église.

Au sujet de la curieuse variante, d'après laquelle on lit dans l'épître II, *Cor.*, V, 10, *prout quisque gesserit in corpore positus sive bonum sive malum,* il faut remarquer la ressemblance que présente le même texte chez Filastrius de Brescia : *ut recipiat unusquisque ea quae gessit in hoc corpore* [2].

II

	TOLÈDE VI
[64] « *Ecclesiam* sane *catholicam* pretio sui sanguinis comparatam cum eo credimus *in perpetuum regnaturam.* » [65] « Intra cuius gremium constituti unum baptisma credimus et confitemur in remissionem omnium peccatorum. » [66] « Sub qua fide et resur-	« *Ecclesiam* quoque *catholicam* credimus sine macula in opere et absque ruga in fide corpus eius esse *regnumque habituram* cum capite suo omnipotente Christo Iesu, porsquam *hoc corruptibile induerit incorruptionem et mortale immortalitatem, ut sit Deus omnia in omnibus* [3]. »

[1] *Moral.*, VI, 7 (PL, LXXV, 734 C).

[2] *Liber de haeresibus*, CXXIV (CSEL, t. XXXVIII, 89 ; PL, XII, 1249-1250).

[3] BRUNS, I, p. 251.

rectionem mortuorum veraciter
credimus et futuri saeculi gaudia
exspectamus. »

Le XIe symbole de Tolède contemple l'Église triomphante en première place dans le règne éternel du Christ. Ensuite, dans l'atmosphère eschatologique dans laquelle il se meut, il unit l'article de la rémission des péchés avec la nécessité de persévérer dans le sein de l'Église. Cet ordre d'idées et aussi l'expression elle-même ressemblent beaucoup à celle de Fulgence de Ruspe, source familière au concile de Tolède, comme nous l'avons vu.

« Alios autem cogit aut illicit (diabolus) Ecclesiae catholicae gremio derelicto... Scit etiam quod non alibi quam in solo gremio catholicae matris dimitti possint peccata conversis ; nec eum latet in praesenti tantum saeculo remissionem omnium peccatorum conversis posse concedi...[1]. »

« Unde non immerito vas electionis, quod divinae plenum erat caritatis, sicut pro his qui in fide peccabant tristitia magna concutiebatur et dolore cordis, sic illos qui intra Ecclesiam constituti... etc. [2]. »

« In sola ergo catholica Ecclesia datur et accipitur remissio peccatorum... Ille enim salvatur sacramento baptismatis, quem intra Ecclesiam catholicam usque ad obitum praesentis vitae tenuerit unitas caritatis [3]. »

Faire dépendre la rémission des péchés et l'espérance dans la vie future du fait d'appartenir à l'Église, est un article caractéristique du Credo de l'Église africaine, qui a des échos dans l'œuvre de saint Fulgence [4].

Il faut remarquer également, à ce qu'il semble, dans ces derniers paragraphes du XIe symbole de Tolède, certains échos du symbole d'origine inconnue publié par Jacobi :

« Credo Ecclesiam Christi electam illam solam esse, quae catho-

---

[1] *De remissione peccatorum*, I, 6 (PL, LXV, 531 D, 532 B).

[2] *Ibidem*, I, 13 (537 D-538 A).

[3] *Ibidem*, I, 19 (542 D-543 B).

[4] Cfr F. J. Badcock, *Le Credo primitif d'Afrique*, dans la *Rev. Bén.*, t. XLV, 1933, p. 3-9 ; G. Morin, *Deux sermons africains du Ve-VIe siècle*, dans la *Rev. Bén.*, t. XXV, 1923, p. 235-245.

lica est, id est, universalis, quae una fide et caritate par universum orbem consistit. Credo illud solum baptisma esse in remissionem peccatorum, quod datur in nomine Patris et Filii et Spiritus Sancti. Credo futuram resurrectionem omnium hominum...[1]. »

Finalement, il est à noter que la particule *omnium,* appliquée à *peccatorum,* est typique, comme on le sait, dans les symboles espagnols [2].

Le *Liber Ordinum* de la liturgie mozarabe revient avec une insistance notable sur cette particule qu'il répète plusieurs fois[3]. On sait qu'en 420 les pélagiens reprochèrent aux catholiques de professer que le baptême ne remettait pas tous les péchés. Saint Augustin les réfuta dans divers passages de son ouvrage *Contra duas epistolas pelagianorum* [4]. Cette formule de l'Église espagnole serait-elle un écho de la réaction catholique contre cette calomnie ?

FULGENCE DE RUSPE

[67] « Hoc tantum orandum nobis est et petendum, ut, cum peracto finitoque iudicio, tradidirit Filius regnum Deo Patri, *participes nos efficiat regni sui,* ut per hanc fidem qua illi inhaesimus, cum illo *sine fine regnemus.* »

« Ut scilicet qui male egerunt eant in combustionem aeternam semper arsuri cum diabolo principe omnium malorum, qui vero bona fecerunt eant in vitam aeternam regnaturi *sine fine cum Christo rege* omnium saeculorum. Illi autem cum Christo *regnabunt* quos Deus gratuita bonitate sua praedestinavit ad regnum. Quia enim eos tales praedestinando praeparavit ut regno digni essent, praeparavit utique secundum propositum vocandos ut obediant ; praeparavit iustificandos ut, accepta gratia, recte credant et bene vivant ; praeparavit etiam glori-

---

[1] Hahn, § 238, p. 351.
[2] Cfr Hahn, § 58, p. 69, n. 151.
[3] Férotin, *Le Liber Ordinum,* col. 185, note 2.
[4] Cfr lib. I, 13, 26 ; 23, 41 ; lib. III, 3, 5 (PL, XLIV, 562, 570, 590).

ficandos, ut, Christi cohaerede effecti, *regnum caelorum sine fine possideant*[1]. »

TOLÈDE VI

[68] « *Haec est confessionis* nostrae *fides* exposita, *per quam omnium haereticorum dogma perimitur, per quam fidelium corda mundantur*, per quam etiam ad Deum gloriose acceditur, cuius sacrosanctum saporem sub triduano dierum ieiunio continua relationum collatione ructantes ad ea quae subnixa sunt sequenti die decernenda transivimus. »

« *Hac fide corda purificantur, hac haereses extirpantur*, in hac omnis *Ecclesia collocata iam in regno caelesti* et degens in saeculo praesenti gloriatur. Et non est in alia fide salus ; *nec enim nomen aliud est sub caelo datum hominibus, in quo oporteat nos salvos fieri*[2]. »

TOLÈDE IV

« *Haec est* catholicae Ecclesiae fides hanc *confessionem* conservamus atque tenemus, quam quisquis firmissime custodierit perpetuam salutem habebit [3]. »

Dans l'article concernant le règne perpétuel avec le Christ, remarquons des réminiscences de certains passages de saint Fulgence, où il traite de la même matière. L'exhortation à la prière, afin de rendre la profession de foi efficace pour la vie éternelle, est encore une fois un écho de cette formule du concile de Mérida célébré peu auparavant (a. 666) :

« Oremus ergo omnipotentem Deum, ut haec credulitas sincera divina nobis conferat beneficia, eiusque pietas sancta praesenti in saeculo cuncta nobis dimittat peccata ; et cum venerit iudicare vivos et mortuos, ad dexteram suam nos iustificandos statuat [4]. »

Le passage final du concile de Tolède, tout comme son passage initial, est rédigé d'après les formules des IVe et VIe

[1] *De Fide ad Petrum*, III, 40 (PL, LXV, 692 A).
[2] BRUNS, I, p. 251.
[3] BRUNS, I, p. 221.
[4] BRUNS, I, p. 85.

conciles de Tolède qui l'ont précédé : les expressions sont identiques. Elles insistent sur la nécessité de la foi pour détruire la doctrine des hérétiques, pour purifier les cœurs et pour obtenir le salut éternel.

L'expression « *fidelium corda mundantur* » paraît provenir de saint Augustin qui interprète ainsi, dans différents passages, le verset des *Act.* XV, 9 :

« Unde in Actibus Apostolorum legitur, *Fide mundans corda eorum* [1]. »

« Contemplatio quippe merces est fidei, cui mercedi per fidem corda mundantur : sicut scriptum est : *Mundans fide corda eorum.* Probatur autem quod illi contemplationi corda mundentur, illa illa maxime sententia : *Beati mundicordes quoniam ipsi Deum videbunt* [2]. »

Nous préférons la variante « acceditur » au lieu de « ascenditur » : on ne lit « ascenditur » que dans le seul *codex Augiensis*. Et il semble en outre qu'il y ait ici une allusion à *Hebr.*, XI,6 : *Sine fide impossibile est placere Deo. Credere enim oportet accedentem ad Deum*, etc. [3].

---

[1] *In Iohannis evangelium, tractatus LXXX*, 3 (PL, XXXV, 1840).

[2] *De Trinitate*, I, VIII, n. 17 (PL, XLII, 832).

[3] KUENSTLE *(Eine Bibliothek*, p. 83) ne remarque pas que la variante « acceditur » se trouve aussi dans l'édition de Levis, p. 16.

CHAPITRE II

DATE DE COMPOSITION DU SYMBOLE

Sommaire. — I. Table des sources directes. — II. Conséquences pour la date de composition. — III. Particularités du style : les clausules du symbole et le « cursus ». — IV. Considérations contre la date traditionnelle : précision théologique des concepts, propriété des termes, manque d'occasion pour une telle formule de foi.

I

En précisant dans la mesure du possible les sources certaines ou probables du XIe symbole de Tolède, nous avons indiqué les origines immédiates des formules qu'il contient. Parfois, nous nous trouvons devant de fidèles transcriptions de formules entières ; dans d'autres cas, nous ne pouvons conclure qu'à un emprunt de concepts et de terminologie. A l'occasion, nous avons tenu à signaler également des sources plus éloignées, complétant ainsi la tradition doctrinale antérieure.

Nous allons dresser maintenant la table des sources directes, qui nous permettra de tirer plus aisément certaines conclusions.

SOURCES DIRECTES

Saint Augustin

Collatio cum Maximino arianorum episcopo : [19-41], Distinction des Personnes, unité d'essence.

Contra Maximinum arianorum episcopum, II, 40 : [54-55], Le Fils envoyé par le Père, par l'Esprit-Saint et par lui-même.

Contra sermonem arianorum, IV : [13], L'Esprit-Saint envoyé par le Père et par le Fils.

Contra sermonem arianorum, XII : [61], Ascension du Christ au Père dont il n'avait jamais été séparé.

De civitate Dei, X, 43 : [11], L'Esprit Saint, Esprit des deux autres Personnes.

De fide et symbolo, 2 : [6], Consubstantialité du Fils.

De praedestinatione sanctorum, XIV : [27], Diversité d'attributs dans le Fils, selon les deux générations.

De Trinitate, I, 4 : [43], Le Fils seul s'est incarné, et non la Trinité.

» I, 6 ; IV, 41 : [39], Intégrité et immutabilité des deux natures, divine et humaine, dans le Christ.

» I, 7 : [49-52], Diversité d'attributs dans le Christ, selon les deux natures.

» IV, 6-7 ; XV, 23, 43 : [14], La Trinité est trine et non triple.

» V, 8, 9 : [19-20], Divinité et attributs essentiels des trois Personnes divines.

» XV, 23 : [14], « Dieu-Trinité ».

Epistola CXXXVII, 2, 8 : [37], Génération virginale, admirable et unique.

Epistola CLXX, 5 : [35], Propriétés personnelles dans la Trinité.

Epistola CCXXXVIII, 14 : [26], Distinction des Personnes dans la Trinité. Unité de substance.

In Iohannis evangelium tractatus V, 4 : [48], Le Christ a créé Marie et a été créé par Marie.

» *tractatus XXIX*, 5 : [49], Inséparabilité des Personnes divines dans leur être.

» *tractatus XXXIV*, 4 : [22], Le nombre dans la Trinité.

» *tractatus XXXIX*, 5 : [24-25], Distinction des Personnes divines. Unité de substance.

» *tractatus LXXVIII*, 2 : [49-52], Diversité des attributs dans le Christ.

» *tractatus XCIX*, 1 : [44], Seul le Fils s'est incarné.

Sermo CXXIX, 3 : [41], Union indissoluble des deux natures du Christ dans une seule Personne.

Sermo CLXXIX, 4 : [48], Les deux générations admirables du Verbe.

Sermo CXC, 1 : [52], Le Fils de Dieu, égal en tout au Père.
Sermo CCII, 1 : [13], L'Esprit-Saint, envoyé par le Père et le Fils.

PSEUDO-AUGUSTIN
Sermo CCXLII : [7], Naissance éternelle du Fils.

SAINT FULGENCE DE RUSPE
De Fide ad Petrum, I, IV : [1], Profession de foi trinitaire.
» IV, 40 : [67], Le Règne éternel avec le
» Christ.
» XXVI : [57], Le Christ sans péché.
» XVII, 58 : [42], Le Verbe a pris la nature et non la personne humaine.
De incarnatione Filii Dei, 21 : [44], Seul le Fils s'est incarné. L'union s'est faite dans la Personne.
» 3 : [24-25], Distinction des Personnes divines. Unité de substance.
Epistola XIV, 6 : [23], Le nombre dans la Trinité.
» 8-14 : [28-34], Inséparabilité des Personnes divines.
Epistola XIV, 23 : [40], Union indissoluble des deux natures en une seule Personne dans le Christ.
Epistola XVII, 4 : [48], Le Fils est à la fois père et fils de Marie.

SAINT GRÉGOIRE LE GRAND
Moralia, XIV, 55 : [59-60], Notre résurrection dans la même chair, à l'exemple du Christ.

SAINT ISIDORE DE SÉVILLE
De Fide catholica, contra iudaeos, I, 43 : [57], Le Christ sans péché, mais sacrifié pour nos péchés.
De officiis, II, 24, 1 : [61-63], Ascension du Seigneur et jugement dernier.
De ordine creaturarum, I, 3 : [25], Le Père origine de la divinité.
» I, 5 : [38], L'Esprit-Saint n'est pas père du Fils.
» I, 6 : [58], Le Fils n'a pas souffert la passion dans la divinité [61]. Il est

retourné au Père, dont il ne s'était jamais séparé.

Differentiarum liber II, 2, 3-4 : [26-27], Distinction des Personnes divines. Unité de substance.

» 2, 4 : [15-17], Relations mutuelles entre les Personnes divines. Trois Personnes, une substance.

» 3, 7 : [35], Propriétés personnelles dans la Trinité.

» 3, 8 : [4], « Innascibilité » du Père et origine des deux autres Personnes divines.

» 5, 13 : [29-50], Diversité d'attributs dans le Christ selon les deux natures.

« 6, 15 : [56], Le Christ est dit « Fils unique » et « premier-né ».

» 8, 24 : [44-47], Un seul Christ, Fils de Dieu et fils de l'homme, en deux natures et trois substances. Diversité d'attributs dans le Christ, selon les deux générations.

Etymologiarum liber IV, 6-8 : [15-16], Relations mutuelles entre les Personnes divines. Trois Personnes, une substance.

» VI, 2, 14 : [6], Consubstantialité du Fils.

» VII, 3, 5 : [12], L'Esprit-Saint, sainteté du Père et du Fils.

SAINT LÉON LE GRAND

Epistola XXVIII : [36], Seul le Fils s'est incarné, par une nouvelle génération.

» [39], Admirable conception du Christ.

Sermo XXII : [36], Seul le Fils s'est incarné dans la Vierge.

SYMBOLES

DE RUFIN-BACHIARIUS : [24-25], Distinction entre les Personnes divines. Unité de substance.

» [60], Notre résurrection dans la même chair à l'exemple du Christ.

DE CARTHAGE : [3], Génération ineffable du Fils.
» [6], Consubstantialité du Fils.
» [8], Le Fils n'est pas une portion du Père.
» [42], Distinction entre les Personnes divines. Unité de substance.

« CLEMENS TRINITAS » : [16] Trois Personnes, une substance.

« FIDES DAMASI »: [60], Notre résurrection dans la même chair à l'exemple du Christ.
» [9], Génération du Fils par nature.

DE SAINT GRÉGOIRE DE TOURS : [13], L'Esprit-Saint n'est inférieur ni au Père ni au Fils.

« QUICUNQUE » : [19-21], Divinité et attributs essentiels des trois Personnes divines.
» [41], Le Christ, parfaitement Dieu et parfaitement homme.

IIIe DE TOLÈDE : [10], L'Esprit-Saint, troisième Personne de la Trinité.

IVe DE TOLÈDE : [26-27], Distinction des Personnes divines. Unité de substance.
» [60], Notre résurrection dans la même chair.
» [68], Conclusion finale sur notre foi.

VIe DE TOLÈDE : [1], Profession de foi aux trois Personnes divines.
» [4], « Innascibilité » du Père ; source et origine de toute la divinité.
» [4-5], Génération éternelle du Fils.
» [10], L'Esprit-Saint ni engendré ni créé, mais procédant du Père et du Fils ; Esprit des deux autres Personnes.
» [41], La substance même de la Trinité se retrouve dans chacune des Personnes, comme dans les trois prises ensemble.
» [36], Seul le Fils s'est incarné dans la Vierge Marie.
» [41], Union indissoluble des deux natures en une seule Personne dans le Christ.
» [44], Seul le Fils, et non la Trinité, s'est incarné. L'union s'est faite dans la Personne divine.

[45], Un seul Christ, Fils de Dieu et fils de l'homme, en deux natures.
» [52], Le Christ égal et inférieur au Père.
» [53], En quoi il ressemble et en quoi il se différencie des deux autres Personnes divines et de l'homme.
» [58], Passion, mort et résurrection.
» [62-63], Jugement dernier.
» [64-66], Règne perpétuel de l'Église. Baptême. Foi en la résurrection en la vie future.
» [67-69], Nous devons prier pour obtenir, par cette foi, le royaume à venir. Conclusion.

TAYON :

Sententiarum, I, c. 4 : [3], Génération du Fils.
» I, c. 4 : [6], Consubstantialité du Fils.

VIGILE DE THAPSE :

Contra arianos, sabellianos et photinianos, lib. II, 13 : [8], Le Fils n'est pas une portion du Père.
» lib. II, 4 : [3], Génération ineffable du Fils.

PSEUDO-VIGILE :

De Trinitate, lib. X : [9], Le Fils est Fils par nature.

II

D'après ce tableau quels sont les auteurs les plus favorisés ? Saint Augustin s'inscrit en tête et semble avoir inspiré 32 articles du symbole. Notons ensuite : saint Isidore de Séville, 28 le VIe symbole de Tolède ; saint Fulgence de Ruspe, 20. Quelles conclusions ces constatations nous permettent-elles de faire relativement à la date de composition du XIe symbole de Tolède ?

L'influence prépondérante de saint Augustin dans cette matière ne fournit à notre enquête aucune conclusion : tout au plus prouve-t-elle que le symbole n'est pas antérieur au Ve siècle. Nous n'insistons pas davantage sur l'influence du VIe symbole de Tolède, bien que nous soyons certains qu'il est l'œuvre du VIe concile de Tolède (a. 638) ; nous en faisons abstraction pour le moment. L'établissement de la date de sa composition exigerait en effet une démonstration identique à celle que nous consacrons actuellement au XIe symbole.

Bornons-nous à examiner la part de saint Fulgence et de saint Isidore de Séville.

Saint Fulgence de Ruspe est de toute évidence l'auteur non seulement des idées, mais également du texte de 17 articles ; 7 d'entre eux [28-34] dérivent d'un même document de ce saint père, la *XIVe Lettre*. Sur les 68 articles que contient le symbole d'après notre division, elles représentent un quart. Notons encore que pour certains autres articles, le 23e [23] et le 44e [44] par exemple, on peut alléguer plusieurs fragments de saint Fulgence ; son influence augmente évidemment d'autant.

Répétons-le une fois de plus, c'est saint Fulgence et non le symbole, qui est la source de ces articles. Nous l'avons suffisamment indiqué et en avons fait la preuve au cours de l'exposé des divers fragments. Confirmons-le par une considération sur le style de cet auteur. En effet, un trait caractéristique du style de saint Fulgence est l'unité organique de sa conception et de sa rédaction. On y remarque, il est vrai, des réminiscences d'autres écrivains, surtout de saint Augustin, mais rien n'accuse la compilation ou l'insertion d'éléments étrangers [1]. Cette remarque revêt une importance toute particulière, quand il s'agit d'une aussi grande quantité d'articles que celle signalée plus haut. Saint Fulgence aurait dû dépenser un effort que rien ne nous permet d'affirmer, pour développer ses idées et toute sa pensée de telle sorte que, sans rien perdre de la continuité organique qui la caractérise indéniablement, elles intègrent naturellement, dans l'unité d'une même rédaction, cette multitude de formules auxquelles dans cette hypothèse il aurait dû recourir. Que l'on examine à ce point de vue les fragments

---

[1] En ce qui concerne les caractéristiques du style de saint Fulgence, voyez J. STIGLMAYR, *Das « Quicunque » und Fulgentius von Ruspe*, dans *Zeitschrift für katholische Theologie*, t. XLIX, 1925, p. 345 et suiv.

de la *XIV*e *Lettre* transcrite plus haut et sources des articles [28-34] du symbole. La dépendance idéologique et littérale étant certaine, comme nous l'avons montré, il est beaucoup plus vraisemblable que la transcription ait été faite par un symbole, dont le genre est celui d'une mosaïque rapportée, que par un écrivain dont le style répugne à la compilation.

Au contraire, le symbole présente manifestement l'aspect d'un aggloméré, d'un travail de marqueterie. Les commencements de maintes incises : *Item et Pater...* [20] ; *Item per hoc quod Deis...* [49]; *Item et maior...* [50] ; *Item in eo quod quaeritur...* [52] ; *Ipse quoque Pater...* [3] ; *Filium quoque...* [4] ; *Spiritum quoque Sanctum...* [10] ; *Hic etiam unius cumPatre...* [6] ; *Hic etiam Filius Dei natura...* [9] ; *Hic etiam Spiritus Sanctus...* [11], etc. etc., révèlent à l'évidence que, malgré les efforts de l'ingénieux rapsode pour enfiler ces fragments, il n'a pas réussi à effacer complètement leurs points d'attache respectifs et ceux-ci accusent sa provenance étrangère.

Une fois prouvée la dépendance de notre symbole à l'égard de saint Fulgence de Ruspe, la voie est déblayée et nous sommes à même d'établir pareille dépendance à l'égard de saint Isidore de Séville. Dès maintenant, il est établi que le symbole n'est pas antérieur au milieu du VIe siècle, puisque saint Fulgence mourut en 532, et il faut bien supposer un certain laps de temps avant que ses écrits n'aient commencé à jouir d'une certaine influence.

Mais la priorité de saint Isidore s'appuie elle aussi sur des raisons toutes particulières. Pour 28 articles du symbole, nous avons conclu à la paternité de saint Isidore. Quelques-uns de ces articles sont particulièrement typiques, par exemple, la curieuse étymologie de *homos* = *unum* [6], le point si spécial *des trois substances* dans le Christ [45], et la parfaite symétrie, tout intentionnelle, de ce paragraphe sur les propriétés personnelles dans la Trinité : *Pater enim aeternitatem habet sine nativitate, Filius aeternitatem cum nativitate, Spiritus vero Sanctus processionem sine nativitate cum aeternitate* [35]. Or, chez saint Isidore de Séville, malgré le caractère de compilation qui prédomine dans ses œuvres, ces fragments gardent la continuité rédactionelle d'un contexte organique. Ils sont trop nombreux, — un tiers à peu près, — pour les taxer d'interpolations, insérées dans une formule ancienne. D'autant plus, qu'une fois démontrée l'existence de notre symbole vers la moitié du VIIe siècle, il n'y a plus besoin de recourir à cette hypothèse extrême. Il faut donc conclure que le XIe symbole de Tolède dépend également de saint Isidore.

Ceci dit, nous ne croyons pas nécessaire d'insister davantage et de confirmer la dérivation des formules indiquées : celles du *Quicunque* (ca 500) [1], celles de saint Grégoire le Grand († 604), celles du IVe symbole de Tolède, (a. 633), œuvre certaine de saint Isidore [2], et celle du VIe symbole de Tolède (a. 638).

Ainsi, par voie directe et positive, on a pu établir la date traditionnelle du XIe symbole de Tolède. Une fois admise sa dépendance à l'égard des œuvres de saint Isidore, ce qui mène à la moitié du VIIe siècle, on ne voit aucune difficulté pour arriver à l'an 675, date qu'indique toute la tradition manuscrite.

III

Il est encore un autre trait que l'on peut considérer dans le symbole de Tolède, et qui jette une nouvelle lumière sur la date de sa composition : ce sont ses particularités de style, les lois de sa rédaction dans l'emploi des clausules et en particulier du *cursus* rythmique. Cette manière de procéder a dans notre cas une valeur toute particulière ; car les lois de la composition rythmique dans la littérature visigothique sont très caractéristiques [3]. Voyons d'abord les particularités de style du Symbole et comparons-les à celles de l'époque visigothique.

Écartons dès l'abord le parallélisme rythmique d'un grand nombre de ses formules, qui énumèrent les attributs des trois Personnes divines. Telles sont, par exemple :

---

[1] Cfr G. MORIN, *L'origine du symbole d'Athanase : témoignage inédit de saint Césaire d'Arles*, dans la *Rev. Bén.*, t. XLIV, 1931, 205-219 ; J. A. DE ALDAMA, *El símbolo toledano I*, p. 84-86.

[2] Cfr *Le symbole du IVe concile de Tolède*, dans la *Revue d'histoire ecclésiastique*, t. XXXIV, 1938, p. 5-20.

[3] K. POLHEIM, *Die lateinische Reimprosa*, Berlin, 1925, p. 293-309 ; TAILHAN, *L'Anonyme de Cordoue*, Introd., p. XVI.

« Non enim ipse est Pater qui Filius,
nec ipse Filius qui Pater,
nec Spiritus Sanctus qui est vel Pater vel Filius :
cum tamen ipsum sit Pater quod Filius
ipsum Filius quod Pater
ipsum Pater et Filius quod Spiritus Sanctus [25]. »

« Filius ergo Deus de Patre.
Pater autem Deus, sed non de Filio
Pater quidem Filii, non Deus de Filio
ille autem Filius Patris et Deus de Patre [5]. »

On trouve des formules semblables dans les articles 17, 19, 24, 26, etc.

Ces particularités de style sont propres à presque tous les symboles, surtout au *Quicunque*. L'on ne peut donc attacher à leur emploi par le XIe symbole de Tolède une valeur bien spéciale.

Voyons plutôt ses propriétés de style au point de vue des caractéristiques de la littérature visigothique. Nous choisirons les formules dans lesquelles il y a certainement une dérivation littérale des anciennes sources : ainsi apparaîtra mieux le changement rédactionnel introduit par le symbole.

Une des figures de style les plus en faveur à l'époque visigothique est l'anaphore, ou la répétition du même mot au commencement des divers membres de la phrase, et plus encore l'anaphore combinée avec des parallélismes, des contrastes et des rimes [1]. En voici quelques exemples empruntés à notre symbole. La phrase de saint Augustin :

« Hoc solo numerum insinuant, quod ad invicem sunt ;
non quod ad se sunt. »

s'achève en ce parallélisme anaphorique, quoi que dût en pâtir la concision augustinienne :

« In hoc solum numerum insinuant, quod ad invicem sunt ;
et in hoc numero carent, quod ad se sunt [22]. »

---

[1] POLHEIM, *Die lateinische Reimprosa*, p. 298 et suiv.

Dans une phrase condensée, qu'il applique à la toute-puissance divine dans la naissance virginale, le même saint docteur avait dit :

« Hic, si ratio quaeritur, non erit mirabile,
si exemplum poscitur, non erit singulare ».

Ce distique augustinien s'amplifie en anaphores qui se croisent de cette manière :

« nec ratione colligitur,
nec exemplo monstratur ;
quod si ratione colligitur, non erit mirabile ;
si exemplo, non erit singulare [37]. »

Le contraste entre les deux générations du Christ, toutes deux dignes d'admiration, est aussi de saint Augustin :

« Generatio Christi a Patre sine matre et a matre sine patre : ambae mirabiles ; prima aeterna, secunda temporalis ».

Notre symbole développe le contraste en un rythme parallèle :

« Ambae tamen in illo generationes mirabiles :
quia et de patre ante saecula sine matre est genitus,
et in fine saeculorum de matre sine patre est generatus [48]. »

Comme on le voit, ce sont là des particularités de style non pas fortuites, mais intentionnelles. Le caractère étudié et artificiel de la formule est manifeste.

Le parallélisme augustinien, très fréquemment employé entre la *forma Dei* et la *forma servi* dans le Verbe Incarné, s'exprime en ce contraste qui révèle en même temps un travail de composition :

« ...per hoc quod Deus, est aequalis Patri,
per hoc quod homo, minor est Patre [49]. »

« In forma enim Dei etiam ipse Filius seipso maior est / propter humanitatem assumptam / qua divinitas maior est ;
in forma autem servi seipso minor est / id est humanitate / quae minor divinitate accipitur [50]. »

« Secundum formam Dei, aequalis est Patri et Sancto Spiritui, secundum formam servi est minor a Patre et ab Spiritu Sancto [52]. »
« Unigenitus, propter deitatis substantiam ;
primogenitus propter assumptae carnis naturam [56]. »

Saint Fulgence de Ruspe est l'autre écrivain ecclésiastique qui partage avec saint Augustin la prédilection des pères espagnols. Lui aussi est, comme saint Augustin, passé maître dans ces mêmes particularités stylistiques [1]. Voyons comment le symbole de Tolède utilise ses phrases :

« in aeternam personam divinitatis
temporalem accepit substantiam carnis [42]. »

C'est une phrase de saint Fulgence qui est conservée tout entière avec son rythme, son contraste et sa résonance.

Il faut dire la même chose de cette autre citation provenant de saint Fulgence :

« Nec enim Pater absque Filio cognoscitur,
nec sine Patre Filius invenitur [33]. »

On remarque, dans le symbole, une plus grande élaboration de ce jeu anaphorique très goûté à l'époque visigothique, et provenant aussi de saint Fulgence :

« Sine peccato conceptus,
sine peccato natus,
sine peccato mortuus creditur.
qui solus pro nobis peccatum est factus, id est, sacrificium pro peccatis nostris [57]. »

Les phrases de saint Fulgence et de saint Isidore, qui lui ont servi de source, ont un revêtement rédactionnel plus étudié.

Cette rédaction de saint Isidore est reprise à la lettre :

« Pater enim aeternitatem habet sine nativitate ;
Filius aeternitatem cum nativitate ;
Spiritus vero Sanctus processionem sine nativitate cum aeternitate [35]. »

---

[1] W. Meyer, *Gesammelte Abhandiungen zur mittellateinischen Rythmik*, Berlin, t. I, 1905, p. 28.

L'expression en prose rimée est fréquente :

« In relatione personarum numerus cernitur ;
in divinitatis vero substantia, quid numeratum sit non comprehenditur [22]. »

« Trinitatem igitur in personarum distinctione agnoscimus ;
unitatem propter naturam vel substantiam profitemur [27]. »

« ...passionem ipsam, salva divinitate sua, pro delictis nostris sustinuit ;
mortique adiudicatus et cruci veram carnis mortem excepit ;
tertio quoque die, virtute propria sua suscitatus a sepulchro surrexit [58]. »

« ...paternam ascendendo sedem repetiit.
de qua nunquam per divinitatem discessit [61]. »

« ...et resurrectionem mortuorum veraciter credimus,
et futuri saeculi gaudia exspectamus [66]. »

« ...per quam omnium haereticorum dogma perimitur,
per quam fidelium corda mundantur,
per quam etiam ad Deum gloriose acceditur [68]. »

Le caractère étudié et artificiel de ces formules est tel qu'il exclut l'hypothèse d'un pur hasard. Nous n'avons exposé que les plus caractéristiques : cependant leur nombre, dans une composition relativement courte telle que le symbole de Tolède, est si grand et si varié, que spontanément l'on songe à une époque où le style se faisait remarquer par l'anaphore, les contrastes, les parallélismes, le rythme croisé et la prose rimée.
Or, l'époque qui réunit de manière éminente toutes ces caractéristiques c'est l'époque visigothique [1].

Voyons maintenant ce que nous disent les lois du *cursus*, si elles s'appliquent à notre symbole.

Commençons par avouer un fait qui fait honneur aux auteurs du symbole : le XIe symbole est rédigé presque dans sa totalité suivant les lois du *cursus*, mais d'un *cursus* qui tient toujours compte de l'accent et pas toujours de la quantité. Les cas où la quantité n'est pas observée sont relativement nombreux.

---

[1] POLHEIM, *Die lateinische Reimprosa*, p. 298 et suiv.

Dans l'énumération qui suit, nous avons fait attention aux clausules finales des incises et des périodes. On connaît la division usuelle du *cursus* en *planus, tardus, velox, dispondaicus* :

cursus planus : accent sur la 2e et la 5e syllabe (à partir de la fin).
cursus tardus : accent sur la 3e et la 6e syllabe.
cursus velox : accent sur la 2e et la 7e syllabe.
cursus dispondaïque : accent sur la 2e et la 6e syllabe.

Ou bien, selon la synthèse du P. Laurand :

cursus planus : trissyllabe accentué sur la pénultième précédé d'un mot également accentué sur la pénultième ;

cursus tardus : quadrissyllabe accentué sur l'antépénultième précédé d'un mot accentué sur la pénultième ;

cursus velox : quadrissyllabe accentué sur la pénultième précédé d'un mot accentué sur l'antépénultième ;

cursus dispondaïque : quadrissyllabe accentué sur la pénultième précédé d'un mot également accentué sur la pénultième ; le quadrisyllabe et le trissyllabe peuvent, surtout devant une ponctuation faible, être remplacés par des équivalents, pourvu que l'accent soit à la même place (on dit alors qu'il y a « tmèse ») : « D*o*mine Deus n*o*ster, ou v*a*leat et sal*u*ti, au lieu de s*e*rviat libert*a*te [1]. »

Nous plaçons à part les cas dans lesquels il n'a pas été tenu compte de la quantité des syllabes dans la rédaction du symbole.

Cursus planus : Trinitate persona [10] — esse naturae [10] — praedicare monstremur [11] — processisse monstratur [12] — esse testatur [13] — relata narratio [14] — augetur in tribus [21] — esse plurale [23] — pertinere monstratur [26] — aliquando credatur [28] — monstratur in carne [36] — obumbrante concepit [38] — aliquando seiungi [40] — unus est Christus [41] — esse naturas [41] — esse personas [41] — singularitate personae [44] — sine fine regnemus [67] — corda mundantur [68] — collatione ructantes [68].

---

[1] L. LAURAND, *Ce qu'on sait et ce qu'on ignore du « Cursus » (Pour mieux comprendre l'antiquité classique,* Paris, 1936, p. 67) ; sur le « Cursus », voir aussi E. NORDEN, *Die antike Kunstprosa,* Leipzig, 1898, p. 939-950 ; M. G. NICOLAU, *L'origine du « cursus » rythmique et les débuts de l'accent d'intensité en latin,* Paris, 1930.

Naturaliter esse [1] — processionem accepit [2] — generationem accepit [5] — esse fatemur [4] — necessitas capit [9] — ad utrosque refertur [15] — relative refertur [17] — distinctionem refertur [26] — genitori deesset [29] — separari non posse [31] — personas agnosci [33] — exemplo monstratur [37] — nefas est dici [38] — substantiam carnis [42] — divinae naturae [44] — unus sit Christus [45] — aequalis est Patri [51] — assumpto natura [53] — exstat persona [51] — carnis naturam [56] — sine peccato conceptus [57] — mortem excepit [58] — e sepulchro surrexit [58] — resurrectionis exemplo [61].

Cursus tardus : Confitemur et credimus [1] — ineffabiliter genuit [3] — ipse est genuit [3] — aliquando nec desiit [3] — una substantia [6] — sempiternus et Filius [7] — genuisse asserimus [8] — sapientiam praevenit [9] — spiritus dicitur [11] — singulariter dicitur [20-21] — confitetur et creditur [21] — recedit a numero [22] — capitur numero [22] — numerus cernitur [22] — distinctione agnoscimus [27] — aliquando praecederet [29] — praedicatur et creditur [30] — evidenter ostendere [33] — nativitate est genitus [36] — ratione colligitur [37] — videamur asserere [38] — praedestinatus accipitur [47] — divinitate accipitur [50] — missus accipitur [55] — Trinitatis agnoscitur [55] — fides exposita [68] — decernenda transivimus [68].

Deus de Filio [5] — cum Patre substantiae [6] — de Patre sit genitus [6] — genitus creditur [11] — substantia creditur [15] — cogatur et alterum [34] — videatur quaternitas [41] — virgo genuerit [43] — exstat substantiis [45] — hominem pertinet [45] — minor accipitur [51] — nostris sustinuit [58] — resurrecturos nos credimus [60] — sedem repetiit [61] — faciendum iudicium [63] — propriae debitum [63] — dogma perimitur [68] — gloriose acceditur [68].

Cursus velox : ineffabilem Trinitatem [1] — maiestatis atque virtutis [1] — sine initio confitemur [7] — portiunculam nominamus [8] — genitum vel creatum [10] — substantiam praedicamus [16] — Filii praedicatur [17] — principium praedicetur [20] — temporis intervallum [29] — posterior appareret [29] — inseparabiliter inhaerere [31] — nullatenus praedicamus [32] — Filius invenitur [33] — credimus assumpsisse [36] — materiam ministravit [36] — opera Trinitatis [44] — omnium mortuorum [59] — consistimus et movemur [60] — sanguinis comparatam [64] — in perpetuum regnaturam [64]— gremium constituti [65] — omnium peccatorum [65] — gaudia exspectamus [66].

Ingenitum profitemur [2] — totius divinitatis [2] — exstitit sine Patre [4] — necesse est fateamur [19] — substantiam profitemur [27] — vivorum et mortuorum [62].

Cursus dispondaïque : esse voluisset [39]. Ab utrisque procedentem [10] — coitum nescivit [36] — commune Trinitati [44]. — deitatem separamus [26].

On pourrait faire la même étude sur les autres parties du concile de Tolède, par exemple sur l'introduction. Nous aurions le même résultat [1].

Il est intéressant de comparer avec ce rythme du XIe symbole, dans sa forme pure, les déformations qu'ont subies ses formules dans la rédaction pseudo-isidorienne :

	PSEUDO-ISIDORE
« Fons ergo ipse et origo est *totius dibinitatis.*	« Fons ergo et origo totius divinitatis *ipse est.*
Nec Filius aliquando *exstitit sine Patre.* »	Nec Filius sine Patre *aliquando exstitit* [2]. »

Après cette énumération, un peu fastidieuse mais nécessaire pour notre étude, nous concluons : un pourcentage minimum de 60 %, portant sur au moins mille clausules dans un texte suivi, est habituellement requis pour qu'on puisse parler de l'emploi délibéré du *cursus* chez un auteur [3]. Or, la proportion du nombre des cas enregistrés ici, en tenant compte de la brièveté du texte, nous donne le droit de conclure que les auteurs du symbole le rédigèrent d'après les normes du *cursus*, basé déjà sur l'accent.

On ne doit pas en déduire trop vite qu'il y ait là un signe d'une époque antérieure au VIIe siècle. Il est vrai qu'en général le *cursus* a disparu vers le VIIe siècle [4]. Mais il ne faut pas oublier que cette décadence générale de la culture littéraire, de

---

[1] W. MEYER, a fait l'étude sur un décret du VIIIe concile de Tolède (a. 653) ; cfr *Gesammelte Abhandlungen*, t. II, p. 78-282. Voir aussi le *Tomus Receswindi regis*, dans les *MGH*, *Legum Sectio I*, t. I, *Leges Visigothorun*, 1902, p. 472.

[2] PL, CXXX, 536-540 D.

[3] Voir la discussion sur la méthode statistique dans NICOLAU, *L'origine du « Cursus »*, p. 30-40.

[4] Cfr LAURAND, *Ce qu'on sait et ce qu'on ignore du « Cursus »*, p. 70. NORDEN ne croit pas à une disparition totale *(Die Antike Kunstprosa*, t. II, p. 950).

même que celle de la culture théologique, indiquée plus haut, a commencé beaucoup plus tard en Espagne. La disparition ne fut pas uniforme dans tous les pays, et en ce qui concerne l'Espagne, l'époque visigothique s'est fait remarquer dans ses manifestations culturelles par une splendeur qui contrastait avec les ténèbres des autres régions européennes [1].

D'autre part, et ceci est le dernier aspect qu'il faut faire ressortir, en modifiant la rédaction des emprunts patristiques, dans certains cas, les auteurs du symbole ont perverti la pureté du *cursus* de l'original, soit en le faisant disparaître, soit en lui substituant un autre de qualité inférieure.

Voyons-en quelques exemples :

	LÉON I
[36] «... de qua novo ordine novaque *nativitate est genitus ;* novo ordine quia *invisibilis divinitate,* visibilis monstratur in carne ; nova autem *nativitate est genitus,* quia *intacta virginitas* et virilem *coitum nescivit* et fecundata per Spiritum Sanctum carnis materiam ministravit. »	«... novo ordine nova *nativitate generatus ;* novo ordine quia *invisibilis in suis* visibilis est factus in nostris... Nova autem *nativitate generatus* quia *inviolata virginitas concupiscentiam nescivit* carnis materiam ministravit [2]. »

La pure forme léonienne du *cursus planus : nativitate generatus,* s'altère deux fois en une autre moins cadencée, d'un *cursus tardus : nativitate est genitus.* La suivante, *invisibilis in suis,* se transforme en *invisibilis divinitate.* Aux clausules *concupiscentiam nescivit* et *inviolata virginitas,* on en substitue deux autres équivalentes, mais moins cadencées : *coitum nescivit, intacta virginitas* [3].

---

[1] Cfr W. S. TEUFFEL, *Geschichte der römischen Litteratur,* t. III, Leipzig Berlin, 1913, n. 495, p. 538-544 ; M. MANITIUS, *Geschichte der lateinischen Literatur des Mittelalters,* Munich, 1911, 1re partie, p. 8 et suiv. ; POLHEIM, *Die lateinische Reimprosa,* p. 293 et suiv.

[2] *Lettre XXVIII, à Flavien* (voir la note 2, p. 77).

[3] On peut comparer la pureté du rythme léonien basé sur la quantité des syllabes (cfr F. DI CAPUA, *De clausulis a S. Leone Magno adhibitis* dans *Textus et Documenta,* Series theologica, n. 15, Rome, 1934, p. XXIII-XXXII), avec le rythme visigothique (cfr W. MEYER, *op. cit.,* t. II, p. 278-282).

Le *cursus* adopté par saint Fulgence ne gagne pas à la transformation : *valeat invenire* est plus cadencé et pur que *aliquando credatur.*

FULGENCE DE RUSPE

[28] « Nec tamen tres istae personae separabiles aestimandae sunt cum nulla ante aliam, nulla post aliam, nulla sine alia vel exstitisse vel quidpiam operasse *aliquando credatur.* »	« Nec quisquam separabiles audeat illas tres personas asserere, cum nullam ante aliam nullam post aliam, nullam sine alia vel exsistentem vel operantem *valeat invenire* [1]. »

Ces cas sont rares, il est vrai. En beaucoup d'autres occasions, le *cursus* du texte original est maintenu, ou bien il est remplacé par un autre équivalent. C'est ce qui a lieu dans les articles 31, 34, 33, etc. Mais, ce sont néanmoins des symptômes d'une époque postérieure à la belle période patristique [2].

Concluons : les particularités stylistiques du XIe concile de Tolède sont en conformité avec la date indiquée par la transmission manuscrite et confirmée par l'analyse des sources patristiques. Le *cursus* généralement employé est basé déjà sur l'accent des syllabes, et certaines variantes qui défigurent les textes primitifs des Pères qui ont servi de source, comme ceux de saint Léon et saint Fulgence de Ruspe, indiquent une époque postérieure à celle du siècle d'or de la patristique latine.

Principalement les caractéristiques de style, anaphore, contrastes, parallélismes, rythmes croisés et prose rimée, propres à l'époque visigothique, révèlent le moment de la composition du symbole de Tolède.

IV

Contre cette date, on a fait valoir certaines considérations, que malgré leur peu de valeur il faut mentionner ici, ne fût-ce que pour être complet dans cette étude.

---

[1] *Epist. XIV*, 14 (PL, LXV, 404 C).

[2] Voir L. LAURAND, *Études sur le style des discours de Cicéron*, t. III, Paris, 1927, p. 354-357.

L'absence d'allusions au monothélisme dans le XIe symbole de Tolède prouve uniquement qu'à l'époque cette erreur n'avait encore aucune répercussion en Espagne [1]. Même dans les actes du concile, on n'y trouve aucune allusion. Cette observation qu'on a faite aurait plus de valeur après que Léon II eut enjoint aux évêques espagnols (a. 683) d'accepter le décret condamnant Apollinaire et le monothélisme, promulgué par le IIIe concile de Constantinople. Mais, précisément dès cette époque les conciles de Tolède font des allusions au monothélisme, et manifestent à l'évidence qu'il s'agit de controverses qui n'ont aucune actualité en Espagne jusqu'à cette date : le XIVe concile de Tolède (a. 684), officiellement, obéit aux ordres pontificaux et condamne le monothélisme, comme l'avaient auparavant condamné les divers évêques, aussitôt qu'ils en avaient eu connaissance [2]; le XVe concile (a. 688) intercale dans ses actes un résumé de la deuxième *Apologie* de saint Julien, où l'on renouvelait cette même soumission, en y joignant les commentaires du métropolitain de Tolède [3]; le XVIe concile (693) inclut et démontre explicitement dans son symbole l'article des deux volontés [4]. On voit donc clairement quelle occasion permit à l'Église espagnole de se prononcer explicitement en cette matière.

On a pu éprouver une certaine surprise en voyant paraître à la fin du VIIe siècle une formule de foi qui, par l'admirable précision théologique des concepts et par une propriété de termes vraiment exceptionnelle, arrive à la perfection dans le domaine des symboles. Cette surprise et les doutes qu'elle engendre, relativement à la chronologie, se dissiperont aisément à la réflexion. N'oublions pas que l'Église espagnole bénéficia d'une heureuse exception dans la décadence générale des régions occidentales de cette époque ; l'activité surprenante de ses conciles nationaux, la floraison liturgique et disciplinaire, et le mérite tout particulier de quelques-uns de ses représen-

---

[1] HEFELE faisait la même constatation à propos du VIe symbole de Tolède : « Ce symbole ne laisse voir en aucune manière que les controverses monothélites aient alors agité l'Espagne » (*Histoire des conciles*, t. III, I, p. 279).

[2] XIVe concile de Tolède, chap. III-XI (BRUNS, I, p. 350).

[3] PL, LXXXIV, 513 et suiv.

[4] PL, LXXXIV, 534.

tants patristiques en fournissent un témoignage éloquent. D'autre part, et c'est la conclusion qui se dégage de l'étude à laquelle nous avons procédé, cette remarquable précision des idées et de la terminologie est un héritage intégralement transmis dans les meilleures œuvres des pères les plus en vue de l'Église universelle. Les théologiens espagnols ont eu le mérite d'avoir su discerner ces formules, de les apprécier à leur juste valeur, et de les intégrer dans leur symbole conciliaire [1].

On a fait surgir finalement une autre difficulté. A quelle occasion pareille formule pourrait-elle être élaborée dans un concile provincial dont les prescriptions ne sortent pas du domaine disciplinaire, et dans une époque qui n'avait pas été spécialement troublée par les erreurs qu'il proscrit particulièrement ? L'habitude et la tradition des conciles espagnols, avec l'attestation explicite des actes que nous possédons,

[1] La floraison théologique de l'Espagne wisigothique au milieu de la barbarie générale de l'époque se manifeste sous divers aspects. Qu'il nous soit permis d'en donner un seul indice emprunté au domaine patristique qui confine davantage à notre étude. A la fin de l'âge patristique, l'Espagne offre à l'histoire un cas très intéressant au point de vue de la transmission des textes. Les bibliothèques de Dumio, de Valclara, de Séville, de Tolède et celle du Vierzo, sont de splendides foyers de culture qui contrastent singulièrement avec l'ignorance du temps. Il suffit de rappeler quelques noms : saint Martin de Braga et saint Julien de Tolède, et leurs collections de Pères latins et grecs, Licinien de Carthagène, qui utilise encore la traduction par saint Hilaire des *Tractatus in Iob* d'Origène, aujourd'hui disparus *(Epist. I* PL, 72, 692), saint Isidore et saint Léandre et leurs trésors bibliographiques parfaitement organisés, et enfin saint Braulion de Saragosse, dont la correspondance nous révèle la passion du bibliophile toujours insatisfait. Les notes patristiques du IIe concile de Séville et du IVe dc Tolède et leurs fragments d'œuvres patristiques aujourd'hui disparues ou que la critique contemporaine s'attache à exhumer (cfr *L'authenticité d'un des derniers sermons de saint Augustin confirmée par le second concile de Séville*, dans la *Revue d'histoire ecclésiastique*, t. XXXII, 1936, p. 340-345 ; *El florilegio patristico del II concilio de Sevilla* [*Miscellanea Isidoriana*, Rome, 1936, p. 192-195]) nous révèlent une vie intellectuelle inexistante ailleurs. Le P. J. de GHELLINCK souligne fort bien cette situation toute particulière de l'Espagne : « La perfection théologique que manifestent les conciles de Tolède s'explique parfaitement dans un milieu d'activité intellectuelle si développée. Partout en Espagne, à ce moment, est intense le désir de se procurer vite les exemplaires des ouvrages qu'on n'a pas » *(Diffusion, utilisation et transmission des écrits patristiques*, dans *Gregorianum*, t. XIV, 1933, p. 377). Voyez aussi dom LECLERCQ, *Bibliothèques, XI, Bibliothèques d'Espagne*, dans le *Dictionnaire d'Archéologie chrétienne et de Liturgie*, t. II, Paris, 1910, col. 874-877.

expliquent suffisamment l'élaboration des célèbres formules de foi. On est encore dans le premier siècle qui suit la conversion de l'arianisme visigothique : rien d'étonnant dans cette insistance sur la vraie doctrine.

Dans l'Église espagnole de ce temps, une dévotion toute particulière au symbole de foi était traditionnelle. On le récitait avant de se coucher, en sortant de la maison, au début des diverses occupations quotidiennes ; gravée dans le cœur des fidèles, sa formule était le bouclier qui les protégeait contre les périls de la foi. Les recommandations liturgiques, qui dans d'autres pays accompagnent la cérémonie de la remise du symbole [1], se font plus urgentes dans les exhortations de la liturgie espagnole :

« Karissimi, accipite regulam fidei, quod Simbolum dicitur ; et cum acceperitis, in corde scribite et cotidie dicite apud vosmetipsos. Antequam dormiatis, antequam procedatis, vestro Simbolo vos munite. Simbolum enim nemo scribit, ut legi possit ; sed ad recensendum, ne forte deleat oblivio quod non tradidit lectio. Sit vobis codex vestra memoria. Quod audituri estis, hoc credituri ; et quod credituri, hoc etiam lingua reddituri [2]. »

Les pères de l'église espagnole affermissaient encore cette dévotion dans le peuple :

« Sancti patres, — écrivait saint Ildephonse — hoc [symbolum], non membranis sed memoriae commendare iusserunt ; ut non hoc lectio teneat, quae ad ipsos etiam infideles solet idipsum aliquando defferre, sed ex ipsius sanctae apostolicae definitionis traditione commendatum semper maneat fidelibus tenacitate memoriae [3]. »

Cette appréciation du symbole destiné à servir de fondement à toute la vie religieuse trouve son application solennelle et officielle dans les conciles espagnols. Le symbole de la foi, sous une des formules officielles de l'Église comme celle du symbole

[1] Voyez les formules du *Missel gallican* (PL, LXXII, 349 et 356) ; celles du *Sacramentaire gélasien* (édit. Wilson, *The Gelasian sacramentary*, Oxford, 1894, p. 53-55 ; PL, LXXIV, 1089) ; du *Sacramentaire de Bobbio* (édit. E. A. Lowe, dans la *Henry Bradshaw Society*, t. LVIII, Londres, 1920, p. 54-58 ; PL, LXXII, 487-491).

[2] Férotin, *Le Liber Ordinum en usage dans l'Espagne wisigothique et mozarabe d'Espagne du cinquième au onzième siècle*, Paris, 1904, col. 184.

[3] *De cognitione baptismi*, c. 33 (PL, XCVI, 126 D).

de Constantinople, ou même sous une des formules particulières qui s'élaboraient alors, était l'axe, le fondement de toutes les prescriptions dogmatiques et disciplinaires.

Parfois, c'est la formule concrète du dogme qu'il s'agit spécialement de proclamer dans le concile. Tels les symboles : le premier de Tolède (a.400) contre les ariens et les priscillianistes [1], celui du second concile de Séville (a. 619), dans le début antiacéphale de sa XIIIe session [2], et celui du XIVe de Tolède (a. 684), lorsqu'il accepte la condamnation du monothélisme [3]. Parfois également, n'ayant aucune erreur dogmatique à condamner, aucun dogme spécial à proposer, le concile ouvre ses sessions par un symbole de foi, traditionnel ou particulier, et en fait la base doctrinale sur laquelle repose toute la législation disciplinaire qui suit. Nous empruntons ce témoignage aux conciles de Tolède eux-mêmes :

IV : « Quoniam generale concilium agimus oportet primum nostrae vocis sermonem de Deo esse, ut post professionem fidei sequentia operis nostri vota quasi super fundamentum firmissimum disponantur [4]. »

VI : « ...ut fidem quam omnium mens intrinsecus gestat, in confessione interpres lingua foras effundat [5]. »

VIII « ...quatenus assertionum nostrarum forti praemissa sententia, quidquid subsequenter advenerit de actis negotiorum, fortiori subsistere valeat serie decretorum [6]. »

XI : « ...ut quia initiandis ad beatam vitam hominibus haec prima semper est via salutis, praevia quoque nostris fieret et institutis et praeceptis [7]. »

XVI : « ...quatenus universae definitiones quae nostro affectu exstiterint aditae, superpositae fundamento firmissimo inconvulsae persistant et iustitiae robore subnixae saeculis infinitis perdurent [8]. »

XVII : « ...quatenus ea quae sequenter agenda sunt, iustissime opitulante Domino terminentur [9]. »

---

[1] Cfr J. A. DE ALDAMA, *El símbolo toledano I*, p. 29-36.
[2] BRUNS, II, p. 74.
[3] BRUNS, I, p. 351 s.
[4] BRUNS, I, p. 220.
[5] BRUNS, I, p. 250.
[6] BRUNS, I, p. 274.
[7] BRUNS, I, p. 307.
[8] BRUNS, I, p. 366.
[9] BRUNS, I, p. 385.

Nous avons donc le témoignage explicite des conciles eux-mêmes sur le but qu'ils se proposaient, en commençant presque obligatoirement leurs sessions par un symbole de foi, bien que toute leur législation soit d'ordre disciplinaire.

L'ampleur et le développement que devrait suivre chacun des symboles étaient commandés par le caractère et même par la formation propre des pères, spécialement de celui qui présidait le concile. Dans le IVe de Tolède, les traces de saint Isidore sont incontestables [1] ; dans le XIVe, la brève profession de foi est orientée vers la réfutation du monophysisme et du monothélisme [2] ; le XIe et le XVIe symboles-traités de Tolède condensent en une vigoureuse synthèse les articles de foi et les explications théologiques, qui avaient été l'âme des controverses religieuses en Espagne pendant trois siècles. De même que les conciles étaient, comme nous l'avons dit, l'axe de la vie politico-religieuse du pays, leurs symboles recueillaient évidemment l'essence même de sa théologie.

Remarquez également la variété des formules qui introduisaient la profession de foi, selon que celle-ci est un symbole propre au concile ou qu'elle est le symbole traditionnel. Dans ce dernier cas, par exemple, le XVe concile de Tolède s'exprime ainsi :

> « Sanctam igitur et definitam a Patribus fidem pia confessione fatentes... sic etiam eam tenendam omnibus praedicamus sicut et pertraditum a Patribus symbolum profitemur ac dicimus : Credimus in unum Deum Patrem Omnipotentem, etc. [3] »

Des formules toutes pareilles se retrouvent dans le VIIIe, le XIIe, le XIIIe, le XVIIe conciles de Tolède, où la profession de foi est proposée d'après le symbole de Constantinople [4].

Si au contraire il s'agit d'un autre symbole, non seulement il n'y a aucune allusion au fait qu il serait étranger au concile, mais nous trouvons chez les pères une conscience évidente et, qui plus est, des affirmations explicites du travail tout person-

---

[1] Cfr *Le symbole du IVe concile de Tolède*, dans la *Revue d'histoire ecclésiastique*, t. XXXIV, 1938, p. 5-20.

[2] Bruns, I, p. 351 et suiv.

[3] Bruns, I, p. 355.

[4] Bruns, I, p. 271, 321, 335, 385.

nel auquel ils se sont livrés dans la rédaction du symbole. Tel est le cas du XIe concile de Tolède, comme nous l'avons déjà vu au commencement de cette étude. Il se propose l'élaboration d'une formule de foi, usant de mots simples *(verbis simplicibus)*, et qui, évitant toutes les locutions inusitées, ne vise qu'à la pureté d'expression : *nullas inusitatae locutionis regulas continens, sed puritas sola esset clara sermonum.* On y fixe un triduum d'oraison et de jeûne, pendant lequel les pères consacreraient toute leur attention aux conditions proposées : *ita ut quidquid per triduum de huiusmodi quaestionibus unicuique nostrum lectionis memoria ministrasset, omni sobrietatis compendio simplici notaretur stylo* [1]. A la fin du triduum, c'est la proclamation de la formule, fruit de leurs oraisons et de leurs jeûnes, sous les lumières du Saint-Esprit :

« Haec est confessionis nostrae fides exposita... cuius sacrosanctum saporem sub triduano dierum ieiunio continua relationum collatione ructantes, etc. [2] »

En conséquence, quand ils s'attribuent l'élaboration de leur symbole, le témoignage des pères du XIe concile de Tolède s'accorde non seulement avec l'origine patristique, qu'une étude directe nous amène à revendiquer pour ses formules, mais il s'avère également en parfaite conformité avec la tradition des conciles espagnols, comme avec l'atmosphère théologique de l'église espagnole contemporaine.

Toutefois, ce même témoignage exagère le rôle joué par le président Quiricius dans le travail de rédaction du symbole. Il a bien pu se faire que la formule elle-même eût été l'œuvre propre de quelque commission de pères, travaillant sous la direction de l'archevêque de Tolède, comme c'était l'usage dans d'autres circonstances du même genre, sauf le cas d'une personnalité de haut prestige, comme celle de saint Isidore au IVe concile de Tolède, qui a été seul l'auteur de toute l'œuvre. Ce qu'on ne peut nier, devant le témoignage explicite de l'assemblée, l'examen interne des sources et l'accord unanime de la tradition manuscrite, c'est l'attribution au XIe concile de Tolède de la formule de foi qui porte son nom.

---

[1] F. GONZALEZ, p. 469.
[2] F. GONZALEZ, p. 475.

CHAPITRE III

IMPORTANCE THÉOLOGIQUE DU SYMBOLE

SOMMAIRE. — I. Non pas création neuve, mais aboutissement de toute la tradition. — II. Les Pères principalement représentés dans ce symbole : saint Augustin, saint Fulgence de Ruspe, les anciens symboles de Tolède, saint Isidore de Séville. — III. L'empreinte augustinienne dans les concepts. — IV. Survivance du XIe symbole de Tolède. — V. L'autorité du symbole et l'approbation pontificale attribuée à Innocent III.

I

Nous craignons bien que les résultats de nos recherches au sujet des sources du XIe symbole de Tolède aient causé chez quelques-uns de nos lecteurs une certaine déception : la formule de foi souvent citée et d'une si grande célébrité dans la théologie trinitaire manque d'originalité ; elle n'est plus qu'un assemblage de textes patristiques.

On peut le regretter, mais les faits ne permettent pas d'autre conclusion. Le symbole de Tolède n'est pas une création neuve, il est l'aboutissement de toute la tradition. Mais c'est en cela que consiste précisément son principal mérite. Quant à son fond doctrinal, son contenu est ce qui a été transmis pendant des siècles par la spéculation patristique, ce qui a été sanctionné par les conciles et canonisé dans les anciennes formules de foi. C'est la plus grande gloire d'un exposé doctrinal provenant du magistère ecclésiastique, dont le but est de *conserver le dépôt et d'éviter les discours vains et profanes*.

Et quant à ce qui touche à son expression verbale elle-même, il ne faudrait pas s'étonner de ce que, dans un concile du VIIe siècle, le dogme traditionnel se soit contenté de revêtir les formules traditionnelles. Le XIe symbole de Tolède est le fruit de son époque ; celle-ci fut en effet avant tout une époque de compilation : si l'on ajoute que l'on y traite d'une profession de foi qui, de par sa nature, comme toutes celles de son espèce, est un tissu d'expressions déjà sanctionnées par la tradition, personne ne trouvera étrange sa dépendance verbale par rapport à l'antiquité.

D'autre part, et il faut garder à cette remarque toute sa valeur, dans le symbole de Tolède, tout n'est pas pure copie. Le simple exposé de ses articles nous a fait voir que, conjointement à l'insertion d'éléments anciens, il y a aussi une assimilation, une adaptation et une imitation de formules, bien plus qu'une transcription verbale. Bien que nous ne nous flattions pas d'avoir retrouvé toutes les sources, on peut croire qu'en plus d'un cas ces sources n'existent pas en réalité, mais qu'il s'agit de fragments originaux du concile de Tolède. L'art avec lequel on a inséré et enchaîné ces éléments est aussi un genre d'originalité. Un des caractères propres au XIe concile de Tolède est la logique et l'enchaînement de ses transitions. Fréquemment, il signale la vérité d'un article, malgré la divergence apparente qu'il garde avec un autre qu'il suit immédiatement. En ce cas, la formule commence par une négation de l'erreur et continue avec l'affirmation de la vérité opposée : *Non sicut Filius de Patre ita... Filius ergo Deus de Patre, Pater autem Deus, sed non de Filio* [5] ; *Nec eundem Filium Dei, pro eo quod de Patre sit genitus, desectae naturae portiunculam nominamus* ; *sed perfectum Patrem etc.* [8] ; *Nec tamen Spiritus Sanctus pater credendus est Filii pro eo quod Maria eodem Sancto Spiritu obumbrante concepit, ne duos patres etc.* [38] ; *Verbum caro factum est... Nec tamen est Verbum ipsum ita in carne conversum etc.* [39] ; *Nec tamen quia duas diximus in Filio esse naturas, duas causabimus in eo esse personas* [41]. C'est comme une répartition de lumière et d'ombres pour mieux faire ressortir la figure. Ce seul exemple suffirait pour prouver son originalité, là même où il s'inspire d'éléments anciens.

Cependant, bien que leur rédaction littéraire ne manque pas d'originalité, le plus grand mérite des Pères tolétains, en maints endroits et malgré la composition harmonieuse de l'ensemble, fut d'avoir réussi à choisir dans les principaux écrits de la théologie patristique latine, les formules les plus propres, les plus appropriées et les plus heureuses. C'est ce que l'on a toujours fait remarquer, et à bon droit, dans cet exposé de la foi de Tolède. Par dessus le canevas du schème trinitaire et christologique, traditionnel dans les symboles espagnols, le XIe symbole de Tolède, qui est un véritable traité de théologie, débarrasse les concepts de tout ce que l'histoire pouvait y avoir mis de sa marque chronologique et il les fait se profiler en des lignes d'une exacte précision, didactique et rationnelle. On y remarque à peine, comme un écho des controverses passées, quelques allusions historiques : au lieu de luttes polémiques commandées par les circonstances, on y trouve un exposé serein, réfléchi et synthétique dans toute son amplitude, dû à une intelligence tranquille et calme, qui recueille l'immobile sédiment doctrinal, héritage de plusieurs siècles de spéculation théologique. Ce travail de marqueterie, très usuel du reste dans la littérature symbolique, est par son caractère même plus catholique et plus représentatif de tout le savoir universel : la *Fides Damasi*, le *Quicunque*, saint Augustin, saint Grégoire le Grand, saint Fulgence de Ruspe, saint Isidore de Séville, etc, constellation harmonieuse des voix les plus autorisées de l'Église latine, dont chacune célèbre un des articles du symbole des Apôtres, noyau de la foi et de la théologie universelle. C'est la « pureté de la foi... principal chemin du salut », que les Pères de Tolède proposent aussi comme « préface à leurs prescriptions [1]. »

---

[1] GONZALEZ, *Collectio canonum* p. 470. — Examinant cette caractéristique des Pères espagnols, dans un ouvrage fort érudit mais louangeur à l'excès, sur la culture en Espagne pendant le moyen âge, le P. JULES TAILHAN fait remarquer : « C'est au reste une justice qu'il faut rendre sans exception à tous les écrivains de l'Espagne gothique, ainsi qu'aux représentants des arts et de la science en ce pays ; s'ils n'ont pas senti le besoin de se frayer des voies nouvelles, ils ont en revanche déployé un zèle infatigable à garder intact le dépôt des vieilles traditions, et se le sont fidèlement transmis de génération en génération, pendant les trois siècles écoulés entre la double invasion qui désola la péninsule » *(Les Bibliothèques espagnoles du haut moyen âge*, dans les *Nouveaux Mélanges d'archéologie, d'histoire et de littérature sur le moyen âge*, par CH. CAHIER, t. IV, Paris, 1877, p. 342 s.).

II

Les Pères principalement représentés dans le XIe symbole de Tolède montrent quelle était la partie de la patristique qui à cette époque jouissait en Espagne de la plus grande considération. Le sens de l'orthodoxie et la finesse de l'appréciation sont d'excellents garants de la sélection opérée.

Saint Augustin figure de loin en première ligne. Dans l'histoire des dogmes, saint Augustin occupe la première place parmi les docteurs de l'âge patristique, par sa doctrine trinitaire non moins que par sa doctrine de la grâce [1]. Si c'est une exagération de dire, avec H. Reuter [2], que la doctrine trinitaire de saint Augustin est une création personnelle en toutes ses pièces, il faut reconnaître sans hésiter que vers lui comme vers un foyer providentiel convergent tous les rayons du savoir antique, pour rejaillir ensuite, groupés par lui en un système harmonieux, en faisceaux et en spectres d'une envergure illimitée [3]. Le fond même de la défense du dogme de la Trinité contre les grandes hérésies des premiers siècles, en particulier du IVe, est dû aux Pères grecs. La spéculation théologique et la systématisation architectonique de ces mêmes dogmes est en premier lieu l'œuvre de saint Augustin. On a fait remarquer avec raison que le saint évêque d'Hippone aurait eu le même droit à recevoir le titre de *Theologus Trinitatis*, que celui de *Doctor gratiae* [4]. Les livres *De Trinitate* furent une source inépuisable pour la théologie méviédale [5].

---

[1] Cfr SCHWANE, *Dogmengeschichte*, t. II, § 20, Fribourg en Br., 1895, p. 113.

[2] *Augustinische Studien*, Gotha, 1887, p. 192.

[3] Cfr A. EHRHARD, *Die altchristliche Literatur und ihre Erforschung seit* 1880, t. I, dans les *Strassburger theologische Studien*, Fribourg, 1894, p. 153 ; M. SCHMAUS, *Die psychologische Trinitätslehre des hl. Augustinus*, p. 7-10.

[4] Cfr TH. DE RÉGNON, *Études de théologie sur la sainte Trinité*, Paris, 1898, t. IV, p. 153 ; T.-L. PENIDO, *Gloses sur la procession d'amour dans la Trinité*, dans *Ephemerides Theologicae Lovanienses*, t. XIV, 1937, p. 33.

[5] Pour la diffusion en général du *De Trinitate*, un des quatre grands ouvrages (avec les *Confessiones*, le *De civitate Dei* et les *Enarrationes in psalmos*), les plus lus de saint Augustin, voir dans A. WILMART, *La tradition des grands ouvrages de Saint Augustin*, dans les *Miscellanea Agostiniana*, t. II, *Stud Agostiniani*, Rome, 1931, p. 257-315, surtout p. 269-278.

Dans ses rédactions trinitaires, saint Augustin a eu le secret des formules épurées et précises. Il fut un des Pères qui ont le plus contribué, sinon à créer, du moins à fixer le langage théologique et ceci vaut surtout pour les doctrines trinitaires, sotériologiques et anthropologiques, auxquelles son intelligence a donné une impulsion décisive vers un progrès dogmatique exceptionnel. En toutes ces matières, ses œuvres sont une mine inépuisable pour les symboles et les formules de foi, qui y puisent des expressions précises et ciselées [1]. Un cas typique du grand soin que mit saint Augustin, en bon psychologue qu'il était, à choisir et à adopter des termes appropriés à l'expression du mystère de la Sainte Trinité, c'est la répulsion qu'il éprouve pour le terme *triplex*. Et cette exclusion resta ensuite définitivement sanctionnée par le XIe concile de Tolède. Dans la tradition scolastique, on évitera plus tard l'emploi du mot *triplex* appliqué à la divinité [2].

Or, saint Augustin est la source principale du XIe concile de Tolède dans sa rédaction trinitaire.

Son disciple le plus fidèle dans sa doctrine trinitaire fut saint Fulgence de Ruspe, « le plus grand théologien et le plus saint évêque de son temps », comme aime à l'appeler Bossuet [3]. Son œuvre théologique est consacrée dans sa plus grande partie aux mystères de la Trinité et de l'Incarnation. On y remarque, comme caractéristique de son style, la précision avec laquelle il parle des *notions* et des *relations* de la Trinité *(Ep. XIV* et *De Fide),* l'étude minutieuse et la pureté des phrases, une harmonieuse composition doctrinale [4].

Le XIe symbole de Tolède lui a emprunté une page précieuse. En effet, aux numéros [28-34] nous trouvons, condensé en une synthèse précise, un extrait de la réponse donnée par saint Fulgence à la première question du diacre Ferrand. Celui-ci avait demandé, entre autres au saint évêque de Ruspe : *Utrum*

---

[1] Cfr E. PORTALIÉ, « Augustin », *DTC*, t. I, 2, Paris, 1909, col. 2321.

[2] Cfr S. THOMAS., *S. th.*, I, c. 31, a. 1, ad 3um. Cfr SCHMAUS, *Die psychologische Trinitätslehre des H. Augustinus*, Munster, 1927, p. 126, n. 2.

[3] *La défense de la tradition*, l. I, c. XIV *(Œuvres*, Vivès, Paris, 1862, t. IV, p. 25).

[4] Cfr J. STIGLMAYR, *Das « Quicunque » und Fulgentius von Ruspe*, dans *Zeitschrift für katholische Theologie*, t. XLIX, 1925, p. 340-357.

Trinitas inseparabilis propter unam eamdemque naturam, operationem ac voluntatem, dici debeat separabiles habere personas, an etiam in personis sit omnino inseparabilis praedicanda [1]. Saint Fulgence consacre à cette première question la partie la plus étendue et sans doute aussi la plus profonde de sa réponse [2]. Se basant sur la Sainte Écriture et sur l'autorité de saint Augustin et de saint Ambroise, il expose sa solution avec ampleur : la Trinité ne serait pas inséparable si à leur tour les divines Personnes ne l'étaient pas. Tous les attributs qui conviennent à une des trois Personnes conviennent aussi aux deux autres, exception faite des propriétés relatives et ainsi, de même qu'on ne peut confondre les Personnes, on ne peut pas non plus les séparer. Il n'y a pas moyen de trouver un terme qui soit tellement propre à une Personne, qu'il ne puisse convenir aussi aux autres, si l'on excepte les termes relatifs de Père, de Fils et de Saint-Esprit.

Le point essentiel et comme l'âme de cette explication, point capital dans la théologie trinitaire, fut adopté par le XIe symbole de Tolède avec des fragments copiés et intercalés parfois textuellement.

Naturellement les symboles de foi, en particulier les espagnols, étaient les plus indiqués pour apporter leur contribution au XIe de Tolède. Le *Quicunque* qui a servi de base à la rédaction des divers fragments était une source des plus appropriées : c'est lui, en effet, qui nous donne une rédaction rythmique, précise et décisive de toutes les formules qui jusqu'alors étaient contenues dans la tradition, comme un limon précieux fourni par les controverses trinitaires et christologiques tout le long des IVe et Ve siècles.

Outre les symboles tolétains antérieurs, la patristique espagnole est magnifiquement représentée par saint Isidore de Séville. Nombreux sont les fragments qui proviennent de l'auteur des *Sentences* et des *Étymologies*. Cette époque vivait de l'héritage d'Isidore. Pour les Pères du XIe concile de Tolède, saint Isidore continuait à être, comme il le fut pour ceux du VIIIe

---

1 *Epist. XIII* (PL, LXV, 393 A).

2 *Epist. XIV*, nn. 2-14 (PL, LXV, 394-405).

concile, *nostri quoque saeculi Doctor egregius, Ecclesiae catholicae novissimum decus, praecedentibus aetate postremus, doctrinae comparatione non infimus, et quod maius est in saeculorum fine doctissimus, atque cum reverentia nominandus* [1], digne d'être cité au même rang que le groupe sacré des grands docteurs de l'Église latine, Jérôme, Ambroise, Augustin et Grégoire. D'ailleurs, son style, cristalisé en formules nettes et définitives, comme si elles étaient nées pour être perpétuelles, s'adaptait tout à fait à l'idéal de rédaction du symbole. La rédaction isidorienne concise et pondérée de l'article [35], seconde partie, pourrait servir d'exemple. En outre, la doctrine d'Isidore avait pour les Pères de Tolède le mérite de refléter celle de saint Augustin.

III

Et ceci est l'autre aspect du symbole, que nous allons considérer maintenant, le cachet augustinien de ses idées.

Dans l'exposé du dogme de la Trinité, on peut suivre deux tendances différentes : l'on peut soit considérer en premier lieu les Personnes pour en arriver ensuite à la nature divine, — et telle est, à quelques exceptions près, la théologie des Pères grecs — soit aborder dès le début l'article de l'unité de nature pour individualiser ensuite la subsistance de cette même nature en chacune des trois Personnes divines. Le concile de Tolède, comme toute la théologie latine, pénétrée de la mentalité de saint Augustin, suit cette dernière tendance [2]. Voilà quant à la Trinité. Une considération similaire vient ensuite pour ce qui concerne le mystère de l'Incarnation. En suivant de plus près la tradition représentée par les Synoptiques, saint Paul, les Pères occidentaux et l'école d'Antioche, on peut commencer par considérer en premier lieu la dualité concrète des deux natures en partant de l'*Homme Jésus* et, en langage concret, exposer leur union dans l'unité de la Personne divine. Ou bien

[1] Bruns, I, p. 278.

[2] Cfr J. Tixeront, *Histoire des dogmes*, t. II, *De saint Athanase à saint Augustin* (318-430), Paris, 1909, p. 364.

aussi, on peut affirmer en premier lieu l'unité de la Personne divine, comme le fait le prologue de saint Jean et l'école d'Alexandrie, pour passer ensuite en un langage plus abstrait à l'affirmation de la dualité de nature au sein même de l'union. Le XIe concile de Tolède se place ici aussi parmi les représentants de la tendance latine.

A cause de leur caractère plus typique, quelques traits de la doctrine trinitaire du XIe symbole de Tolède méritent d'être exposés d'une manière un peu plus précise.

Évidemment, tout comme saint Augustin, il considère la nature divine avant les Personnes. C'est la conception, nous l'avons dit, qui a prévalu en Occident, à la différence de celle qui avait cours chez les Grecs. Sa formule pourrait être : *une seule nature divine qui subsiste en trois Personnes*, alors que celle de la théologie grecque serait *trois Personnes qui possèdent une même nature* [1]. Au lieu de fixer avec les Grecs l'attention en un *Dieu unique*, nom qu'ils réservaient au *Père, Credo in unum Deum Patrem,* de la fixer ensuite sur le Fils, *Dieu de Dieu,* né du Père, et de la fixer enfin sur le Saint-Esprit, qui procède du Père en tant que tel et, pour cette raison même, par le moyen du Fils, notre symbole suit le chemin opposé. Pour lui, *Dieu* signifie la divinité concrète et personnelle dans la Trinité et non pas directement le Père, mais *Dieu-Trinité : Confitemur et credimus sanctam atque ineffabilem Trinitatem, Patrem et Filium et Spiritum Sanctum, unum Deum naturaliter esse, unius substantiae, unius naturae, unius quoque maiestatis atque virtutis* [1] ; *Nec recte dici potest ut in uno Deo sit Trinitas, sed unus Deus Trinitas* [14]. C'est le principe fondamental augustinien, qui ruine dans sa base toute espèce de subordinatianisme.

Cette divinité s'étend aux trois Personnes divines, sans différences de temps ni diversité de degrés de nature, mais bien d'après l'ordre d'origine. En suivant cette voie, le symbole expose avec abondance l'innascibilité du Père [2-3] et les processions du Fils et du Saint-Esprit [4-13]. Théologie augustinienne, très apparente aussi dans d'autres symboles

---

1 Cfr TH. DE RÉGNON, *Études*, t. I, p. 300-429, où l'on trouvera l'explication de ces lignes de la pensée trinitaire.

comme le *Quicunque* [1], et qui a l'avantage d'établir d'une façon immuable dès les premiers pas l'unité divine, en soulignant l'égalité absolue des Personnes [5-10], si heureusement formulée par le VIe concile de Tolède : *In hac autem Trinitate tanta est unitas substantiae, ut pluralitate careat et aequalitatem teneat, nec minor in singulis quam in omnibus, nec maior in omnibus quam in singulis maneat personis* [2], en unifiant en une même confession l'affirmation de la divinité dans la Trinité des Personnes : *unus Deus Trinitas* [14]. L'arianisme et le sabellianisme se voient ainsi attaqués de front en des formules positives et fondamentales.

Cette conception offrait des avantages manifestes aux théologiens espagnols, pour condenser dans leur symbole la doctrine opposée à ces erreurs, qui sous des formes diverses avaient troublé l'église d'Espagne.

La théorie psychologique des processions trinitaires porte aussi dans l'histoire la marque de saint Augustin. Saint Augustin fut fécond à trouver des analogies, prises dans les choses créées, destinées à acheminer la raison croyante du chrétien vers l'intelligence du mystère de la Trinité.Ce sont des esquisses, des pâles reflets, qui se bornent à indiquer de quelque manière ce très grand mystère. Parmi toutes ces analogies, celle de l'activité intellectuelle et affective est devenue classique pour expliquer respectivement les processions du Fils et du Saint-Esprit. Surtout dans la partie qui a rapport au Saint-Esprit, saint Augustin est la source la plus directe qui étendra ensuite de longues ramifications à travers le moyen âge [3]. Le Fils naît du Père comme Verbe de l'intelligence divine ; et le Saint-Esprit procède du Père et du Fils comme terme substantiel de leur amour mutuel. Cette conception, qu'adopta plus tard le XVe concile de Tolède, et que le XVIe concile de Tolède enchâssa dans son symbole, conception systématisée ensuite par

---

[1] Cfr G. D. W. OMMANEY, *A critical dissertation on the Athanasian Creed*, Oxford, 1894, p. 334, 368, etc.

[2] BRUNS, I, p. 250.

[3] Les textes de saint Augustin relatifs à cette idée sont réunis dans la belle étude de F. CAVALLERA, *La doctrine de saint Augustin sur l'Esprit-Saint à propos du « De Trinitate »*, dans les *Recherches de Théologie ancienne et médiévale*, t. II, 1930, p. 382-387.

saint Anselme et enfin par saint Thomas, s'efforça de pénétrer la vie intime de l'être divin au moyen de ces vestiges et de ces analogies que nous trouvons dans l'âme humaine. Le XIe symbole de Tolède sanctionne la formule dans ce qui concerne le Saint-Esprit, *Sed simul ab utrisque processisse monstratur, quia caritas sive sanctitas amborum esse agnoscitur* [12] : la procession du Saint-Esprit par la voie de l'amour.

Le XIe symbole de Tolède canonise aussi la doctrine des relations divines. Il présente cette doctrine comme un élément de la foi en la Trinité : *In relativis vero personarum nominibus Pater ad Filium, Filius ad Patrem, Sanctus Spiritus ad utrosque refertur ; quae cum relative tres Personae dicantur, una tamen natura vel substantia creditur* [15]. Ce que la théologie précisera plus tard par la distinction de *esse in* et *ese ad*, s'exprime ici en toute sa mystérieuse réalité [17-18]. Cette doctrine a trouvé aussi un écho dans les XVe et XVIe conciles de Tolède. La perfection des formules dans ce passage du XIe symbole de Tolède est admirable : le singulier et le pluriel, le nombre et sa négation, le propre et le commun, suivant que l'on traite de la substance ou des relations, de la nature ou des Personnes, y sont délimités et définis avec une précision complète [19-23].

Un autre trait de la conception augustinienne de ce symbole est l'affirmation nette que toute la Trinité a opéré l'Incarnation, bien que ce fût le Fils seul qui s'incarnât [44]. C'est un des points doctrinaux par lesquels saint Augustin fit faire un notable progrès à la théologie ; toute opération divine en dehors de la Trinité est unc œuvre indistincte des trois Personnes divines. La phrase, *inseparabilia sunt opera Trinitatis*, est répétée avec insistance dans ses œuvres. Le symbole formule cette vérité en faisant voir qu'elle ne s'oppose pas au caractère singulier de l'Incarnation de la Personne du Fils [44].

Enfin, l'unité de l'essence divine et la Trinité des Personnes, fondée sur leurs relations, trouve une expression classique dans ce qu'on appelle « circumincession ». Le XIe symbole de Tolède l'exprime en suivant saint Fulgence et saint Augustin, par la considération de l'inséparabilité des Personnes en leur être et en leurs opérations [28-34] [1].

---

[1] Cfr TH. DE RÉGNON, *Études*, t. I, p. 411-413 ; saint Augustin l'appelle

L'idée de la Trinité prédomine dans ce symbole tolétain. Même dans sa seconde partie qui traite de l'Incarnation, le concile y revient avec insistance, comme si le mystère de l'Incarnation avait été considéré par les Pères de Tolède du point de vue trinitaire : seul le Fils parmi les trois Personnes divines s'est incarné [36] ; et il ne faudrait pas croire que le Saint-Esprit est le Père du Fils, parce que Marie a conçu par l'opération du même Esprit [38] ; on nie que la dualité des natures suppose dans le Christ une dualité des personnes, pour qu'il n'en résulte pas une quaternité dans la Trinité [41] ; on note que l'Incarnation se réalise dans la Personne, dans ce qui est le propre du Fils, quoique il n'y ait qu'une seule substance dans les trois Personnes divines et que l'Incarnation soit l'œuvre de toute la Trinité [43-44] ; on définit avec une suprême précision les propriétés du Fils suivant ses deux générations, c'est-à-dire, suivant les relations qui l'unissent au Père et à sa Mère Marie, suivant la *forme de Dieu* et la *forme d'esclave* [47-53] ; on décrit enfin sa mission par rapport au Père, au Saint-Esprit et à lui-même [54-55]. Le dogme de la Trinité a retenu de préférence l'attention des Pères de Tolède.

IV

Avec la perfection théologique de son contenu et la précision de son exposé verbal, il est tout naturel que le XIe symbole de Tolède ait survécu dans la théologie trinitaire de l'Occident. Les symboles se sont approprié cette doctrine, comme la meilleure expression du donné révélé et le point culminant de la spéculation humaine touchant ce mystère.

Diffusé rapidement par l'*Hispana*, avec toute la considération et l'autorité extrinsèques que celle-ci lui donnait, le symbole vit ses formules s'intercaler rapidement dans les professions de foi et les écrits théologiques postérieurs : au début, sans aucune note concernant leur provenance, à partir de l'époque scolastique, avec l'indication expresse de leur origine

« *ineffabiliter inseparabilis* », *Epist.* CXX, c. III, n. 13 (CSEL, t. XXXIV, p. 715 ; PL, XXXIII, 458).

tolétaine. Nous allons signaler quelques exemples de cette survivance parmi les plus remarquables et les plus typiques : ils complèteront l'histoire de notre symbole et ils sont un hommage posthume à sa valeur.

La première citation, très ample, encore que non avouée, se trouve quelques années plus tard dans le XVIe symbole de Tolède (a. 693), qui est un de ces symboles-traités appartenant à la série inaugurée par le XIe symbole, et dont il existe plus d'un exemple à l'époque carolingienne. Bien que sa convocation ait été motivée par un complot contre le roi Egica et sa famille [1], le XVIe concile de Tolède n'en prend pas moins occasion, à l'exemple des assemblées tolétaines antérieures, pour introduire ses décisions par une solennelle profession de foi. Celle-ci est du type traditionnel, nettement espagnol, et, comme l'exigeaient les circonstances, elle insiste particulièrement sur la doctrine orthodoxe des deux volontés dans le Christ et précise l'exposé psychologique de la doctrine trinitaire.

Nous reproduisons ci-dessous un extrait de cette profession de foi, et nous soulignons les formules qui proviennent du XIe symbole :

« *Credimus et confitemur* omnium creaturarum quae trinis rerum machinis continentur, auctricem atque conservatricem individuam *Trinitatem* ; id est *Patrem,* qui est *totius fons et origo divinitatis* ; *Filium* qui est plena imago Dei propter expressam in se paternae claritudinis unionem, ante omnium saeculorum eventum ex Patris intimo *ineffabiliter genitus* ; Spiritum vero Sanctum ex Patre Filioque absque aliquo initio procedentem. Qui tres, quamquam secernantur Personarum distinctione, nunquam tamen separantur potentiae maiestate : inseparabilis nempe aequalitatis eorum insinuatur divinitas : et tamen quamvis Pater genuerit Filium, *nec ideo Filius sit ideo qui Pater, neque Pater sit ipse qui Filius, sed nec Spiritus Sanctus Pater sit Filiusque, sed tantum Patris Filiique Spiritus eidem Patri et Filio etiam ipse coaequalis.* Nequaquam in hac sancta Trinitate quidquam creatum, servum famulumque convenit credi, nec adventitium vel subintroductum tanquam ei aliquando acciderit, quod constet eam aliquando minime habuisse, condecet autumari. Unde catholice confitemur *Patrem Deum esse omnipotentem,*

[1] Cfr HEFELE-LECLERCQ, t. III, I, p. 587.

Filium similiter Deum omnipotentem, necnon et Spiritum Sanctum Deum omnipotentem ; non tamen tres deos credimus aut tres omnipotentes, sed unum tantum Deum sumus inconcussa fidei veritate credentes, *unius naturae, unius essentiae,* unius omnipotentiae, *unius maiestatis uniusque virtutis.* Quarum tamen Personarum, quamvis in hoc quod ad se sunt nulla possit separabilitas inveniri, in hoc vero quod ad distinctionem attinet, sunt quaedam quae especialius unicuique possint pertinere Personae : scilicet quod *Pater a nullo originem sumpsit, Filius Patre generante exstitit.* Spiritus quoque Sanctus ex Patris Filiique unione procedit. »

On y retrouve également cette phrase typique du XIe symbole de Tolède, concernant la résurrection de la chair :

« ...sic nos etiam in huius saeculi fine resurrecturos usquequaque credamus *non in aerea vel in phantasticae visionis umbra, ut quorumdam improbanda opinio praestruit, sed in veridicae carnis substantia in qua nunc sumus et vivimus...* [1] »

La conception augustinienne relative à l'enfantement virginal, les articles trinitaires concernant les processions des Personnes divines, les propriétés du Verbe Incarné, selon les deux natures, sont formulées dans des termes identiques à ceux du symbole de 675.

Le codex de Roda, découvert récemment par le P. Zacarías García Villada [2], est un manuscrit visigothique qui date de la fin du Xe, ou des débuts du XIe siècle. Aux feuillets 217r-230r, il nous a conservé des fragments de quelques formules de foi qui ne manquent pas d'intérêt. Si l'on considère la transmission manuscrite et la dépendance que manifestent ces formules vis-à-vis d'autres écrits espagnols, on doit conclure qu'elles sont également d'origine espagnole, et, semble-t-il, du VIIIe siècle. Le copiste du manuscrit a dénaturé en plus d'un endroit les leçons de l'original, introduisant dans la morphologie et la syntaxe de nombreuses incorrections [3].

Reproduisons fidèlement les articles qui proviennent du XIe symbole de Tolède :

---

[1] GONZALEZ, *Collectio canonum*, p. 562-567.

[2] Z. GARCIA VILLADA, *El Códice de Roda recuperado*, dans la *Revista de Filología española*, t. XV, 1928, p. 127-128.

[3] Z. GARCIA VILLADA, *Historia*, t. II, 2, Appendice, 4, p. 274.

Fol. 217^{r} « ...Partus Uirginis ratio colligitur, han exemplo monstratur ? Partus Uirginis ne ratione colligitur, nec exemplo monstratur. Quod si ratione colligitur, non erit admirauile ; si exemplo monstratur, non erit singulare... »

Fol. 217^{v} « ...*Item de sancta Trinitate.* Dic mihi, frater, quomodo credis Patrem et Filium et Spiritum Sanctum ? Responsio : Credo Patrem ingenitum. — Interrogatio : Et quomodo ingenitum ? Responsio : Quia a nullo originem ducit, sed a seipso est Deus...

« Interrogatio : Dic mihi, frater, uoluntarie genuit Deus Filium, an necessitate ? Responsio : Nec uoluntatem, nec necessitatem. — Interrogatio : Et quomodo ? Responsio : Ex natura. — Interrogatio : Quid ex natura ? Responsio : Id est unus Deus. — Interrogatio : Dic mihi, frater, tota Trinitas operata est in Filio, an non ? Responsio : Tota. — Interrogatio : Et quomodo tota ? (Fol. 218^{r}) Responsio : Quia numquam Pater fuit sine Filio, nec Filius sine Pater. — Interrogatio : Dic mihi quando Dominus noster Ihesus Christus sepultus erat in monumento, quid erat in celo, aut quid descendit ad inferna ? Responsio : In quo homo est Christus, non est equalis Deo, sed minor est etiam seipso... »

Fol. 218^{v} « Credo Patrem et Filium et Spiritum Sanctum unum Deum naturaliter esse, unius essentiae, unius quoque majestatis atque virtutis. Et Patrem quidem non genitum, non creatum, set ingenitum profitemur. Ipse enim a nullo originem ducit : ex quo et Filius natiuitatem et Spiritus Sanctus processionem accepit. Filius ergo Deus de Deo. Pater autem Deus set non de Filio. Ille autem Filius Patris et Deus de Patre : equalis per omnia Deo Patre, quia nescit cepi aliquando, nec desiit...

« Credo in Filio Dei qui simul Filius Dei est et filius hominis. Credimus in eo esse duas naturas et tres substantias ; carnem et animam et Verbum ; et unam Personam. Credo semper fuisse Patrem, semper fuisse Filium, et nunquam Pater sine Filio ; et tamen sine Filio genuit Pater Filium. Credo Dei Filium ante saecula natum de Patre, et in fine saeculorum de matre sine patre. Ambe generationes mirauiles. Illa sine matre, ista sine patre...

« Credo Dei Filium natum de Spiritu Sancto et Virgine Maria. Nos ex aqua nascimur, sed non dicimur filii aque, ita et Filius natus dicitur de Spiritu Sancto, set non filius Spiritus Sancti, nec quod absit, duos Patres intromittamus, unde fit eresis.... [1] »

L'origine tolétaine est évidente. Les formules, la marche du

[1] Z. GARCIA VILLADA, *Historia*, t. II, 2, p. 274-278.

raisonnement, la terminologie, tout en un mot porte le cachet si particulier du XIe symbole de Tolède.

A ce point de vue, la profession de foi du concile de Worms (a. 868) est plus remarquable encore. Les évêques allemands, invités par le pape à délibérer sur les accusations que les Grecs formulaient contre l'Église latine, se réunissent à Worms sous la présidence de leur roi Louis le Germanique. Ils y rédigent, nous disent les *Actes de Fulda*, les quelques chapitres *De utilitate Ecclesiae*, et réfutent les *ineptiae graecorum* [1]. Au début des actes du concile, qui nous sont conservés dans les collections conciliaires, on trouve une belle profession de foi, dont le contenu est principalement trinitaire, et plus particulièrement consacré à la Personne de l'Esprit-Saint.

Nos recherches dans les historiens des conciles ou des collections conciliaires ne nous ont rien fait trouver concernant les sources de cette formule de foi. Ph. Labbe et G. Cossart, N. Coleti, J. F. Schannat et J. Hartzheim, Hardouin, Mansi, sont muets sur ce point. Albert Werminghoff [2], qui fait l'historique des actes du concile et des monuments qui nous les conservent, n'est pas plus explicite ; l'édition des conciles dans les *Monumenta Germaniae Historica*, par ce même auteur, n'arrive pas à l'année 868. Héfelé-Leclercq constate l'importance du concile, mais ne dit rien de ses origines :

« Les ... actes du concile de Worms... comprennent, après une courte préface qui contient une belle profession de foi, quatre-vingts canons... La profession de foi contient un ample exposé de la doctrine sur les trois personnes divines et leurs relations mutuelles, surtout en ce qui concerne le Saint-Esprit : *Spiritum enim Sanctum qui est tertia in Trinitate persona unum atque aequalem cum Deo Patre et Filio credimus esse Deum, unius substantiae, unius quoque naturae ; nec tamen genitum, sed a Patre Filioque procedentem, amborum esse Spiritum. Nec enim procedit de Patre in Filium nec de Filio tantum procedit ad sanctificandamcr eaturam, sed ab utrisque procedere monstratur,*

[1] MGH, SS, t. I, p. 380.

[2] *Verzeichnis der Akten fränkischer Synoden von* 843-918, dans *Neues Archiv*, t. XXVI, 1901, p. 639.

quia caritas sive sanctitas amborum esse agnoscitur. Et nec Patris tantantum nec Filii tantum, sed simul Patris et Filii Spiritus dicitur In relativis vero personarum nominibus Pater ad Filium, Filius ad Matrem, Spiritus Sanctus ad utrosque refertur. Le concile passe ensuite à l'incarnation et à la personne du Christ *(Dei enim Filius non personam hominis accepit, sed naturam)*, et pour la suite, il se rapproche beaucoup plus du laconisme du symbole des apôtres [1]. »

A. Palmieri [2] remarque l'inspiration tout augustinienne du concile de Worms, mais n'en omet pas moins de signaler l'origine de sa profession de foi : « Le concile de Worms, qui réunit en 868 les évêques allemands, traite au long contre les Grecs de la procession du Saint-Esprit et invoque tout particulièrement l'autorité de saint Augustin. Voici de quelle manière il exprime sa croyance au *Filioque : Spiritum sanctum credimus nec genitum vel creatum, sed a Patre Filioque procedentem, amborum Spiritum. Nec enim procedit de Patre in Filium* etc. [3] »

En fait, tout le symbole de Worms est emprunté, textuellement, au XIe symbole de Tolède. Ce n'en est qu'un extrait sommaire. On peut affirmer que sa rédaction n'a de personnel que le terme *Filioque*.

Il faut également remarquer, et à notre connaissance, on a omis de le faire, que la préface qui précède la profession de foi du concile de Worms s'est inspirée de la préface du IVe concile de Tolède et en adapte les formules aux circonstances particulières des Pères de Worms : preuve que les conciles espagnols étaient très connus et largement utilisés.

Transcrivons parallèlement la préface et le symbole de Worms et son modèle de Tolède. Nous soulignons les formules qui sont en relation.

CONCILE DE WORMS (a. 868) Praefatio	IVe CONCILE DE TOLÈDE (a.633)
« *Dum studio amoris Christi*, ac iussione *excellentissimi glo-*	« *Dum studio amoris Christi* ac diligentia religiosissimi Sise-

[1] *Hist. des conciles*, t. IV, 1, p. 460 et suiv.

[2] « Esprit-Saint », DTC, t. V, 1, Paris, 1913, col. 811.

[3] *Ibidem.*

riosique domini Ludovici regis, *cuius tanta erga Deum devotio exstat, ut non solum in rebus humanis, verum etiam in causis divinis maximam semper sollicitudinem gerat*, apud Wormaticam civitatem, anno ab incarnatione Domini nostri Iesu Christi DCCCLVIII (sic). indictione prima, XVII. Kalendas Iunii *convenissemus, ut de quibusdam ecclesiasticis utilitatibus communis a nobis tractatus ageretur ; primum gratias salvatori nostro Deo omnipotenti* retulimus, quod nos ob suam immensam pietatem salubri conventu ad tractanda ecclesiastica negotia dignatus est aggregare. Postea communi tractatu ac diligenti consideratione, priorum patrum auctoritatem secuti, capitula in subsequentibus attitulata, a nobis promulganda esse necessarium duximus. *Et quoniam generale concilium egimus, oportuit primum nostrae vocis sermonem de Deo esse, ut post professionem fidei nostrae, sequentia nostri operis vota quasi supra fundamentum firmissimum disponerentur*[1]. »

nandi regis Hispanae atque Galliae sacerdotes apud toletanam urbem in nomine domini *convenissemus*, ut eius imperiis atque iussis *communis a nobis agitetur de quibusdam ecclesiae disciplinis tractatus, primum gratias salvatori nostro deo omnipotenti* egimus, post haec antefacto ministro eius *excellentissimo et glorioso* regi, *cuius tanta erga Deum devotio exstat, ut non solum in rebus humanis sed etiam in causis divinis sollicitus maneat.* Hic quippe dum in basilica beatissimae et sanctae martyris Leocadiae omnium nostrum pariter iam cœtus adesset, tali pro merito fidei suae cum magnificentissimis et nobilissimis viris ingressus primum coram sacerdotibus Dei humo prostratus cum lacrimis et gemitibus pro se interveniendum Deo postulavit ; deinde religiosa prosecutione synodum exhortatus est ut paternorum decretorum memores ad conservanda in nobis iura ecclesiastica studium praeberemus, et illa corrigere quae dum per negligentiam in usum venerunt contra ecclesiasticos mores licentiam sibi de usurpatione fecerunt. Talibus igitur eius monitis congaudentes necessarium exstitit iuxta eius nostrumque votum tractare quae competunt, sive in sacramentis divinis quae diverso atque illicito modo in Hispaniarum ecclesiis celebran-

[1] MANSI, t. XV, c. 867.

tur, seu quae in moribus prave usurpata noscuntur ; *et quoniam generale concilium agimus, oportet primum nostrae vocis sermonem de Deo esse, ut post professionem fidei sequentia operis nostri vota quasi super fundamentum firmissimum disponantur*[1]. »

SYMBOLE DE WORMS

« *Professio episcoporum apud Wormatiensem civitatem, XVII Kalendarum Junii in synodali conventu consistentium.*

Confitemur et credimus sanctam atque ineffabilem Trinitatem, Patrem et Filium et Spiritum sanctum, unum Deum naturaliter esse, unius substantiae, unius naturae, unius maiestatis atque virtutis. Et Patrem quidem non genitum, non factum, *sed ingenitum profitemur. Fons ergo et origo ipse est totius Trinitatis. Pater namque ineffabili substantia Filium genuit, nec tamen aliud quam quod ipse est, genuit, Deus Deum, lux lucem, Filium quoque de substantia Patris sine initio ante saecula natum, nec tamen factum, fatemur. Igitur non sicut Filius a Patre ita Pater a Filio est : quia non Pater a Filio, sed Filius a Patre generationem accepit. Filius ergo Deus de Patre, Pater autem Deus, sed non de Filio. Si enim Pater semper fuit, semper habuit Filium, cui Pater esset : et ob hoc Filium de Patre natum sine initio cinfitemur. Spiritum* enim *sanctum, qui est tertia in Trinitate persona, unum atque aequalem cum Deo Patre et Filio credimus esse Deum, unius substantiae, unius quoque naturae ; nec tamen genitum vel creatum, sed* a Patre Filioque *procedentem, amborum esse spiritum. Nec enim procedit de Patre in Filium, nec de Filio* tantum *procedit ad sanctificandam creaturam, sed ab utrisque procedere monstratur, quia caritas sive sanctitas amborum esse agnoscitur. Et nec Patris tantum, nec Filii tantum, sed simul Patris et Filii spiritus dicitur. In relativis vero personarum nominibus, Pater ad Filium, Filius ad Patrem, Spiritus sanctus ad utrosque refertur. Quae cum relative tres personae dicantur, una tamen natura vel substantia creditur ; nec sicut tres personas, ita tres substantias praedicamus ; sed unam substantiam, tres autem personas. Quod enim Pater est, non ad se, sed ad Filium ; et quod Filius est, non ad se, sed ad Patrem*

---

[1] BRUNS, I, p. 220.

est. Similiter Spiritus sanctus non ad se, sed ad Patrem et Filium relative refertur in eo, quod Spiritus Patris et Filii praedicatur. In hac ergo sancta Trinitate *tres personas, unum Deum confitemur. Ergo non ipsum qui est Pater, dicimus esse Filium, vel Spiritum sanctum : nec ipsum Filium Patrem aut Spiritum sanctum fatemur, nec Spiritum sanctum Patrem vel Filium dicere valemus : sed quod Pater est, hoc esse Filium, hoc esse et Spiritum sanctum* sine ulla ambiguitate pronuntiamus : *personas enim distinguimus, non naturam deitatis separamus. Tres ergo illas unius atque inseparabilis naturae personas, sicut non confundimus, ita separabiles nullatenus praedicamus : cum nulla ante aliam, nulla post aliam, nulla sine alia vel exstitisse vel quidpiam operasse aliquando creditur. Inseparabiles ergo inveniuntur, et in eo quod sunt, et in eo quod faciunt. Habet enim Pater aeternitatem sine nativitate, Filius aeternitatem cum nativitate, Spiritus vero sanctus aeternitatem processionis a Patre et a Filio sine nativitate. De his vero tribus personis, sola, Filii persona hominem verum sine peccato, pro liberatione humani generis, ex Maria virgine, novo ordine, novaque nativitate assumpsit. Novo ordine, quia invisibilis divinitate, visibilis monstratur in carne. Nova autem nativitate est genitus, quia incorrupta virginitas et virilem coitum nescivit : et fecunda per Spiritum sanctum, carnis materiam ministravit. Dei enim Filius non personam hominis accepit, sed naturam. Naturam quippe nostram in unitatem suae personae assumpsit : et idcirco Filius Dei, et filius hominis, unus est Christus. In eo namque quod Filius est Dei, aequalis est Patri : et in eo quod est filius hominis, minor est Patre. Qui etiam, ex quo homo est, pro delictis nostris passionem sustinuit : mortique addictus et cruci, veram carnis mortem accepit. Tertia quoque die virtute propria suscitatus, de sepulcro surrexit. Hoc ergo exemplo capitis nostri, in hac carne qua nunc sumus et movemur, resurrecturos nos credimus. Idem autem Dominus et Salvator noster peracto resurrectionis suae triumpho, paternam sedem repetiit, a qua per divinitatem nunquam discessit.* Inde in *fine saeculorum venturus iudicabit vivos et mortuos, reddetque singulis prout quisque gessit in corpore, sive bonum, sive malum. Ecclesiam catholicam pretio sui sanguinis redemptam, cum eo credimus in perpetuum regnaturam. Credimus et confitemur unum baptisma in remissionem omnium peccatorum.* Hanc ergo fidem professionis nostrae inviolatam nos retinere, et ab ea nunquam deviare promittimus : hancque, qui salvus esse cupit, sine ulla ambiguitate retinere studeat [1]. »

[1] MANSI, t. XV, c. 867-869.

Sans aucun doute, c'est l'*Hispana* qui a permis aux formules de foi tolétaines de franchir les frontières de la péninsule. Pour rédiger leur symbole, les Pères de Worms n'ont rien trouvé de mieux que de reprendre intégralement le XIe de Tolède.

Sous le titre de *Professio Adalberti futuri episcopi Morinensis Hincmaro Remorum archiepiscopo ante ordinationem oblata,* il existe une brève formule de foi, dont les clausules d'introduction et de conclusion dérivent du XIe symbole de Tolède. Adalbert fut nommé évêque de Morinie comme successeur d'Actard, quand, en 872, celui-ci fut nommé archevêque de Tours. En 876, Adalbert assista aux conciles de Pavie et de Ponton [1].

Voici le texte de cette formule de foi. On remarquera que la foi en la Trinité et la conclusion relative aux sanctions de l'autre vie sont exprimées dans des formules entièrement tolétaines :

« *Confiteor sanctam atque ineffabilem Trinitatem, Patrem et Filium et Spiritum Sanctum, unum Deum naturaliter esse, unius substantiae, unius naturae, unius maiestatis atque virtutis.* Dominum quoque nostrum Iesum Christum de Deo Patre ante tempora genitum, eumdemque sub tempore de Spiritu Sancto conceptum et de Maria virgine natum credo. Qui passus est pro redemptione humani generis, ad inferna descendit, indeque victor resurgens et in caelos ascendens venturus est in fine saeculi, *ut reddat singulis prout gesserunt in corpore positi, sive bonum sive malum* [2]. »

L'Expositio Stabulensis, commentaire de Stavelot sur le *Quicunque,* nous est parvenue sous le nom de Bruno de Wurzbourg, qui fut sacré évêque en 1034. Ce commentaire a subi divers remaniements [3]. Nous croyons y entendre quelques échos du symbole de Tolède, que nous reproduisons ici :

« Ista nomina Patris et Filii et Spiritus Sancti quae saepe dicimus, relativa sunt, quia alia ad aliam referuntur... pater ad filium, filius ad patrem, quia nullus pater dicitur nisi habeat filium, et nullus filius nisi habeat patrem cuius sit filius...

---

[1] O. Bled, « *Adalbert* », *Dictionnaire d'histoire et de géographie ecclésiastiques,* t. I, Paris, 1912, col. 443.

[2] Hahn, § 246, p. 363.

[3] Cfr Burn, *The Athanasian Creed and its early Commentaries,* p. XLVIII.

« Deus est Pater quia ipse est fons et origo deitatis : similiter Filius Deus hoc non a semet ipso, quia non est a se sed a solo Patre est genitus ; pari modo et Spiritus Sanctus non a se est Deus sed a Patre et Filio procedens...

« Et unaquaeque Persona habet proprium quod non habet alia... Sed et habet aliquid proprium Filius quod non habet Pater nec Spiritus Sanctus ; habet aeternitatem cum Patre et Spiritu Sancto, et habet in tempore nativitatem de matre quam non habet Spiritus Sanctus...

« Audis quia iste (Spiritus Sanctus) ab ambobus...

« Resurrexit a mortuis ut nobis exemplum resurrectionis ostenderet [1]. »

Dans *Un tratado sobre la Trinidad atribuido a San-Isidoro*, édité par le P. Z. Garcia-Villada, d'après le *codex* de Roda [2], plusieurs des formules de saint Fulgence y sont également citées :

« In. : Pater et Filius relatiue dicuntur, an quomodo ? Rs. : Hec omnia sine dubio relatiua sunt. Et quod relatiuo nomine, sic certum est unam ipse ipsam significari Personam, ut hinc referantur ad alteram ; nam cum Pater ad Filium, Filius referatur ad Patrem, licet singula singulis tantum possunt nomina conuenire Personis, et communione illorum nominum omnino recuset proprietas Personarum, non tamen Pater sine Filio cognoscitur, nec sine Patre Filius inuenitur. Relatio quippe illa uocabuli personalis Personas separari uetat, quas etiam dum non simul nominat, simul insinuat. Nemo autem audire potest unumquodque istorum nominum, in quo non intelligere cogatur et alterum, quandoquidem ita nobis hoc dignata est ipsa Trinitas euidenter ostendere, ut eam in his nominibus quibus uoluit singuillatim Personas agnosci, unam sine alteram non permitat intelligi [3]. »

Mais l'ordre de la transcription n'est pas celui de saint Fulgence, ni celui du symbole de Tolède ; il ne coïncide pas non plus avec notre symbole par la longueur de ses citations.

Les théologiens, eux aussi, n'ont pas manqué de citer et de commenter le XIe symbole de Tolède. Énumérer ces témoi-

---

[1] Le texte se trouve dans BURN, *op. cit.*, p. 11-20.

[2] *Historia eclesiástica de España*, t. II, 2, p. 282-289.

[3] *Ibid.*, p. 287 et suiv.

gnages, que l'on trouve dès le VIIIe siècle, serait une tâche bien longue et, au demeurant, peu utile. Contentons-nous de citer deux auteurs dont l'influence sur la théologie postérieure donnera une preuve de ce que nous affirmons.

Dans son *De Fide sanctae Trinitatis*, Alcuin copie un long passage du symbole de Tolède sur le Saint-Esprit en l'adaptant à son but :

« Spiritus siquidem Sanctus nec ingenitus, nec genitus alicubi dicitur : ne si ingenitus diceretur, sicut Pater, duo patres in sancta Trinitate intelligerentur ; aut si genitus diceretur, sicut Filius, duo itidem filii in eadem aestimarentur esse sancta Trinitate ; sed tantummodo procedere de Patre et Filio, salva fide dicendus est. Qui tamen non de Patre procedit in Filium, et de Filio procedit ad sanctificandam creaturam, sicut quidam male intelligentes credendum esse putabant : sed simul de utroque procedit, quia Pater talem genuit Filium, ut quemadmodum de se, ita de illo quoque procedat Spiritus Sanctus [1]. »

On constatera, enfin, l'autorité que Pierre Lombard reconnaît au XIe symbole de Tolède, en lisant ce passage de ses *Libri IV Sententiarum* :

« Item in concilio undecimo toletano : « Unius substantiae credimus Deum Patrem et Filium et Spiritum Sanctum, non tamen dicimus ut huius Trinitatis unitatem Maria virgo genuerit, sed tantum Filium, qui solus naturam nostram in unitatem personae suae assumpsit. Incarnationem quoque huius Filii Dei tota Trinitas operata esse credenda est ; solus tamen Filius formam servi accepit in singularitatem personae [2]. »

Et il ajoute ce commentaire :

« His insinuari videtur, quod persona tantum naturam, non natura naturam assumpserit : si enim quod commune est Trinitati non accepit hominem, ergo non natura divina, quae communis est tribus personis [3]. »

---

[1] *De Fide sanctae Trinitatis*, l. I, c. XIV (PL, CI, 22 B). Ce même passage sera plus tard emprunté à ALCUIN par ÉNÉE DE PARIS, *Liber adversus graecos*, c. 81 (PL, CXXI, 719 B).

[2] *Libri IV Sententiarum*, l. III, dist. V, c. I (Quaracchi, t. II, 1916, p. 567 et suiv.).

[3] Une faute de transcription, dans le passage des chiffres arabes aux chif-

C'est sous de tels auspices que notre symbole a traversé tout le moyen âge et s'est acquis l'autorité qu'on lui reconnaît encore de nos jours en matière de doctrine trinitaire.

V

Cette autorité a-t-elle été sanctionnée par une approbation pontificale, celle d'Innocent III ? C'est une dernière question qu'il reste à examiner.

Se basant sur une phrase relevée dans la Lettre « *Licet unum sit* » d'Innocent III [1], plusieurs auteurs attribuent une autorité dogmatique à ce symbole. En effet, cette lettre dit du XIe concile de Tolède : « *quod constat authenticum* ». Ainsi, dans les éditions antérieures de l'*Enchiridion* de Denzinger, on pouvait lire : « *Hoc concilium dicitur authenticum ab Innocentio III in ep. ad Petrum Compostellanum* [2] ». J. B. Heinrich affirme : « *Das Glaubensbekenntnis des elften Conzils von Toledo von* 675, *welches Innozenz III, ein authentisches Conzil nennt* [3]. » Plus récemment E. Krebs : « *Das (Glaubensbekenntnis)... von Papst Innozenz III, in einem Schreiben an Petrus von Compostella, als kirchlich massgebend bezeichnet worden ist* [4] ». De même, après l'étude du P. H. Lennerz, qui montre très savamment la signification du terme « *authenticum* [5] », M. Michel écrit cette même année : « Ce synode, tenu le 7 novembre 675, a été déclaré *authentique* par Innocent III, dans sa lettre à Pierre de Compostelle [6] ».

Mais en réalité, pareille déclaration d'authenticité par Innocent III n'existe pas.

---

fres romains, cause une erreur dans l'édition de Migne : *Item in concilio II toletano* : *Unius substantiae credimus*, etc. (PL, ÇCII, 765).

[1] *Epist. CXXXIII, Petro Compostellano Archiepiscopo* (PL, CCXIV, 680-688).

[2] Édit. 9, n. 222 ; édit. 11, n. 275.

[3] *Dogmatische Theologie*, IV², p. 382.

[4] *Dogma und Leben*, I, Paderborn, 1923, p. 177 ; édit. de 1929, p. 181.

[5] *Wurde die XI Synode von Toledo, 675, von Innozenz III. als « authentisch » erklärt ?* dans *Zeitschrift für katholische Theologie*, t. XLVIII, 1924, p. 322-324.

[6] « *Relations divines* », dans le DTC, t. XIII, Paris, 1937, col. 2139.

Il suffira de rappeler brièvement l'occasion historique. Entre les églises de Braga et de Compostelle, existait un vieux litige concernant la juridiction que chacune d'elles revendiquait sur les évêchés de Coimbre, Lamego, Viseu et Idanna. Innocent III avait essayé de mettre fin à ce conflit. Sa lettre *Licet unum sit* résume toutes les phases du procès :

« Petebas siquidem — écrivait-il à l'évêque de Compostelle — dicto Bracarensi archiepiscopo quatuor praefatos episcopatus, asserens eos ad Compostellanam ecclesiam iure metropolitico pertinere. Tuam autem intentionem fundare multipliciter nitebaris, per privilegia, per concilia, per historias, per divisiones, per famam, et per sententiam [1]. »

La preuve, qu'on cherchait à établir par allégation des conciles, est ce qui nous intéresse :

« Hos autem episcopatus, de quibus quaestio vertebatur, ad Emeritensem pertinuisse metropolim per Emeritense nitebaris concilium demonstrare [2]. »

Quelle fut la réponse de l'archevêque de Braga à cette prétention ?

« Verum ex adverso dictus Bracarensis archiepiscopus rationes huiusmodi frivolas asseverans, nixus est eas multipliciter infirmare... [3]. »

Et après s'être efforcé de réfuter les autres raisons, il en vient à celle tirée du concile de Mérida :

« Emeritense vero concilium non esse authenticum multipliciter asserebat ; tum quia non invenitur in aliquo authentico libro inter alia concilia contineri ; tum quia nec constructionem nec sensum, nec latinitatem in plerisque locis continere probatur ; tum etiam quia contra canonicas sanctiones et apostolicae sedis primatum aliquid videtur in eo esse statutum contra episcopum qui non venerit ad concilium, ut videlicet a metropolitano debeat in cella retrudi. Per undecimum quoque Toletanum concilium, quod constat authenticum, nitebatur illud Emeritense concilium improbare ra-

---

[1] PL, CCXIV, 680 C.
[2] *Ibid.*, 681 A.
[3] *Ibid.*, 682 A.

tione temporis quod in utroque reperitur expressum, cum simul utrumque stare non possit, obiciens contra illud nonnullas alias rationes [1]. »

Par contre, le IIe concile de Braga, dont l'authenticité ne faisait de doute à personne, était en sa faveur.

« In secundo vero Bracarensi concilio, de quo non dubitatur quin sit authenticum, continetur expressum... [2]. »

A tout cela, l'évêque de Compostelle répliqua entre autres :

« Emeritense vero concilium authenticum esse multis rationibus adstruebas : tum quia cum aliis conciliis continetur in libro qui *Corpus canonum* appelatur, quem Alexander papa per interlocutionem authenticum approbavit : tum quia de ipso concilio sumptum est illud capitulum *Priscis quidem canonibus*, quod continetur in corpore decretorum. Unde, respondens ad rationes praemissas, quae contra hoc concilium sunt obiectae, omnes quasi frivolas ostendere nitebaris [3]. »

L'archevêque de Braga insista :

« Ipse vero archiepiscopus Bracarensis contra reductionem episcoporum quae dicitur in Emeritensi concilio decreto synodico et iudicii formula facta fuisse, multipliciter allegabat. Primo quia synodus illa, cuius auctoritate dicitur facta fuisse reductio, nequaquam apparet, nec scitur a quibus, vel ubi vel quando vel quare fuerit celebrata, utrum generalis an provincialis exstiterit et utrum auctoritate Romani Pontificis an alicuius tantum archiepiscopi fuerit ordinata [4]. »

A cette remarque de l'archevêque de Braga :

« Praeterea cum secundum concilium Bracarense praecesserit, Emeritense concilium et celebrius habeatur, et de quo plura sunt assumpta capitula in corpore Decretorum, patet profecto quod illud debet isti praeferri, nec illi per istud potest in aliquo derogari, sicut cautum habetur in canone ; quia quoties in gestis conciliorum

---

1 PL, CCXIV, 682 B-C.

2 *Ibid.*, 683.

3 *Ibid.*, 686 B-C.

4 *Ibid.*, 686 D-687 A.

discors sententia invenitur, illud est praeferendum cuius antiquior et potior exstat auctoritas [1]. »

l'archevêque de Compostelle répondit :

« Auctoritas autem alicuius concilii non ex eo solo maior exsistit quod exstat antiquior, sed quod potior. Alioquin Bracarense concilium Lateranensi concilio praeferretur. Sed illorum duorum conciliorum par exstat auctoritas, cum provinciale fuerit utrumque, et ambo dicantur pariter ab apostolica sede recepta [2]. »

Ces fragments que nous venons de retranscrire nous permettent de déduire en toute certitude le sens de la phrase en question : *quod constat authenticum.*

a) On objecte que le concile de Mérida n'est pas authentique, car il ne se trouve pas dans le livre authentique contenant les autres conciles, car son langage est barbare, car il prescrit des choses contraires au droit établi. On ne sait pas par qui ni où, ni quand, ni pour quel but, il a eu lieu, ni s'il fut général ou provincial, s'il fut réuni par l'autorité du pontife romain, ou par celle d'un archevêque particulier.

On répond d'autre part que le concile est authentique, puisqu'il est contenu dans le *Corpus canonum* et qu'en particulier un de ses chapitres se trouve dans le livre des *Decreta*.

b) Au sujet du XIe concile de Tolède et du IIe de Braga, il n'y a aucun doute quant à leur authenticité. On ne dit pas immédiatement pourquoi.

c) Au sujet du IIe concile de Braga, on affirme, peu après, que beaucoup de ses chapitres sont contenus dans le *Corpus decretorum*. Pour cela, entre autres raisons, il faut le préférer au concile de Mérida.

On déduit de tout cela, au sujet du mot « authentique » contenu dans cette lettre, que son sens est celui qu'il conserve aujourd'hui encore, quand il est appliqué, dans une ambiance juridique, à un témoignage ou à un document qui *fait foi* dans le procès, parce qu'il est vrai et accrédité. En effet, on cherche un instrument décisif dans la controverse : on le reconnaît

[1] PL, CCXIV, 687 A-B.

[2] *Ibid.*, 687 D.

dans certains cas et on le repousse dans d'autres, suivant qu'il est contenu ou non dans la collection accréditée et reconnue ainsi comme authentique. Telle était la législation canonique qui jouissait d'une autorité légale. Pour cela même, « authentique » signifie ici accrédité, reconnu quant à sa valeur juridique, en un mot, qui fait foi dans un procès. Le XIe concile de Tolède est affirmé « authentique » dans ce sens, le même que pour le concile de Braga.

Un coup d'œil rapide sur son sens dans la littérature médiévale nous amène à la même conclusion.

En faisant abstraction de son sens étymologique primitif, dérivé de αὐθέντης, il est employé déjà dans ses premières applications pour signifier *quelqu'un qui a autorité, qui est maître dans*, etc. Par son étymologie, il porte avec lui l'idée d'*original* et par cela même, conséquemment, celle de *faire foi* [1].

Tertullien, une bonne autorité quand il s'agit de la formation de la langue latine chrétienne et un amateur de la terminologie juridique, parle de « *authenticae litterae apostolorum* », dans le sens de documents qui font autorité [2]. Le même Tertullien invoque contre les Valentiniens la « règle authentique » de l'Église, comme norme décisive de la doctrine [3].

Parfois, le terme prend un sens plus matériel pour signifier le document original lui-même, en opposition aux copies, *exempla, exemplaria.*

Le Code de Justinien dit :

> « Authentica ipsa atque originalia rescripta et nostra manu subscripta, non exempla eorum [4]. »

Et saint Léon :

> « Cuius epistolae exemplaria ad nos direxisti... eam in nostro scrinio requisitam nos authenticam noveris reperisse. [5] »

---

[1] Cfr E. A. SOPHOCLES, *Greek Lexicon*, New-York, 1900, p. 276.

[2] *De praescriptione haereticorum*, c. XXXVI, 1 (édit. MARTIN, *Florilegium Patristicum*, fasc. IV, Bonn, 1930, p. 33 ; PL, II, 49 A).

[3] *Adversus Valentinianos*, c. IV (PL, II, 546 B).

[4] *Cod. Iust.*, 1, 23, 3, édit de Dioclétien et Maximien, en 292 (édit. P. KRUEGER, Berlin, 1877, p. 122-123).

[5] *Epist.* CXIX, 4 (PL, LIV, 1045 A).

Cet emploi est fréquent chez saint Grégoire. Il écrit à Romain, défenseur de Sicile :

« Pro qua re ut et tu diligentius informare et antedicto glorioso filio nostro, si causa se dederit, liquide satisfacere valeas, earumdem iussionum exemplaria praevidimus transmittenda. Sed et si necessarium fuerit, ipsas faciemus authenticas destinari [1]. »

Plus tard le nom d'« authentique » fut donné aux livres ou à la collection des documents juridiques. La Faculté de droit de Bologne, au XIIe siècle, prend comme texte officiel la traduction latine des *Novelles* de Justinien, appelées depuis lors *Corpus authenticum, Authentica, Liber authenticorum* [2].

Au moyen âge le terme « authenticus » commence avec les scolastiques à former un *lieu théologique* : «*authentica*» opposé à « *magistralia* [3] ».

A l'époque d'Innocent III, et étant donné le contexte historique et les circonstances de sa lettre, le mot «authentique» garde le sens d'*accrédité, qui fait foi, pour être dûment reconnu en sa valeur réelle* [4].

Il ne faut pas oublier que l'on parle ici non pas du symbole, mais du concile tout entier. D'autre part, la controverse n'avait pas eu un caractère dogmatique, mais disciplinaire. Il est même impossible de constater, d'autre part, observe Lennerz [5], si dans la phrase, *quod constat authenticum*, le pape exprime son avis personnel ou celui de l'évêque de Braga.

En conclusion, aucune autorité dogmatique ne vient s'ajou-

---

[1] *Indictio II, oct.-nov.* (IX, 46), dans MGH, t. II, p. 73, 21-24. Cfr *Indictio* IX mai (I, 42) et XI sept. (III, 3) dans MGH, *Registrum Epist.*, t. I, p. 69, 4-6 et 161, 21-22 ; DU CANGE, *Glossarium*, « Authenticus », t. I, p. 507.

[2] DAREMBERG-SAGLIO, *Dictionnaire des Antiquités grecques et romaines* « Novellae », Paris, t. IV, p. 109.

[3] Cfr J. DE GHELLINCK, *Le mouvement théologique du XIIe siècle*, Paris, 1914, p. 319 et suiv., 347, 350, etc. M. D. CHENU, *« Authentica » et « Magistralia ». Deux lieux théologiques aux XII-XIIIe siècles*, dans *Divus Thomas*, Plaisance, t. XXVIII, 1925, p. 257-285.

[4] MAASSEN, *Geschichte*, p. 706, affirme que les mots : *Emeritense vero concilium authenticum esse... authenticum appellavit*, se rapportent à la collection *Hispana* après les additions déjà acquises depuis le XVIe concile de Tolède.

[5] *Art. cit.* de la *Zeitschrift fur Katholische Theologie*, t. XLVIII, 1924, p. 324.

ter au symbole du XIe concile de Tolède du fait de la lettre *Licet unum sit* d'Innocent III. Par là même, sa valeur, comme nous l'avons dit, se trouve dans la perfection intime de ses formules, héritage de la tradition patristique, qui expriment la foi de l'Église dans les dogmes trinitaire et christologique.

CONCLUSION

L'étude des sources du XIe symbole de Tolède nous a amené à déterminer, avec une entière certitude, la date de sa composition. Nous y avons relevé des citations, non seulement de saint Augustin et du symbole *Quicunque*, mais également de saint Fulgence de Ruspe († 532), de saint Isidore de Séville († 636), des IVe (a. 633) et VIe (a. 638) symboles de Tolède, de Tayon (fl. 651) et d'autres encore. Attestée par la transmission manuscrite, la date traditionnelle de 675 trouve ainsi une nouvelle confirmation, et c'est au XIe concile de Tolède qu'il faut attribuer la paternité de la célèbre formule de foi.

Précieux confluent de la tradition patristique, ce symbole canonise la formule augustinienne des dogmes de la Trinité et de la christologie. Les précisions dogmatiques du docteur d'Hippone, *Dieu-Trinité,* la théorie psychologique des processions trinitaires avec la procession du Saint-Esprit par voie d'amour, la doctrine des relations divines, l'inséparabilité des Personnes divines dans leur être et dans leurs opérations, etc., reprises dans la forme même où elles avaient été rédigées, sont insérées et comme fusionnées en un tout harmonieux, dont on admire tout à la fois le style et l'ordonnance. Le mérite des Pères de Tolède est d'avoir su cueillir ces fleurs de la théologie patristique et de les avoir groupées dans un symbole, dont la théologie postérieure s'est plu à redire les mérites.

APPENDICE

UNE NOUVELLE SOURCE DES "SENTENTIAE SANCTORUM PATRUM... DE FIDE SANCTAE TRINITATIS"

I

L'article 42 du *Codex Augiensis* XVIII, du IXe ou Xe siècle [1], est un dialogue entre un maître et son disciple sur la foi trinitaire. Il est fait d'emprunts divers aux Pères et s'intitule : *Incipiunt sententiae sanctorum patrum excerptae de fide sanctae trinitatis quorumdam discipulo interrogante et magistro respondente.* Künstle en donna l'édition d'après ce manuscrit unique [2].

En ce qui concerne la provenance et la date de composition de ce dialogue, l'éditeur soutient qu'il doit être attribué à un anonyme espagnol, antérieur au VIIe siècle [3].

Malgré l'étude détaillée que consacre Künstle à cet écrit, à ses sources, à son contenu et aux relations qu'il a avec d'autres œuvres [4], il faut remarquer qu'il ne dit rien de la parenté que l'on constate, entre certaines de ses formules et celles du XIe symbole de Tolède, par exemple, l'emploi du terme « *ab utrisque*». Pour ce motif, auquel s'ajoute la fixation de sources nouvelles pour une partie considérable de cette anthologie, nous avons cru utile de consacrer à ce dialogue une étude particulière.

---

[1] KUENSTLE, *Eine Bibliothek*, p. 22.

[2] *Ibid.*, p. 149-173.

[3] *Ibid.*, p. 116.

[4] *Ibid.*, p. 92-116.

Exposons tout d'abord les sources qui n'ont pas encore été signalées jusqu'à présent. Nous y joindrons quelques précisions concernant l'origine et la date de composition de cette anthologie.

Künstle affirme que la réponse à la question proposée, au n. 21 des *Sententiae*, est empruntée aux *Instructiones ad Salonium*, I, chap. 1 (PL, L, 773) d'Eucher [1]. Il signale des relations intimes entre le n. 24 et le pseudo-Vigile, lib. X (PL, LXII, 292) [2]. Quant à l'introduction au chapitre V, n. 27, le même auteur, tout en reconnaissant qu'il n'y a pas emprunt textuel, la met en relation avec les idées exposées au livre III du pseudo-Vigile (PL, LXII, 254 et suiv.) [3].

Au sujet du n. 32, Künstle signale qu'on retrouve presque littéralement le même passage chez saint Augustin, *De Trinitate*, XV, 22 (PL, XLII, 1087), et chez Eugippe, *Thesaurus*, chap. 246 (PL, LXII, 927). Il renvoie également le lecteur au livre X du *De Trinitate* du pseudo-Vigile (PL, LXII, 290) [4].

Telles sont les seules sources que Künstle invoque pour les articles 21-36 du dialogue ; ces articles correspondent aux chapitres II (seconde partie), III, IV et V, et représentent donc le tiers de l'œuvre complète [5].

Il y a, sans conteste, une certaine parenté d'idées entre l'article 21 des *Sententiae* et le début du premier chapitre des *Instructiones* d'Eucher. On peut dire la même chose des relations constatées entre l'article 24 et le livre X du pseudo-Vigile. La ressemblance est moins frappante entre l'article 27 et les idées développées dans le livre III du même pseudo-Vigile. Au contraire, on constate certains rapprochements de doctrine, et, en certains endroits, de rédaction, entre l'article 27, le *De Trinitate*, XV, 20, de saint Augustin et le livre X du pseudo-Vigile. Au reste, tout cet article n'est pas sans avoir subi également d'autres influences plus lointaines.

La source certaine et directe de toute cette section, il faut la chercher dans les premières questions du traité pseudo-au-

---

[1] KUENSTLE, *Eine Bibliothek*, p. 83 et 151 note.

[2] *Ibid.*, p. 153 note.

[3] *Ibid.*, p. 155 note.

[4] *Ibid.*, p. 156 note.

[5] *Ibid.*, p. 152-158.

gustinien intitulé : *Dialogus quaestionum LXV sub titulo Orosii percontantis et Augustini respondentis* [1]. L'auteur des *Sententiae* se permet parfois de résumer le contenu de son modèle : il adapte, modifie certaines formules et tire de son cru certaines interrogations. Mais en définitive, la rédaction des deux écrits est identique.

Un examen comparatif de ces passages révèlera les particularités que nous avons signalées ; il nous permettra aussi de rectifier le texte des *Sententiae*, corrompu dans quelques endroits par des fautes de transcription ou de lecture.

Sententiae	*Dialogus quaestionum*
[21] « INT. Primis quaero a te, utrum deus trinitas sit et quibus testimoniis ueteris legis hoc adprobes nosse desidero.	« QUAESTIO PRIMA. In primis quaero a te, utrum Deus Trinitas sit ; et quibus testimoniis approbes, nosse desidero.
R. Principium Geneseos euidenter hoc ostendit ; ait enim : « In principio fecit deus caelum et terram » (*Genes.*, I, 1). Quem alium principium intelligendum putamus nisi filium ? Ipse enim de se interrogantibus Iudaeis, quis esset, respondit : « Principium quia et loquor vobis » (IOHANN., VIII, 25). Ergo principium filius et per filium fecit deus pater caelum et terram. « Omnia per ipsum facta sunt, sic Euangelista Iohannes narrat, et sine ipso factum est nihil » (IOHANN., I, 3), Procul dubio in dei nomine pater, in principii nomine filius intellegendus est, profecto cum dixisset : « In principio fecit deus caelum et terram ». Subsecutus adiunxit : « Et spiritus dei ferebatur super aquas » (*Genes.*,	RESP. Principium Geneseos evidenter ostendit. Ait enim : « In principio fecit Deus caelum et terram ». Quem alium principium intelligendum putabimus, nisi Filium ? Ipse enim de seipso, interrogantibus Iudaeis quis esset, respondit : « Principium quia et loquor vobis » (IOHANN., VIII, 25). Ergo principium Filius. Per Filium fecit Deus caelum et terram : « Omnia per ipsum facta sunt, sicut evangelista Iohannes narrat, et sine ipso factum est nihil » (IOHANN., I, 3).Procul dubio in Dei nomine Pater, in principii nomine Filius intelligendus est. Profecto cum dixisset, « In principio fecit Deus caelum et terram » ; subsecutus adiunxit, « Et spiritus Dei ferebatur super aquas » (*Genes.*, I,

[1] PL, XL, 733-737.

I, 2), qui tertia est in trinitate persona. Ecce habes quod quaesisti [1]. »

[22] « INT. Si deus unus est ut sacra scriptura testatur, quomodo alter in persona pater, alter filius, alter spiritus sanctus, et non una persona sicut unus deus ?

R. Tres personas, ut saepe diximus, secundum scripturas sanctas intelligimus, id est alium esse patrem, qui vere genuit filium, alium filium qui vere genitus ab eo, alium spiritum sanctum paraclitum, qui in Pentecostem in apostolos effusus est. Et non aliud, quia in substantia unum sunt. Personas distinguimus, non deitatem separamus, quia unitum nomen est in plenitudine divinitatis, et ideo unus est deus [2]. »

Caput III

[24] « INT. Filius dei natura filius est an adoptione ?

R. Natura videlicet, sic enim scriptum est : « Ex utero ante luciferum genui te » (*Ps.*, CIX, 3). Non quia deus pater uterum habeat, sicut et nos, aut corporeus credendus sit, sed per uterum substantiam intellegi uoluit, de qua natus est filius, quae est natura divinitatis. Ge-

I, 2) : qui tertia est in Trinitate persona. Igitur, si Trinitas non esset etc. [3]. »

«... Sed nos caecitatem ipsorum relinquentes, tres personas secundum scripturas sanctas intelligamus ; id est, alium esse Patrem qui genuit, alium Filium qui genitus est a Patre, alium Spiritum sanctum : non aliud, quia substantia unum sunt. Personas distinguimus, non deitatem separamus [4]. »

« Igitur Filius Dei natura est Filius, non adoptione. Sic enim scriptum est : « Ex utero, inquit, ante luciferum genui te » (*Ps.*, CIX, 3). Non quod Deus Pater uterum habeat, sicut nos, aut corporeus esse credendus sit ; sed per uterum substantiam intelligi voluit, de qua natus est Filius. Quod est Pater, hoc genuit : Deus Deum, lux lucem [5]. »

---

1 KUENSTLE, *Eine Bibliothek*, p. 152.
2 ID., *Ibid.*, p. 152 et suiv.
3 PL, XL, 733.
4 PL, XL, 734.
5 PL, XL, 734.

nuit autem pater, quod est, id est deus deum, lux lucem, ideo natura filius[1]. »

[24] « INT. De personarum distinctione uel de geniti filii persona satis factum mihi arbitror. Nunc quaero quid credas de spiritu sancto, utrum et ipse ingenitus sit an genitus ?

R. Spiritum sanctum neque genitum neque ingenitum fides certa declarat, quia si dixerimus ingenitum, duos patres adfirmare uidebimur, sin autem genitum, duos filios credere culpamur. Sed quod certa fides tenet, nec ingenitus nec genitus, sed ab utrisque procedens, id est ex patre et filio.

[25] INT. Enarrasti patrem ingenitum, filium genitum, spiritum sanctum procedentem ex ambobus et amborum esse spiritum. Nunc postulo ut adprobes hoc testimoniis, quia amborum est spiritus et ab utrisque procedens.

R. Audi ipsum dominum discipulos suos docentem : « Cum venerit, inquit, paraclitus, quem ego mittam uobis a patre, spiritum veritatis, qui a patre procedit, ille testimonium perhibet de me » (IOHANN., XV, 26). Et rursum ipse dominus post resurrectionem suam ut ostenderet a se procedere spiritum sanctum sicut a patre, insufflans in discipulos suos ait : « Accipite spiri-

« QUAEST. II. De personarum distinctione, vel de geniti Filii persona satisfactum mihi esse arbitror : nunc quaero quid credas de Spiritu sancto ; utrum et ipse ingenitus sit an genitus.

RESP. Spiritum sanctum neque ingenitum neque genitum fides certa declarat. Quia si dixerimus ingenitum, duos patres affirmare videbimur : si autem genitum, tunc duos filios credere culpabimur. Sed quod certa fides tenet, nec ingenitus est, nec genitus ; sed ab utroque procedens, id est a Patre et Filio.

Et ut haec testimoniis approbem, ipsum Dominum nostrum Iesum Christum discipulos suos audi docentem : « Cum autem venerit, inquit, Paracletus quem ego mittam vobis a Patre, Spiritum veritatis qui a Patre procedit, ille testimonium perhibebit de me» (IOHANN., XV, 26). Et rursum ipse Dominus noster Iesus Christus, post resurrectionem suam, ut ostenderet a se procedere Spiritum sanctum, si-

[1] KUENSTLE, *Eine Bibliothek*, p. 153.

tum sanctum»(IOHANN.,XX,22). Ecce habes ex utrisque procedentem. Igitur quia patris sit spiritus, ipse dominus discipulis suis dixit : « Non enim uos estis, qui loquimini, sed spiritus patris uestri, qui loquitur in uobis » (MATTH., XX, 20). Et quod idem filii sit, Paulus apostolus testis est : « Si quis autem, inquit, spiritum Christi non habet, hic non est eius » (*Rom.*, VIII, 9) [1]. »

cut a Patre,insufflans in discipulos suos ait : « Accipite Spiritum sanctum (ID., XX,22) : item,« Ego mittam promissum Patris mei in vos » (LUC.,XXIV,49). Unus ergo Spiritus est Patris et Filii, unus amborum Spiritus. Igitur quod Patris sit Spiritus, ipse Dominus et Salvator noster discipulis suis ait : « Non enim vos estis qui loquimini, sed Spiritus Patris vestri, qui loquitur in vobis » (MATTH., X, 20). Et quod idem et Filii sit Spiritus, Paulus apostolus testis est : « Si quis autem, inquit, Spiritum Christi non habet, hic non est eius (*Rom.*, VIII, 9) [2]. »

Les fragments précédents nous permettent déjà de relever certaines variantes des *Sententiae* qui, comme nous le verrons plus loin, ne manquent pas d'intérêt pour établir l'origine et la date de composition de cet écrit. Bornons-nous, pour l'instant, à faire trois constatations : le *In primis* de l'original devient *Int. Primis*, à l'article 21 ; le modèle subit certaines adaptations en divers passages ; les *Sententiae* substituent la leçon *ab utrisque* à celle *ab utroque* du *Dialogus*.

[26] « INT. Omnia ut postulavi lucide declarasti. Nunc uero scire cupio, si filius sit deus aut si spiritus sanctus sit deus, uel utrum sit una substantia horum trium uel essentia, quod Graeci omousion dicunt ?

R. Intende animo et uere, quae te mouent, libentius demonstrabo. Beatus Paulus apos-

« QUAEST. III. De singulis personis, quod alius sit Pater, alius Filius, alius Spiritus sanctus; vel quod Filius sit genitus et Spiritus sanctus procedens, secundum Scripturas sanctas advertimus : nunc vero, illud scire cupio, si Deus sit Filius aut Spiritus sanctus, vel utrum una sit substantia vel essentia,

---

[1] KUENSTLE, *Eine Bibliothek*, p. 153 et suiv.

[2] PL, XL, 734 s.

tolus, quod filius sit deus ad Romanos scribens, quorum patres, inquit, ex quibus omnia deus benedictus in saecula (*Rom.*, IX, 5). Spiritum uero sanctum Actus apostolorum apertissime docent : « Anania, inquit Petrus, cur temptauit satanas cor tuum mentire te spiritui sancto ? » (*Act.*, V, 3), Et infra adiunxit : « Non es mentitus hominibus sed deo ». De trium personarum deitatis una substantia divina scriptura tibi dicit : « Audi Israël dominus deus tuus deus unus est » (*Deut.*, VI, 4). Ac per hoc, sicut non dicimus tres deos nec tres essentias, ita nec tres sapientias nec tres spiritus. Nam interrogati de singulis personis, si pater sit sapientia uel filius uel spiritus sanctus, respondemus : pater sapientia, filius sapientia, spiritus sapientia ; non tres sapientias nec tres spiritus, sed una sapientia et unus spiritus, sicut una est substantia et una essentia, quia hoc est illi esse, quod sapientem esse aut spiritum esse [1]. »

quam Graeci ὁμουσίαν vocant.

RESP. Intento animo adverte : quae te movent libentius demonstrabo. Beatus Paulus apostolus quod Filius sit Deus, ad Romanos cribens de Israelitis : « Quorum patres, inquit, ex quibus est Christus secundum carnem, qui est super omnia Deus benedictus in saecula (*Rom.*, 5)... Spiritum vero sanctum verum Deum Actus apostolorum apertissime edocent : « Anania, inquit Petrus, cur tentavit satanas cor tuum mentiri te Spiritui Sancto ? » et infra, « Non es hominibus mentitus sed Deo » (*Act.*, V, 3,4)... Pater, inquam, Deus, Filius Deus, Spiritus sanctus Deus ; non tres dii, sed unus Deus est. Nam si Pater major, Filius minor, Spiritus sanctus plus quam minor, quod haeretica pravitas asserit, iam non erit unus Deus sed tres dii ; quod nefas est credere. Et valde redarguit illos Scriptura divina « Audi Israël, inquit, Dominus Deus tuus, Deus unus est » (*Deut.*, VI, 4). Ac per hoc, sicut non dicimus tres deos, nec tres essentias ; ita nec tres sapientias nec tres spiritus. Nam interrogati de singulis personis, si Pater sit sapientia, et Filius sapientia, et Spiritus sanctus sapientia : non tres sapientiae nec tres spiritus, sed una sapientia est et unus spiritus ; si-

[1] KUENSTLE, *Eine Bibliothek*, p. 154.

cut est una substantia aut una essentia : qui hoc est illi esse quod sapientem esse vel spiritum esse[1]. »

Notons de nouveau en cet endroit comment la corruption *d'adverte* en *uere*, au début de la réponse, rend inintelligible la leçon des *Sententiae*. Elles suppriment également le *de Israelitis* de l'original et rendent ainsi plus difficilement explicable la citation de *Rom.*, IX, 5.

[27] « INT. Et si aequales, sunt pater et filius, quomodo ipse filius dicit : « Pater maior me est » (IOHANN., XIV, 28). « Et non veni voluntatem meam facere, sed uoluntatem eius, qui me misit » (IOHANN., VI, 38). « Et mea doctrina non est mea, sed eius, qui me misit » (IOHANN., VII, 16) ?

R. Ista omnia et similia, quae a te dicta non sunt, secundum formam serui, quam adsumpsit, dicta sunt, id est secundum hominem, qui de Maria uirgine pro nostra salute adsumptus est a filio dei, sicut Euangelista Iohannes testatur : « Et uerbum caro factum est et habitauit in nobis » (IOHANN., I, 14). Et verbum carnem factum dicimus, non in uerbum mutatum, ut non desisteret esse, quod erat, sed coepit esse quod non erat. Adsumpsit enim carnem, non se conuertit in carnem ; carnem istam aperte totum hominem intellegimus, id est carnem et animam ratio-

« QUAEST. IV. Et si aequales sunt Pater et Filius, quomodo ipse Filius dicit : « Pater maior me est » (IOHANN., XIV, 28); et « Non veni voluntatem meam facere, sed voluntatem eius qui me misit » (ID., VI, 38) ; et, « Pater, si fieri potest, transeat a me calix iste » (MATTH., XXVI, 39) ; et « Mea doctrina non est mea, sed ejus qui me misit » (IOHANN., VII, 16) ?

RESP. Ista omnia et alia quae a te non sunt dicta, secundum formam servi quam assumpsit, dicta sunt... Hic, inquam homo caelestis est. Caelestem itaque dico, quia non ex humano conceptus est semine, sed de Maria virgine pro nostra salute assumptus a Filio Dei, sicut evangelista Iohannes testatur : « Et verbum, inquit, caro factum est, et habitavit in nobis » (IOHANN., I, 14). Verbum caro factum est, non in carnem mutatum ; ut non desisteret esse quod erat, sed coeperit esse quod non erat.

[1] PL, XL, 735.

nabilem, ut sicut primus homo et carne et anima mortuus fuerat, ita oportuit etiam, ut per mediatorem dei et hominum hominem Ihesum Christum et carne et anima uiuificaretur. Ergo ut supra diximus secundum adsumptionem hominis dictum est : « Pater maior me est [1]. »

Assumpsit enim carnem, non se convertit in carnem. Carnem istam a parte totum hominem intelligimus, id est carnem et animam rationalem. Et sicut primus homo et carne et anima mortuus fuerat, ita etiam oportuit ut per mediatorem Dei et hominum hominem Iesum Christum et carne et anima vivificaretur. Ergo, ut supra diximus, secundum assumpti hominis formam dictum est, « Pater maior me est [2]. »

La phrase, *Et uerbum carnem factum dicimus,non in uerbum mutatum,* est une corruption de celle que contient le modèle : *Verbum caro factum est, non in carnem mutatum.*

[28] « INT. Uideo te, dum de uno filio dei inquireris, duos introducere uoluisse, ut dicas filium dei filium hominis.

R. Non sunt duo filii sed unus, quia ille, qui erat dei filius, factus est hominis filius in unitate personae, quia sicut anima et caro unus est homo, ita uerbum et homo unus est Christus.

[29] INT. Si duas substantias accipimus in uno filio dei ?

R. Certe duas, unam deitatis, alteram humanitatis, non duas personas. Si dixerimus duas esse personas, introducimus duos filios, et tunc etiam non erit trinitas, sed quaternitas.

30. INT. Da utrarumque substantiarum proprietatem.

« QUAEST. V. Video te, dum de uno Filio Dei inquireres, duos introducere voluisse, ut dicas Filium Dei et filium hominis.

RESP. Non sunt duo filii, sed unus. Quia ille qui erat Dei Filius, factus est filius hominis in unitate personae. Quia sicut anima et caro unus est homo, ita Verbum et homo unus est Christus.

Duas substantias accipimus in uno Filio Dei, unam deitatis alteram humanitatis, non duas personas Igitur, si dixerimus duas esse personas, introducemus duos filios ; et iam non erit trinitas sed quaternitas.

---

[1] KUENSTLE, *Eine Bibliothek,* p. 154 et suiv.

[2] PL, XL, 735 et suiv.

R. Profecto enim per id quod deus est, aequalis semper patri, ubique praesens et in caelo et in terra, totus et in nullo tentus loco. Per id, quod homo est, et pasusus et mortuus et resurrexit et ascendit in caelum sedetque ad dexteram Patris et sic ueniet ad iudicandos uiuos et mortuos, quemadmodum est ire uisus in caelum in Adam forma carnis atque substantia ; cui profectio immortalitatem dedit, naturam non abstulit [1]. »

Profecto enim, per id, quod Deus est, aequalis semper Patri, ubique praesens est et in caelo totus, et in terra totus, et nullo contentus loco. Per id quod homo, et passus, et mortuus, et resurrexit, et ascendit in caelum, sedetque ad dexteram Patris : et sic veniet ad iudicandum vivos et mortuos, quemadmodum visus est ire in caelum, in eadem forma carnis atque substantia ; cui profecto immortalitatem dedit, naturam non abstulit [2]. »

Les *Sententiae* ont défiguré l'interrogation, en supprimant le *et* dans l'expression *Filium Dei et filium hominis* du *Dialogus*. On peut en dire autant de la phrase des *Sententiae : ubique praesens et in caelo et in terra, totus et in nullo tentus loco*, qui rend inintelligible celle du *Dialogus* : *ubique praesens est et in caelo totus et in terra totus, et nullo contentus loco. Eadem forma* devient dans les *Sententiae : Adam forma.*

Il faut aussi remarquer l'emploi de *uterque* au pluriel et son application aux deux natures, *utrarumque substantiarum ;* il est tout à fait conforme aux habitudes de l'auteur des *Sententiae*, qui affectionne particulièrement la formule *ab utrisque*, appliquée au Père et au Fils.

31. « INT. Si una substantia est patris et filii et spiritus sancti, quomodo filius sine patre et spiritu sancto carnem suscepit ? »

R. Neque persona patris neque spiritus sancti, sed sola filii persona suscepit carnem. Et ut haec intellegas comparatione u-

« QUAEST. VI. Si una substantia est Patris et Filii et Spiritus sancti, quomodo Filius sine Patre et Spiritu sancto suscepit carnem ?

RESP. Neque persona Patris neque Spiritus sancti, sed sola Filii persona suscepit carnem. Et ut hoc intelligas compara-

[1] KUENSTLE, *Eine Bibliothek*, p. 155 et suiv.

[2] PL, XL, 736

tor, ut ex creatura intellegas creatorem. Certe in anima est ratio, et cum sint unum, aliud anima agit, aliud ratio. Anima uiuimus, ratione sapimus. Ita pater et filius et spiritus sanctus, cum sit una substantia, tota trinitas operata sit hominem, quem adsumpsit non tota trinitas, sed sola filii persona.

32. INT. Uoluntate genuit pater filium an necessitate ?

R. Nec necessitate nec uoluntate, quia necessitas in deo non est ; praeire voluntas sapientiam non potest, quia filius sapientia patris est. Igitur prius est rationabiliter sapere quam rationabiliter uelle. Nam quidam noster, cum eum interrogasset haereticus, utrum uolens an nolens genuerit pater filium, laudabiliter respondisse fertur : « Dic inquit, et tu, haeretice, deus pater necessitate deus est an uoluntate ? » Quod si dixisset necessitate, sequeretur eum grandis absurditas. Sin autem uoluntate responderetur illi, ergo uoluntate est deus non natura. Et in laqueum quem uoluit ponere, ipse incidit et uidens se victum obmutuit.

33. INT. Quomodo illud intellegendum, quod legitur : « Sicut pater habet uitam in semetipso, sic dedit et filio uitam habere in semetipso » (IOHANN., V, 26).

tionibus utar, ut ex creatura intelligas creatorem. Certe in anima est ratio, et cum unum sint, aliud anima agit, aliud ratio. Anima vivimus, ratione sapimus. Ita Pater et Filius et Spiritus sanctus cum sint una substantia, tota Trinitas operata est hominem, quem non tota Trinitas assumpsit, sed sola Filii persona.

QUAEST. VII. Voluntate genuit Pater Filium, an necessitate ?

RESP. Nec voluntate nec necessitate : quia nescessitas in Deo non est : praeire autem voluntas sapientiam non potest, quod est Filius : igitur prius est rationabiliter sapere, quam rationabiliter velle. Nam quidam nostrum, cum eum interrogasset haereticus, utrum volens an nolens genuerit Pater Filium ; laudabiliter respondisse fertur : Dic, inquit, et tu, haeretice, Deus Pater necessitate est Deus, an voluntate ? Quod si dixisset, Necessitate ; sequebatur illum grandis absurditas. Si autem, Voluntate ; respondebatur illi, Ergo voluntate est Deus, non natura : et ita in laqueum quem volebat ponere, ipse incidit ; et videns se convictum obmutuit.

QUAEST. VIII. Quomodo illud intelligendum est quod legitur « Sicut Pater vitam habet in semetipso, sic dedit et Filio habere vitam in semetipso » (IOHANN., V, 26) ?

R. Scimus filium a seipso non esse, sed a patre genitum esse, patrem uero a nullo genitum esse, a nullo uitam accepisse. Dedit pater filio uitam gignendo, non quod prius fuerit filius sine uita et postea acceperit, sicut nos qui per peccatum, amisimus uitam et per gratiam salvatoris recepimus ; ideo dicitur « Accepit uitam », quia non est a semetipso genitus, non exsistendo dedit, sed gignendo.

34. INT. Quoniam et ratione et testimoniis persuasisti mihi de subiectione filii, quod non sit secundum substantiam deitatis minor, sed secundum formam serui, quam adsumpsit, ideo quae de missione spiritus sancti sentias, scire desidero, num quidnam et ipse hominem adsumpsit ut missus esse dicatur ?

R. Sicut secundum substantiam diuinitatis seu missus siue minor non est filius, ita nec spiritus sanctus ; postremo, sicut ille per hominem minor aut missus,ita iste propter columbam uel ignem missus dicitur, scilicet quia non in ea substantia, qua coaequalis est patri, apparuit, sed ut dictum est, per subiectam creaturam. Non enim sicut filius hominem adsumpsit, ut in aeternum permaneat, sic spiritus sanctus columbam uel ignem, sed factam illi uisionem per subiectam creaturam ad manifestandum spiritum sanctum

RESP. Scimus Filium Dei a semetipso non esse, sed a Patre genitum esse ; Patrem vero a nullo genitum esse, a nullo vitam accepisse. Dedit Pater Filio vitam gignendo : non quod prius fuerit Filius sine vita, et postea acceperit vitam ; sicut nos qui per peccatum amisimus vitam, et per gratiam Salvatoris recimus : sed ideo dicitur Accepit vitam, quia non est a seipso genitus : non enim exsistendo dedit, sed gignendo.

QUAEST. IX. Quoniam et ratione et testimoniis persuasisti mihi de subiectione Filii, quod non sit secundum substantiam minor, sed secundum formam servi quam assumpsit ; ideo quaero quid de missione Spiritus sancti sentias : numquid et ipse hominem assumpsit, ut missus esse dicatur ?

RESP. Sicut nec secundum substantiam dicitur, seu missus, seu minor Filius ; ita nec Spiritus sanctus. Postremo, sicut ille propter hominem minor aut missus ; ita iste proter columbam vel ignem missus dicitur : scilicet quia non in ea susbtantia qua est aequalis Patri apparuit ; sed, ut dictum est, per subiectam creaturam. Non enim sicut Filius hominem assumpsit, ut sic in aeternum permaneat, sic Spiritus sanctus columbam vel ignem : sed factae illae visiones de creatura inferiore, ad manifestandum Spiritum sanctum, esse postea destitit. Nunquam illa incomprehensibilis inmutabilisque diuinitas, quod est trinitas deus, ab oculis carnalibus uideri potest, ut dictum est, nisi per inferiorem creaturam [1]. »

esse postea destiterunt. Nunquam enim illa incomprehensibilis immutabilisque divinitas, quae est Trinitas Deus, ab oculis carnalibus videri potest, nisi, ut dictum est, per subiectam creaturam [2]. »

De fausses leçons rendent incorrecte la rédaction des *Sententiae*. La phrase : *sed factae illae visiones... esse postea destiterunt*, devient : *sed factum illi visionem... esse postea destitit*, ce qui est inintelligible.

35. « INT. Filius autem dei sic de patre quomodo natus, non quomodo datus. Spiritus sanctus sic est de patre et filio quomodo datus, non quomodo natus, Ideoque quaero quid sit inter natiuitatem filii et processionem spiritus sancti ?

R. Filius autem solius patris est filius non spiritus sancti, spiritus sanctus amborum spiritus est, id est patris et filii. Quod si spiritus sanctus filius diceretur, duorum filius diceretur. Nullus autem filius est nisi duorum, patris et matris, quod absit inter deum patrem et filium tale aliquid suspicemur, quia nec filius hominis simul ex patre procedit et ex matre, quia cum procedit ex patre non tunc procedit ex matre. Et cum procedit ex matre in hanc lucem, non tunc procedit ex patre. Spiritus vero sanctus non de patre procedit in filium et de filio

« QUAEST. X. Filius autem Dei quomodo sit de Patre natus, Spiritus vero sanctus ab utroque procedens, declarasti. Ideoque quaero quid distat inter nativitatem Filii et processionem Spiritus sancti.

RESP. Filius autem solius est Patris, non Spiritus sanctus ; amborum spiritus, id est, Patris et Filii. Quod si Spiritus sanctus filius esse diceretur : nullus autem filius est nisi duorum, patris et matris, quod absit inter Deum Patrem et Filium tale aliquid suspicemur : quia nec filius hominis simul ex patre procedit et ex matre : quia cum procedit ex patre, non tunc procedit ex matre, et cum procedit ex matre in hac luce, non tunc procedit ex patre. Spiritus vero sanctus non de Patre procedit in Filium, et de Filio procedit ad sanctifican-

[1] KUENSTLE, *Eine Bibliothek*, p. 156 et suiv.

[2] PL, XL, 736 et suiv.

procedit ad sanctificandam creaturam, sed simul de utroque procedit [1]. »

dam cretauram, sed simul de utroque procedit [2]. »

Cas assez rare, c'est la leçon du *Dialogus*, telle que nous la trouvons dans l'édition de Migne, qui a été altérée ; les *Sententiae* reproduisent la leçon correcte, qui provient originairement de saint Augustin [3]. Le *Dialogus* supprime, dans la première incise, *Spiritus Sancti*, par haplographie, et passe directement au *Spiritus Sanctus* qui suit: ce qui nuit notablement à l'intelligence du texte. Il commet la même erreur dans la seconde incise, en passant directement à l'endroit où *filius diceretur* se lit pour la seconde fois ; il supprime une phrase du texte en laissant l'idée incomplète.

36. « INT. Quomodo intellegendum est illud, quod Iohannes Euangelista de spiritu sancto dicit , quod non loquatur a semetipso, sic enim ait : « Non enim loquitur a semetipso, sed quaecumque audiet loquitur » (IOHANN., XVI, 13) ?

R. Non loquitur a semetipso, qiua non est a se ipso. Pater enim a nullo est natus, filius a patre est genitus, spiritus sanctus a patre et filio procedens. Ideo non loquitur a se ipso, sed quaecumque audit loquitur. Audire illi esse est ; a se non est, sed a patre. Ideo quaecumque audit, loquitur [4]. »

« QUAEST. XI. Quomodo intelligendum est illud quod Ioannes evangelista de Spiritu sancto dicit, quod non loquetur a semetipso. Sic enim ait : « Non enim loquetur a semetipso ; sed quaecumque audiet loquetur » (IOHANN., XVI, 13).

RESP. Non loquetur a semetipso, quia non est a semetipso. Pater enim a nullo est natus ; Filius a Patre est genitus ; Spiritus sanctus a Patre et Filio procedens. Ideo non loquitur a semetipso ; sed quaecumque audit loquitur. Audire illi esse est ; esse autem a se non est, sed a Patre : ideo quaecumque audit, loquitur [5]. »

[1] KUENSTLE, *Eine Bibliothek*, p. 157 et suiv.

[2] PL, XL, 737.

[3] *In Iohannis Evangelium tract., XCIX*, n. 9 (PL, XXXV, 1890) et *De Trinitate*, XV, 27 (PL, XLII, 1095) ; cfr *supra*, p. 166 et 169.

[4] KUENSTLE, *Eine Bibliothek*, p. 158 et suiv.

[5] PL, XL, 735.

II

Avec ces onze premières questions, l'auteur du *Dialogus* a achevé de traiter ce qui se rapporte à la Trinité ; les questions suivantes sont consacrées à d'autres matières. Aussi, l'auteur des *Sententiae,* qui veut exposer la foi en la Trinité, cesse de s'inspirer du *Dialogus.*

Comme on a pu le constater, sauf en cas exceptionnel, le texte des *Sententiae,* publié par Künstle, reproduit défectueusement le contenu du *Dialogus.* Dans l'édition définitive, il faudra tenir compte de cette nouvelle source.

La source des articles 40 et 41 des *Sententiae* n'est pas celle que leur assigne Künstle [1], savoir : le livre VI du pseudo-Vigile, mais le livre I du même auteur. Les articles précités se bornent à reproduire son contenu, mais dans un ordre inverse de celui du modèle.

Sententiae	PS.-VIGILE, *De Trinitate,* II
40. « INT. Unitum deitatis nomen, in quo trium personarum conprobetur natura, ut in primo capitulo promisisti, edicito.	« INTERROGATIO. Cur Pater spiritus dicitur, et Filius spiritus nuncupatur, et Spiritus sanctus spiritus appellatur ?
R. An ignoras, quia pater unus deus est, et filius unus deus est et spiritus sanctus unus deus est ? Nonne unus est deus, dum sit unitum nomen in natura ? Interim aduerte animo deum ad Moysen dicentem : «Ego sum deus Abraham, deus Isaac et deus Iacob » (*Exod.,* III, 6). Numquid in hoc dicto tres deos designavit, eo quod unum nomen ter indicauit ? Absit. Unde quamvis triplex sit dictum, unum tamen in deitate trinitatis tenet nominis indicium. Et dieo	RESPONSIO. Perfecte ad haec respondetur pro loco interroganti. An ignoras quia Pater unus Deus est, et Filius unus Deus est et Spiritus sanctus unus Deus est ? Nonne unus Deus est dum unitum nomen est in natura usiae ? Sic et unus Spiritus est, quia unita est deitas eiusdem. Nam si tu per singula nomina personarum unitum nomen spiritus ter designasti, numquid tres Spiritus dicere oportet ? Absit. Quod si hoc poterat dici, tale erat ut et

[1] *Eine Bibliothek,* p. 95 et 159.

ubi personae requiruntur, propria nomina per haec distinguuntur. Ubi autem deitas poscitur, unitum nomen in his indicatur, quod multifarie in scripturis inuenitur dictum.

41. INT. Quare addidisti multifarie in scripturis dictum ?

R. Quia inuenimus unitum nomen diuinitatis unitum uel multifarie dictum aequaliter in trinitate consistere, ut est sapientiae gloria seu deitas gloriae, aut summitas aut dominatio aut claritas aut maiestas aut imperium aut potestas aut sempiternitas. Nonne haec multifarie quamvis sint dicta, non ad unitam deitatem incomparabilem patris et filii at spiritus sancti uniter sunt declarata? An putas, quot significationes dicuntur ad gloriam deitatis, totidemque sint et species diuersitatis ? Absit, dum haec uniuersa ad unitam diuinitatis substantiam dicta referuntur [1]. »

hoc in confessione deberet introduci, tres deos in plurali numero nuncupari : ut iam non esset in his personis una natura divinitatis, sed unusquisque in propria vel diversa natura sua consisteret ; quod absit. Interea rursus eadem repeto, et ad tua dicta verba comparo, et sensum intellectus mei tibi refero. Pater unus Deus est, et Filius unigenitus Deus est, et Spiritus sanctus unitus in Patre et Filio Deus est. Nonne quia unitatis nomen, id est deitatis, per singulas personas ter designavi, ideo tres deos potero confiteri ? Absit. Unde quamvis triplex sit dictum, unum tamen tenet in deitate Trinitatis nominis indicium. Interim vel in hoc titulo animadverte dicentem : « Ego sum Deus Abraham, Deus Isaac, et Deus Iacob » (*Exod.*, III, 6). Numquid in hoc dicto tres deos designavit, eo quod unum nomen ter indicavit ? Absit. Idcirco nos qui fidem evangelicam atque apostolicam Patrum tenemus, nec tres deos nec tres dominos, nec tres spiritus, vel caetera huiuscemodi pluralitatis dicta nec tenemus, nec in corde nostro suscipimus : praesertim cum nos unitatem deitatis uniter, non pluraliter in Trinitate consistere sciamus [2]. »

---

[1] KUENSTLE, *Eine Bibliothek*, p. 159 et suiv.

[2] PL, LXII, 240 D-241 A.

Pour l'article 45 des *Sententiae*, Künstle ne mentionne aucune source [1]. Il est étonnant qu'il ne l'ait pas reconnue, en partie du moins, dans ce même livre II du *De Trinitate* du pseudo-Vigile, où il a recueilli les sources du reste du chapitre VII des *Sententiae :*

Sententiae	PS.-VIGILE, *De Trinitate*, I
45. « INT. Si unitum nomen est in trinitate, cur unusquisque in suo nomine sonuerunt ? R. Memento nomina propria esse et distincta in personis, quia pater et filius et spiritus sanctus secundum singula nomina personarum perfecte distinguntur, in natura autem diuinitatis nomen patris deus est, hoc et filii et spiritus sancti. Nam uis scire cum in diuinitate patris nomen, id est dei aut domini aut spiritus, nomines, commune nomen est, id est patris et filii et spiritus sancti ; quia in substantia non discrepat filius a patre, nec spiritus sanctus ab utrisque. Et ideo unitum nomen eis est in una uera natura diuinae plenitudinis [2]. »	« INTERROGATIO. Rogo, si unitum nomen est in deitate gloriae Trinitatis, cur unusquisque in suo nomine non venerit ? Porro quasi hoc quod unitum nomen substantivum ad deitatem uniter refertur, iam proprium esse non ostenditur. RESPONSIO. Utique in hoc proprium est, sed et unitum : nam ut certus sis, nomina in personis propria sunt, sed non unita. [3] »

Ne retrouvant pas la source, Künstle, qui parfois [4] corrige le texte des *Sententiae*, n'a pu rétablir le sens de cette phrase cabalistique : *Si unitum nomen est in trinitate, cur unusquisque in suo nomine sonuerunt ?* Il la retranscrit à la page 35 de son travail. L'erreur se dissipe aisément si, avec le texte du pseudo-Vigile, on lit : *non venerit,* au lieu de *sonuerunt.* D'ailleurs, les *Sententiae* elles-mêmes, à l'article 46, reproduisent

[1] *Eine Bibliothek,* p. 95.
[2] *Ibid.*, p. 161.
[3] PL, LXII, 246 D.
[4] Cfr *Eine Bibliothek,* p. x.

partiellement la leçon correcte en disant : *hic ipse filius non venit.*

Pour les autres sections des *Sententiae*, la détermination des sources est moins claire et Künstle lui-même n'apporte aucune indication définitive. On peut cependant prétendre à un résultat certain et positif. Ainsi, l'article 76 des *Sententiae* est rédigé selon un fragment du *Contra Eutychetem* de Vigile :

Sententiae

76. « INT. Quid est proprium patris quidue filii aut quid proprium spiritus sancti aut quid commune trium personarum harum ?

R. In omnibus personarum trinitatis proprietas est, in deitatis autem natura unio et communitas est, quia proprium est patris genuisse filium, et proprium filii genitum esse a patre, spiritus autem sancti proprium est ex patre et ex filio processisse, sed communis una plenitudo in ipsa trinitate consistit. Iam aduerte per singula dispensatio suscepti hominis nec ad patrem nec ad spiritum sanctum, sed ad solum pertinet filium ; proprie enim solus filius de uirgine natus est. Rursus illa quae saepe audita est vox : « Hic est filius meus dilectus » (MARC., I, 11) nec ad filium nec ad spiritum sanctum sed ad patrem pertinet solum. Item columbae species et ignearum linguarum multipertita distributio proprie ad sancti spiritus pertinere personam monstratur [1]. »

Contra Eutychetem, I, 10

« Metuendum sane est ne isti qui inanissimo metu utriusque naturae proprietatem idcirco nolunt accipere, ne duos videantur Christos inducere, similiter nobis et de Trinitate quaestionem aliquam moveant ; ut quia sunt quaedam propria patris, quae nec ad Filium nec ad Spiritum Sanctum pertinent ; et sunt quaedam propria Filii quae nec ad Patrem nec ad Spiritum Sanctum pertinent, et sunt etiam Spiritus Sancti nonnulla propria, quae nec ad Patrem nec ad Filium pertinere monstrantur, tres a se invicem separatos criminentur catholicos colere deos. Sed ne forsitan inopinata quaestione turberis, adverte per singula. Susceptae carnis dispensatio nec ad Patrem nec ad Spiritum Sanctum, sed ad solum pertinet Filium : proprie enim Filius, non Pater de virgine natus est. Rursus illa quae super eum audita est vox : Hic est Filius meus dilectus (MATTH., III, 17 et XVII, 5) nec ad Filium nec ad Spiritum

[1] *Eine Bibliothek*, p. 169.

Sanctum, sed ad Patrem pertinet solum. Item columbae species quae in Iordane apparuit, et ignearum linguarum multipartita distributio, proprie ad Sancti Spiritus personam pertinere monstratur. Sed ne adhuc de his proprietatibus dubites, audi manifestius. Proprium Patris est genuisse, et proprium Filii natum fuisse, proprium vero est Spiritus Sancti procedere[1]. »

L'article 78 aussi des *Sententiae* est, pour ainsi dire, copié du *Contra Eutychetem* :

Sententiae

78. « INT. Ex quo tempore uerbum patris, id est filius dei, Christi nomen habet ?

R. Christi scilicet nomen ex eo illi est, quod eum propheta dicit: « Unxit te deus, deus tuus, oleo laetitiae, prae consortibus suis » (*Ps.*, XLIV, 8). Non enim uerbi natura uncta est, quae consortes secundum se habere non potuit. Unde apparet ad id, quod homo factus est, pertinere unctionis, id est Christi uocabulum. Sed qui iam per unctionem utriusque naturae unum est diuinitatis humanitatisque eius uocabulum, et ideo uerbum propter carnem suam homo Ihesus Christus et caro propter uerbum deus[2]. »

Contra Eutychetem, IV, 5

« Nam cum Iesus Christus non Verbi sed carnis proprium sit nomen ; et Deus proprium Verbi, non carnis constet esse vocabulum ; tamen et Verbum propter carnem suam, homo Iesus Christus ; et caro propter Verbum, Deus Verbum est. Christi enim nomen ex eo illi est, quod ad eum propheta dicit : « Unxit te Deus, Deus tuus, oleo exultationis, prae consortibus tuis » (*Ps.*, XLIV, 8). Non enim Verbi natura uncta est, quae consortes secundum se habere non potuit. Unde apparet ad id quod homo factus est, pertinere unctionis, id est Christi vocabulum. Sed quia iam per cognitionem utriusque naturae,

[1] PL, LXII, 100 D.

[2] KUENSTLE, *ibidem*, p. 170 et suiv.

unum divinitatis humanitatisque vocabulum ; ideo Apostolus ait... [1]. »

Contrairement à ce qu'affirme Künstle [2], l'article 77 des *Sententiae* est également copié du pseudo-Vigile :

Sententiae	PS.-VIGILE, *De Trinitate*, III
77. « INT. Quid proprium uerbi, quid carnis eiusdem uerbi, aut quid commune duarum naturarum harum in una persona Christi ? R. Omnis potestas signorum uel prodigiorum deo facienti est adscribenda. Et hoc proprietas uerbi dei est in adsumptione ueri hominis. Porprietas autem adsumpti hominis in deo uerbo est esurire, sitire, dormire, lacrimare, et in agone positus sanguinem sudare et ad extremum passionem mortis uerae sustinere. Ista autem non praesumimus dicere deum proprie perpessum fuisse, quia occurrit nobis Esaias propheta contra dicens : « Deus aeternus, qui fecit postrema terrae, non esuriit neque laborauit, non est inuentio prudentiae eius dans esurientibus virtutem » et cetera (ISAI., XL, 28, 29). De carnis autem proprietate idem propheta ita dicit : « Homo inplagatus sciens ferre infirmitatem » (ISAI., LII, 3) ; uides quia homo esuriit, deus autem non esuriit	« Responde mihi cuius causa scriptum vel distinctum invenitur ; utrum Dei an hominis qui esurivit, aut sitivit, aut lacrymatus est, et in agonia positus sanguinem sudavit, et ad postremum passionem mortis vere sustinuit ? Si Deum proprie sumis dicendo haec universa perpessum fuisse, occurrit tibi Isaias contradicens : « Deus aeternus, Deus qui fecit extrema terrae, non esuriet neque laborabit, nec est inventio prudentiae eius ; dans esurientibus cibum, et laborantibus virtutem » (ISAI., XL, 28). Sed et sanctus Ieremias indicat : « Numquid eris ut homo dormiens, et sicut vir qui non potest salvus fieri » (IEREM., XIV, 9) ? Vides quia Deus non esuriet unquam, qui universa ex nihilo constituit [3]. »

[1] PL, LXII, 121 C.

[2] *Eine Bibliothek*, p. 97.

[3] PL, LXII, 255 B-C.

unquam, quia uniuersa ex nihilo constituit[1]. »

De cette analyse détaillée, une conclusion se dégage spontanément : outre les sources assignées par Künstle à l'anthologie qu'il a publiée des *Sententiae*, il y en a d'autres, non moins certaines. Et en tout premier lieu, il faut considérer, comme source d'un tiers de l'œuvre complète, le *Dialogus* pseudo-augustinien : *Dialogus quaestionum LXV sub titulo Orosii percontantis et Augustini respondentis*[2].

III

En ce qui concerne l'origine espagnole des *Sententiae*, nous partageons l'opinion de Künstle. Une grande partie des matériaux les plus importants du *Codex Augiensis* est formée par des documents espagnols : les symboles de Tolède, la *Fides Isidori*, etc. Ce qui constitue un indice[3].

Cette opinion est confirmée par la considération des sources des *Sententiae*. Le *De Trinitate* du pseudo-Vigile est considéré communément comme une œuvre espagnole[4]. Ne peut-on en trouver un nouvel indice dans l'emploi que fait de cette œuvre le XIe symbole de Tolède ?

Enfin, il y a un autre aspect qui n'a pas encore été observé. La parenté et la ressemblance de style et de terminologie, qui l'unissent à des œuvres certainement espagnoles, comme les

---

1 KUENSTLE, *Ibidem*, p. 170.

2 Un autre apocryphe pseudo-augustinien, le *De Trinitate et Unitate* (PL, XLII, 1193-1200), contient dans ses premiers chapitres, mais dans une rédaction abrégée et transformée, les douze premières questions du *Dialogus*. Comme le font bien remarquer les Mauristes dans leur introduction *(Ibid., Admonitio)*, ce résumé et cette adaptation forcent à conclure que c'est le *De Trinitate et Unitate* qui dépend du *Dialogus*. Quant aux *Sententiae*, elles dérivent du *Dialogus*, et non du *De Trinitate et Unitate*. Leur dépendance complète est manifeste.

3 On consultera l'étude de KUENSTLE sur le manuscrit, dans *Eine Bibliothek*. Voir également parmi les recensions de cet ouvrage, celles de G. KRUEGER, *Theologische Literaturzeitung*, t. XXVI, 1901, p. 529-531, et de H. LIETZMANN, *Theologische Rundschau*, t. V, 1902, p. 109.

4 Cfr O. BARDENHEWER, *Geschichte*, III², p. 57, IV, 757, où sont exposés les derniers résultats et la bibliographie.

formules de foi du *codex* de Roda et le *Traité* sur la Trinité attribué ici à saint Isidore, viennent confirmer notre opinion [1]. Nombreux sont les ouvrages de cette époque rédigés d'après le même plan que les *Sententiae* et qui traitent en entier ou principalement de la Trinité. Peut-être faudrait-il compter au nombre de ses prédécesseurs, outre le pseudo-Vigile, le *Dialogus* pseudo-augustinien, qui par là même garderait de nombreuses relations avec la patristique espagnole.

Comme argument décisif pour prouver positivement l'origine espagnole des *Sententiae,* Künstle apporte une phrase de l'introduction dans laquelle l'auteur anonyme, s'adressant au lecteur de son ouvrage, présente les sentences des Pères : « ut claves de manu Erculi » [2]. En examinant la relation d'un géographe hispano-arabe du XIIe siècle, poursuit Künstle, on peut en conclure que, dans l'Espagne méridionale, on croyait communément qu'aux colonnes d'Hercule, la statue du héros tenait une clé dans la main. Voici, d'après Dozy, le contenu de la notice du texte arabe :

« Les Arabes connaissaient fort bien ces fameuses colonnes qui ont existé jusqu'à l'année 1145, et ils en ont donné des descriptions très détaillées. C'était donc une construction en pierres très dures, reliées entre elles par des piliers de cuivre, qui se trouvait dans la mer, ou selon d'autres sur une île ou bien sur la grève, et qui avait soixante ou bien cent coudées de haut (les géographes varient à cet égard). Elle se composait d'un carré sur lequel s'en trouvait un autre, qui avait la dimension d'un tiers du premier et qui était surmonté d'une construction triangulaire, laquelle se terminait en pointe. Sur cette pointe il y avait une dalle de marbre blanc carrée, ayant deux empans de large sur autant de haut, et cette dalle portait une statue de laiton, haute de six coudées. Elle représentait un homme à longue barbe, vêtu d'un manteau doré qui lui allait jusqu'à mi-jambes. Son visage était tourné vers le nord-ouest. Son bras gauche était étendu en arrière et il montrait avec son index l'entrée du détroit. Dans sa main droite, couverte de son man-

[1] Voir plus haut, p. 146-148 et 154.
[2] *Eine Bibliothek,* p. 149.

teau et étendue vers la terre, il avait un objet qu'on prenait ordinairement pour une clé, mais qui en réalité était un bâton [1]. »

Comme le font remarquer Dozy et Kunstle, ces détails sur la clef d'Hercule peuvent servir à interpréter un passage de la *Chronique* de l'*Anonyme de Tolède :*

« Huius temporis in era DCCXLVIIII, anno imperii eius quarto, Arabum LXLII, Ulit quinto, dum supra nominatos missos Spania vastaretur et nimium non solum hostili, verum etiam intestino furore confligeretur, Muze et ipse ut miserrimam adiens per Gaditanum fretrum columnas Herculis pertendentes, et quasi tomi indicio porti aditum demonstrantes, vel clabes in manu transitum Spanie presagantes vel reserantes iam olim male direptam et omnino impie adgressam perditans penetrat atque Toleto urbem regiam usque inrumpendo, adiacentes regiones pace fraudifica male diverberans nonnullos seniores nobiles viros, qui utqumque remanserant, per Oppam filium Egiche regis a Toleto fugam arripientem gladio patibuli iugulat et per eius occasionem cunctos ense detruncat [2]. »

D'après Dozy, le sens est le suivant : Mousâ vint en Espagne en passant près des colonnes d'Hercule ; la statue au-dessus des colonnes « tenait lc bras étendu ; elle semblait indiquer du pouce l'entrée du port (de Cadix) ; la clé qu'elle tenait dans la main semblait présager que l'ennemi entrerait en Espagne, ou bien elle semblait ouvrir la porte de ce pays ». On voit que chez Isidore, la statue tient une clé dans la main. La plupart des écrivains arabes disent la même chose. [3]

Künstle en conclut : *Ausserhalb Spaniens wusste man nichts von den Schlüsseln des Herkules; die Stelle in unseren Sententiae zeigt, dass diese hier zur sprüchwörtlichen Redensart geworden. Der Verfasser unseres Tractates muss also auch aus diesem Grunde ein Spanier gewesen sein. Er lebte vor dem 7. Jahrhundert, da er die arianische Irrlehre bekämpft* [4].

Que penser de la valeur de cet indice ? On ne peut nier que

---

[1] R. Dozy, *Recherches sur l'histoire et la littérature de l'Espagne pendan le moyen âge*, II[3], Paris, 1881, p. 312.

[2] MGH, *Auct. Antiquissimi*, t. XI, p. 353.

[3] Dozy, *Op. cit.*, Appendice, p. xciii.

[4] *Eine Bibliothek*, p. 116.

les observations liminaires et les déductions qu'elles provoquent ne soient aussi ingénieuses que séduisantes. Leur simplicité y prête aisément. Nous avouons, cependant, que nous n'y voyons pas d'argument décisif en faveur de l'origine espagnole des *Sententiae*, origine que nous admettons parfaitement, mais pour d'autres raisons précédemment exposées. Passe encore la croyance populaire de l'Espagne médiévale et le témoignage des écrivains arabes. La ressemblance entre *clavis* et *clava* n'est pas sans donner prise à de nombreuses confusions [1]. On voudrait une documentation positive plus abondante, on voudrait être certain que *claves* est la leçon authentique des *Sententiae*. Une collation du manuscrit, ou des manuscrits, si on les possédait, s'imposerait à ce point de vue, d'autant plus que, nous l'avons signalé, les fautes de lecture ou de transcription sont extrêmement fréquentes : INT. *Primis* = *Imprimis ; sonuerunt* = *non venerit ; eadem* = *Adam, etc.*

D'autre part, si on substitue *clavam* à *claves* dans les *Sententiae*, la phrase prend un sens très particulier. Examinons-le :

La *massue d'Hercule* fait partie de l'arsenal des proverbes et symbolise une puissance, une arme irrésistible *: Clavam Herculi extorquere* signifie, d'après Suétone [2] « vouloir l'impossible [3] ».

En langage chrétien, la *massue d'Hercule* était l'insigne des philosophes :

PRUDENCE : « Hinc gerit herculeam vilis sapientia clavem
Ostentatque suos vicatim gymnosophistas [4]. »
SIDOINE APOLLINAIRE : « Tetrica nodosae commendat pallia clavae [5]. »

Pour en venir à notre sujet, le terme *Hydra*, appliqué à l'hérésie, est d'emploi fréquent dans la polémique chrétienne.

---

[1] DOZY signale un cas dans le faux Turpin, *Recherches*, Appendice, p.XICV et suiv.

[2] « Facilius esse Herculi clavam quam Homero versum subripere », *Vita Verg.*, p. 66, dans *Thes. ling. lat.* « Clava »; on y trouvera d'autres exemples.

[3] Cfr A. OTTO, *Die Sprichwörter und sprichtwörtlichen Redensarten der Römer*, Leipzig, 1890, p. 163. Pour ce motif, C. WEYMAN reste sceptique devant l'interprétation de KUENSTLE ; voir *Historisches Jahrbuch*, t. XXI, 1900, 839.

[4] *Hamartigenia*, vv. 402-403 (CSEL, t. LXI, 143 ; PL, LXI, 1040 B).

[5] *Carmen XV* (MGH, *Auct.*, t. VIII, 239 ; PL, LVIII, 718 A).

En maints passages de ses œuvres, saint Jérôme n'hésite pas à qualifier de la sorte la doctrine de Rufin d'Aquilée. En 406, dans son *Commentaire sur Osée*, c'est dans les termes suivants qu'il fait allusion aux traductions de Rufin :

« Tu autem, Pammachi, qui nos facere praecepisti hoc, necesse est ut factor sis imperii tui, et Amafinios ac Rabirios nostri temporis qui de Graecis bonis latina faciunt non bona et homines eloquentissimos ipsi elingues transferunt evangelico calces pede hydramque et scorpium iuxta fabulas poetarum aduras cauterio, solea conteras, et Scyllaeos canes ac mortifera carmina sirenarumque surda aure pertranseas [1]. »

En 411, commençant son *Commentaire sur Ezéchiel*, il apprend la mort de Rufin et lui consacre ce souvenir plein d'âpreté :

« Scorpiusque inter Enceladum et Porphyrionem Trinacriae humo premitur, et Hydra multorum capitum contra nos aliquando sibilare cessavit : datumque tempus quo non haereticorum respondere insidiis, sed Scripturarum expositioni incumbere debeamus [2]. »

Enfin, au VIe livre de ce même commentaire, la même image fait son apparition :

« Putabam quod medio serpente confosso, non reviviscerent hydrae novella plantaria et iuxta fabulas poetarum Scylla mortua, nequaquam in me Scyllaei saevirent canes qui latrare non cessant et, haereticis Dei percussis manu, ne tentarentur, si fieri potest, etiam electi Dei ; haeresis ipsa non moritur, haereditariis contra nos odiorum suorum catulis derelictis [3]. »

Il était logique de poursuivre l'allégorie et d'appeler *clava* la doctrine orthodoxe. Et de fait, dans le IIIe livre de son *Commentaire sur Jérémie*, saint Jérôme n'hésite pas à comparer Pélage au chien Cerbère :

---

[1] *Comm. in Oseam*, lib. II (PL, XXV, 860 D).

[2] *Comm. in Ezech.*, lib. I, Praef. (PL, XXV, 16 B-17 A).

[3] *Ibidem*, lib. V (col. 165 s.). D'autres qualificatifs analogues appliqués par saint Jérôme à Rufin ont été réunis par F. CAVALLERA, *Saint Jérôme, sa vie et son œuvre*, t. II (*Spicilegium Sacrum Lovaniense*, fasc. 2), Louvain, 1922, p. 131-135.

« Ipseque mutus latrat per Alpinum canem, grandem et corpulentum, et qui calcibus magis possit saevire quam dentibus. Habet enim progeniem Scotticae gentis de Brittannorum vicinia, qui iuxta fabulas poetarum instar Cerberi spiritali percutiendus est clava et aeterno cum suo magistro Plutone silentio conticescat [1]. »

De là à parler de la lutte entre l'*evangelica clava* et l'erreur, il n'y a qu'un pas. Et voici ce qu'on peut lire dans la lettre adressée par Alcuin au patriarche Paulin d'Aquilée, où il fait allusion à Elipande, dont il semble noter l'obstination après la conversion de Félix.

« Nunc iterum antiquus serpens de dumis Hispanici ruris et de speluncis venenatae perfidiae contritum, non Herculea sed evangelica clava, caput relevare conatur, et prioribus nequitiae poculis nova maledictionis toxica inmiscere [2]. »

Or, la collection des *Sententiae* fournit aux lecteurs toute la pensée des saints Pères pour défendre contre l'erreur la doctrine orthodoxe de la Trinité. Il semble donc naturel de lire dans cet esprit, au début des *Sententiae :... hoc vestrae pietati do, id est sententias sanctorum patrum ex magno campo scripturarum studiose excerptas ut clavam de manu Erculi...*

Pour ces motifs, nous estimons que la thèse de l'origine espagnole des *Sententiae* ne peut trouver dans la leçon, *claves de manu Erculi* [3], aucun fondement sérieux. Au contraire, elle se justifie parfaitement quand on l'appuie sur la transmission manuscrite et sur la parenté qu'elle offre avec d'autres écrits authentiquement espagnols.

---

[1] *Comm. in Jerem.*, lib. III (CSEL, t. LIX, 151 ; PL, XXIV, 758 B).

[2] *Epist.* CXXXIX *(al. CXIII), ad Paulinum Patriarcham,* de l'an 800 (MGH, *Epistolae,* t. IV, p. 221 ; PL, C, 342 C).

[3] Dans la recension qu'il fait de l'œuvre de Kuenstle dans la *Römische Quartalschrift,* t. XV, 1901, 72 et suiv., De Waal produit un curieux témoignage sur la *clava* d'Hercule : « Zu dem Schlüssel des Herkules » geben wir eine Fingerzeig in dem *Anonymus Magliabecchianus,* einer Stadtbeschreibung Roms zwischen 1410 und 1415, bei Urlichs, *Codex U. R. topographicus,* p. 149 seq., wo es p. 164 heisst : *In foro boario fuit templum Herculis, ubi nunc sancta Anastasia,quod primum templum in partibus ubi nunc est Roma aedificatum fuit et adhuc apparet, ubi in eius porta suspensa clava est quam ipse Hercules portabat in manu, cuius olphatu dum odorabant canes et muscae in templum intrantes ipso olphatu refugiebant.*

IV

L'identification du *Dialogus* pseudo-augustinien comme source principale des *Sententiae*, nous offre quelques indices pour fixer la chronologie de ce dernier ouvrage.

Le *Dialogus LXV quaestionum* dépend, entre autres sources, des *Commentaires sur la Genèse* du pseudo-Eucher. Cette dépendance, qu'affirmaient déjà les Mauristes [1], se prouve strictement par une simple comparaison des deux œuvres :

La *Quaestio XXII* (PL, XL, 740) dépend de PL, L, 895 B.

La *Quaestio XXIII* (PL, *ibid.*) dépend de PL, *ibid.*, D.

La *Quaestio XXIV* (PL, *ibid.*, 741), dépend de PL, *ibid.*, 896D.

La *Quaestio XXV* (PL, *ibid.*), dépend de PL, *ibid.*, etc., etc.

De la *Quaestio XXII* jusqu'à la fin, comparez encore la *Quaestio* LXII avec PL, L, 946, — le *Dialogus* dépend continuellement et strictement des *Commentaires ;* il suffit, pour s'en rendre compte, de suivre les références à la *Genèse* qui sont mentionnées dans les deux œuvres.

D'autre part, les *Commentaires sur la Genèse* du pseudo-Eucher, vaste compilation prise de saint Augustin, saint Jérôme, saint Grégoire, saint Isidore de Séville et d'autres écrivains [2], sont considérés comme une œuvre très postérieure au VIe siècle [3]. S'ils ont servi de source au *Dialogus* et si le *Dialogus* à son tour a pu fournir plus de trois chapitres aux *Sententiae*,

---

[1] Cfr PL, XL, 733 ; voir aussi E. PORTALIÉ, « Augustin », dans le DTC, t. I, col. 2309.

[2] Le passage consacré aux bénédictions des patriarches est emprunté à Alcuin, et celui-ci les doit à Bède (cfr H. MORETUS, *Les Bénédictions des Patriarches*, dans *Bulletin de littérature ecclésiastique*, 1909, p. 399 et 1910, p. 93-99), plutôt qu'à saint Grégoire (cfr *Histoire littéraire de la France*, t. II, Paris, 1735, p. 292).

[3] Cfr C. WOTKE, *Der Genesiskommentar* (I, 1, V, 1) *des Pseudo-Eucherius*... Vienne 1897, p. V ; BARDENHEWER, *Geschichte*, t. IV, p. 570 ; E. ANSPACH, *Das Fortleben Isidors im VII. bis IX. Jahrhundert*, dans les *Miscellanea Isidoriana*, Rome, 1936, p. 340 et suiv.

[4] Ainsi, dans la collection du *codex Augiensis* XVIII, le nombre des documents postérieurs au VIe siècle s'enrichit d'une nouvelle unité : saint Isidore, Alcuin, *Sententiae*... L'attribution de cette collection au VIe siècle en devient d'autant moins probable, et l'on ne peut considérer les documents de date ultérieure comme de pures insertions. Cfr O. BARDENHEWER, *Geschichte*, t. V, p. 394 ; J. A. DE ALDAMA, *El simbolo « Clemens Trinitas »*, dans *Gregorianum*, t. XIV, 1933, p. 496.

il est manifeste qu'il faut corriger la date assignée par Künstle à cette dernière œuvre.

Leur caractère de catéchisme trinitaire, par questions et réponses, une grande similitude de formules et d'expressions nous invitent spontanément à mettre cette œuvre en relation avec les formules de foi trinitaires du *codex* de Roda, dont nous avons parlé plus haut. La date qu'avec les éléments dont nous disposons nous avons assignée aux *Sententiae* et leur caractère espagnol trouvent dans la parenté qui les unit aux formules de Roda, authentiquement espagnoles celles-là, une nouvelle confirmation [1].

---

[1] Cfr Z. GARCIA VILLADA, *El Códice de Roda recuperado*, dans la *Revista de Filologia española*, t. XV, 1928, p. 127-128 ; *Historia eclesiástica de España*, t. II, 2, Madrid, 1933, p. 274-280. — Cette solution rejette la conjecture du P. N. Noguer, qui, sur les indications du P. F. FITA, proposa l'attribution des *Sententiae* à saint Léandre (*Razón y Fe*, t. II, 1902, p. 224).

TABLES

I. — TABLE DES MANUSCRITS CITÉS

II. — LISTE DES OUVRAGES CITÉS

ALCUIN. — *De fide Sanctae Trinitatis*, dans PL, CI.

— *Epistolae*, édit. E. DUEMMLER, dans MGH, *Epist.*, t. IV.

ALDAMA (de), J. A., S. J.— *El símbolo toledano, I. Su texto, su origen, su posición en la historia de los símbolos*, dans les *Analecta Gregoriana*, t. VII, 1934.

— *El símbolo « Clemens Trinitas ». Notas para su texto y su historia*, dans *Gregorianum*, t. XIV, 1933, p. 485-500.

ALTANER, B. — *Das Fortleben Isidors im VII bis IX Jahrhundert*, dans les *Miscellanea Isidoriana*, Rome, 1936, p. 323-356.

AMBROISE (S.). — *De fide ad Gratianum*, dans PL, XVI.

AMBROISE (PSEUDO-). — *De Trinitate*, dans PL, XVII.

ANSPACH, E. — *Taionis et Isidori nova fragmenta et opera*, Madrid, 1930.

ANTOLIN, G., E. S. A. — *Catalogo de los códices latinos de la real Biblioteca del Escorial*, Madrid, 1911 et suiv.

ATHANASE (S.). — *Contra arianos*, dans PG, XXVI.

AUGUSTIN (S.). — *Collatio cum Maximino arianorum episcopo*, dans PL, XLII.

— *Contra duas epistolas pelagianorum*, dans PL, XLIV.

— *Contra Maximinum arianorum episcopum*, dans PL, XLII.

— *Contra Secundinum manichaeum*, dans PL, XLII.

— *Contra sermonem arianorum*, dans PL, XLII.

— *De civitate Dei*, édit. HOFFMANN, dans CSEL, t. XL (PL, XLI).

— *De doctrina christiana*, dans PL, XXXIV.

— *De fide et symbolo*, dans PL, XL.

— *De Trinitate*, dans PL, XLII.

— *Enarrationes in Psalmos*, dans PL, XXXVI-XXXVII.

— *Enchiridion, sive de Fide, Spe et Charitate*, dans PL, XL.

— *Epistolae*, édit. GOLDBACHER, dans CSEL, t. XLIV (PL, XXXIII).

— *In Ioannis evangelium,* dans PL, XXXV.
— *Liber de peccato originali,* dans PL, XLIV.
— *Sermones,* dans PL, XXXVIII.

AUGUSTIN (PSEUDO-). — *Dialogus quaestionum LXV sub titulo Orosii percontantis et Augustini respondentis,* dans PL, XL.
— *Sermones,* dans PL, XL.

BADCOCK, F. J. — *Le « Credo » primitif d'Afrique,* dans la *Revue bénédictine,* t. XLV, 1933, p. 3-9.

BARDENHEWER, O. — *Geschichte der altkirchlichen Literatur,* t. I et II, 2e édit., Fribourg en Br., 1913-1914 ; t. III, 1912 ; t. IV, 1924 ; t. V, 1932.

BARDY, G. — *Paul de Samosate,* dans le *Spicilegium Sacrum Lovaniense,* t. IV, Louvain, 1929.

BASILE (S.). — *Homiliae,* dans PG, XXXI.

BAXTER, J.-H. — *Fons et origo,* dans l'*Archivum latinitatis medii aevi,* t. IV, 1928.

BLED, O. — « *Adalbert* », dans le *Dictionnaire d'histoire et de géographie ecclésiastique,* t. I, Paris, 1912, col. 443.

BOÈCE. — *De Trinitate,* dans PL, LXIV.

BOSSUET, L. B. — *La défense de la tradition (Œuvres,* édit. VIVÈS, t. IV, Paris, 1862).

BRUNS, H. TH. — *Canones Apostolorum et conciliorum saeculorum,* IV, V, VI, VII, Berlin, 1839.

BURN, A. E. — *An Introduction to the Creeds and to the Te Deum,* Londres, 1899.
— *The Athanasian Creed and its early Commentaries,* dans les *Texts and Studies,* t. IV, Cambridge, 1896.

CAVALLERA, F., S. J. — *La doctrine de saint Augustin sur l'Esprit-Saint à propos du « De Trinitate »,* dans les *Recherches de Théologie ancienne et médiévale,* t. II, 1930, p. 382-387.
— *Saint Jérôme, sa vie et son œuvre,* t. I et II, dans le *Spicilegium Sacrum Lovaniense,* fasc. I et II, Louvain, 1922.

CHENU, M. D., O. P. — « *Authentica* » *et* « *Magistralia* ». *Deux lieux théologiques aux XIIe-XIIIe siècles,* dans *Divus Thomas,* Plaisance, 1915, p. 257-285.

Chronique de l'anonyme de Tolède, édit. Th. MOMMSEN, dans MGH, *Auct. antiquissimi,* t. XI.

Chronique rimée des derniers rois de Tolède et de la conquête de l'Espagne par les arabes de l'anonyme de Cordoue, éditée et annotée par le P. J. TAILHAN, S. J., Paris, 1885.

Codex Iustinianus, édit. P. KRUEGER et TH. MOMMSEN.

DAREMBERG, CH. et SAGLIO, E. — *Dictionnaire des Antiquités grecques et romaines*, Paris, 1877-1919.

DEFERRARI, J. et MARSHALL, Campbell.— *A Concordance of Prudentius*, Cambridge, 1932.

DE WAAL. — Compte rendu de KUENSTLE, *Eine Bibliothek der Symbole*, dans la *Römische Quartalschrift*, t. XV, 1901, p. 72-73.

DI CAPUA, F. — *De clausulis a S. Leone Magno adhibitis*, dans les *Textus et Documenta Pontificiae Universitatis Gregorianae*, Series theologica, fasc. XV, Rome, 1934, p. XXIII-XXXII.

DIEKAMP, F. — Compte rendu de F. LOOFS, *Paulus von Samosata* dans la *Theologische Revue*, 1925, col. 210.

DOELGER, J. F. — *Sonne und Sonnesstrahl als Gleichnis in der Logos-theologie des christlichen Altertums*, dans *Antike und Christentum*, t. I, 1924, p. 271-290.

DOZY, R. — *Recherches sur l'histoire et la littérature de l'Espagne, pendant le moyen âge*, 3e édit., Paris, 1881.

DU CANGE (DU FRESNE), CH. — *Glossarium ad Scriptores mediae et infimae Latinitatis*, Venise, 1736-1740.

DZIALOWSKI (von) G. — *Isidor und Ildefons als Litterarhistoriker*, dans les *Kirchengeschichtliche Studien*, t. IV, 2, Munster, 1898.

EHRHARD, A. — *Die altchristliche Literatur und ihre Erforschung seit 1880*, dans les *Strassburger theologische Studien*, t. I, Fribourg en Br., 1894.

EUCHER DE LYON. — *Instructionum, ad Solonium*, édit. WOTKE, dans CSEL, t. XXXI.

FÉROTIN, D. M., O. S. B. — *Le « Liber Ordinum » dans l'Église wisigothique et mozarabe d'Espagne du cinquième au onzième siècle*, Paris, 1904.

Fides Damasi, dans BURN, *An Introduction to the Creeds*, Londres, 1899.

Fides Phoebadii, dans HAHN, *Bibliothek der Symbole*, Breslau, 1897.

FILASTRIUS DE BRESCIA (S.). — *Liber de haeresibus*, édit. MARX, dans CSEL, t. XXXVIII.

FISCHER, S. — *Sahagun und Toledo. Eine liturgiegeschichtliche Studie auf Grund spanischer Handschriften*, dans les *Gesammelte Aufsätze zur kulturgeschichte Spaniens. Spanische Forschungen*, t. III, 1931, p. 296 et suiv.

FLOREZ, H. — *España Sagrada*, t. VI, Madrid, 1751.

FORTUNATUS (PSEUDO-). — *Expositio fidei*, édit. B. KRUSCH, dans MGH, *Auct.*, t. IV.

FOURNIER, P. et LE BRAS, G. — *Histoire des Collections canoniques en Occident*, Paris, 1931.

FRIEBEL, O. — *Fulgentius der Mytograph und Bischof,* dans les *Studien zur Geschichte und Kultur des Altertums,* t. V, 1 et 2, Paderborn, 1911.

FULGENCE (S.). — *Contra sermonem Fastidiosi,* dans PL, LXV.

— *De fide ad Petrum,* dans PL, LXV.

— *De incarnatione Filii Dei,* dans PL, LXV.

— *De remissione peccatorum,* dans PL, LXV.

— *Epistolae,* dans PL, LXV.

— *Responsio contra arianos,* dans PL, LXV.

GALTIER, P., S. J. — *L'ὁμοούσιος de Paul de Samosate,* dans les *Recherches de Science religieuse,* t. XII, 1922, p. 30-45.

GAMS, P. B. — *Die Kirchengeschichte von Spanien,* t. II, 2, Ratisbonne, 1874.

GARCIA DE LOAISA. — *Collectio Conciliorum Hispaniae,* Madrid, 1593.

GARCIA VILLADA, Z., S. J. — *Historia eclesiástica de España,* Madrid, 1929 et suiv.

— *El Códice de Roda recuperado,* dans la *Revista de Filología española,* t. XV, 1928, p. 113-130.

GENNADE (S.). — *Liber ecclesiasticorum dogmatum,* édit. TURNER, dans *The Journal of Theological Studies,* t. VII, 1906.

GHELLINCK (de), J., S. J. — *Le mouvement théologique du XII*[e] *siècle,* Paris, 1914.

GONZALEZ, F. A. — *Collectio canonum Ecclesiae Hispanae ex probatissimis ac pervetustis codicibus nunc primum in lucem edita a publica matritensi Bibliotheca,* Madrid, 1808.

GRÉGOIRE (S.). — *Epistolae,* édit. P. EWALD et M. HARTMANN, dans MGH, *Registrum Epist.,* t. I et II.

— *Moralium libri,* dans PL, LXXV.

GRÉGOIRE D'ELVIRE. — *De Fide orthodoxa contra Arianos,* dans PL, XVII.

HAHN, A. — *Bibliothek der Symbole und Glaubensregel der alten Kirche.* Dritte Auflage von L. HALM, Breslau, 1897.

HARDOUIN, J., S. J. — *Conciliorum Collectio regia maxima,* Paris, 1715 et suiv.

HEFELE, Ch. et LECLERCQ, H. — *Histoire des conciles d'après les documents originaux...* Nouvelle traduction française... corrigée et augmentée de notes critiques et bibliographiques, Paris, 1907 et suiv.

HEINRICH, J. B. — *Dogmatische Theologie,* t. IV, Mayence, 1885.

HILAIRE DE POITIERS (S.). — *De synodis,* dans PL, X.

— *De Trinitate,* dans PL, X.

Histoire littéraire de la France, t. II, Paris, 1735.

IDACE. — *Chronique*, édit. TH. MOMMSEN, dans MGH, *Auct. Antiquissimi*, t. XI.

ILDEPHONSE (S.). — *De perpetua virginitate S. Mariae*, dans PL, XCVI.

INNOCENT III. — *Epistolae*, dans PL, CCXIV.

ISIDORE (S.). — *De fide catholica contra Iudaeos*, dans PL, LXXXIII.

— *De officiis*, dans PL, LXXXIII.

— *De ordine creaturarum*, dans PL, LXXXIII.

— *Differentiae*, dans PL, LXXXIII.

— *Etymologiae*, édit. LINDSAY, Oxford, 1911 (PL, LXXXII).

JÉROME (S.). — *Commentarium in Ezechiam*, dans PL, XXV.

— *Commentarium in Ieremiam*, édit. REITER, dans CSEL, t. LIX.

— *Commentarium in Oseam*, dans PL, XXV.

JULIEN DE TOLÈDE (S.). — *De tribus Capitulis liber apologeticus*, dans PL, XCVI.

KOESTERS, L. — *Unser Christusglaube, Das Heilandsbild der katholischen Theologie*, Fribourg en Br., 1937.

KREBS, E. — *Dogma und Leben*, I, Paderborn, 1923.

KREBS, J. PH. — *Antibarbarus der lateinischen Sprache*, Bâle, 1888.

KRUEGER, G. — Compte rendu de KUENSTLE, *Eine Bibliothek der Symbole*, dans la *Theologische Literaturzeitung*, t. XXVI, 1901, p. 529-531.

KUENSTLE, K. — *Antipriscilliana. Dogmengeschichtliche Untersuchungen und Texte aus dem Streite gegen Priscillians Irrlehre*, Fribourg en Br., 1905.

— *Eine Bibliothek der Symbole und theologischer Traktate zur Bekämpfung des Priscillianismus und westgothischen Arianismus aus dem VI Jahrhundert*, dans les *Forschungen zur christlichen Literatur und Dogmengeschichte*, de A. EHRHARD et J. P. KIRSCH, t. I, 4, Mayence, 1900.

KUHN, J. — *Katholische Dogmatik*, t. II, *Die christliche Lehre von der gottlichen Dreieinigkeit*, Tubingue, 1857.

LA SERNA (DE) SANTANDER, C. — *Praefatio historico-critica in veram et genuinam collectionem veterum canonum ecclesiae hispanae*, dans PL, LXXXIV, col. 845-914.

LAURAND, L., S. J. — *Études sur le style des discours de Cicéron*, Paris, t. III, 1927.

— *Pour mieux comprendre l'antiquité classique*, Paris, 1936.

LEBRETON, J., S. J. — *Les origines du dogme de la Trinité,* t. I, 6e édit., Paris, 1927.

LECLERCQ, H., O. S. B. — *L'Espagne chrétienne,* Paris, 1906.

LENNERZ, H., S. J. — *Wurde die XI synode von Toledo,* 675, *von Innocenz III. als « authentisch » erklärt ?,* dans la *Zeitschrift für katholische Theologie,* t. XLVIII, 1924, p. 322-324.

LÉON I. — *Epistolae,* dans PL, LIV.

— *Sermones,* dans PL, LIV.

LEVIS (DE), E. — *Anecdota sacra,* Turin, 1789.

Liber ordinum, voir FÉROTIN.

LIDDEL, H. C. et SCOTT, R. — *A Greek-English Lexicon,* nouvelle édition par H. STUART JONES, Oxford, 1927.

LIETZMANN, H. — Compte rendu de KUENSTLE, *Eine Bibliothek der Symbole,* dans la *Theologische Rundschau,* t. V, 1902, p. 109.

LOOFS, G. — *Paulus von Samosata,* Leipzig, 1924.

MAI, A. — *Nova Patrum Bibliotheca,* Rome, 1852 et suiv.

MAASSEN, F. — *Geschichte der Quellen und der Literatur des canonischen Rechts im Abendlände bis zum Ausgange des Mittelalters,* Gratz, 1877.

MADOZ, J., S. J. — *El florilegio patrístico del II concilio de Sevilla (a.* 619), dans les *Miscellanea Isidoriana,* Rome, 1936, p. 177-220.

— *L'authenticité d'un des derniers sermons de saint Augustin confirmée par le second concile de Séville,* dans la *Revue d'histoire ecclésiastique,* t. XXXII, 1936, p. 340-345.

— *Le symbole du IVe concile de Tolède,* dans la *Revue d'histoire ecclésiastique,* t. XXXIV, 1938, p. 5-20.

MANITIUS, M. — *Geschichte der lateinischen Literatur des Mittelalters,* t. I, Munich, 1911.

MANSI, J. D. — *Sacrorum Conciliorum nova et amplissima collectio...,* Florence, Paris, Leipzig, 1759-1927.

MEYER, W. — *Gesammelte Abhandlungen zur mittellateinischen Rythmik,* t. I, Berlin, 1905.

MICHEL, A. — « *Relations divines* », dans le *Dictionnaire de Théologie catholique,* t. XIII, Paris, 1937, col. 2137.

MORIN, G., O. S. B. — *Deux sermons africains du Ve-VIe siècle,* dans la *Revue Bénédictine,* t. XXV, 1923, p. 235-245.

— *La collection gallicane dite d'Eusèbe d'Emèse et les problèmes qui s'y rattachent,* dans la *Zeitschrift für die neutestamentliche Wissenschaft,* t. XXXIV, 1935, p. 92-115.

— *L'origine du symbole d'Athanase : témoignage inédit de saint*

Césaire d'Arles, dans la *Revue Bénédictine*, t. XLIV, 1931, p. 205-219.

— *Sancti Augustini Sermones post Maurinos reperti*, dans les *Miscellanea Agostiniana*, t. I, Rome, 1930.

— *Sancti Caesarii Arelatensis Opera Omnia*, t. I, *Sermones*, Maredsous, 1937.

NARDUCCI, H. — *Catalogus codicum manuscriptorum praeter graecos et orientales in Bibliotheca Angelica*, Roma, 1893.

NICOLAU, M. G. — *L'origine du « cursus » rythmique et les débuts de l'accent d'intensité en latin*, Paris, 1930.

NORDEN, E. — *Die antike Kunstprosa*, Leipzig, 1898.

OMMANEY, G. D. W. — *A critical dissertation on the Athanasian Creed*, Oxford, 1894.

OTTO, A. — *Die Sprichwörter und sprichtwörtlichen Redensarten der Römer*, Leipzig, 1890.

PAULIN DE NOLE (S.). — *Carmen*, dans CSEL, t. LXI (PL, XXX).

PENIDO, T. L. — *Gloses sur la procession d'amour dans la Trinité*, dans *Ephemerides theologicae Lovanienses*, t. XIV, 1937, p. 33.

PETAU, D., S. J. — *De Trinitate* (*Dogmata theologica*, édit. FOURNIALS, t. II, Paris, 1865).

POLHEIM, K. — *Die lateinische Reimprosa*, Berlin, 1925.

PORTALIE, E., S. J. — « *Augustin* », dans le *Dictionnaire de Théologie catholique*, t. I, Paris, 1909, col. 2267-2472.

PRESTIGE, G. L. — *God in Patristic Thought*, Londres, 1936.

Professio Adalberti, dans HAHN, *Bibliothek der Symbole*, n. 246.

PRUDENCE. — *Apoteosis*, dans CSEL, t. LXI.

— *Hamartigenia*, dans CSEL, t. LXI.

QUENTIN (dom), H., O. S. B. — *Jean Dominique Mansi*, Paris, 1900.

RÉGNON (DE), TH. — *Études de Théologie positive sur la sainte Trinité*, Paris, 1892-1898.

SAENZ DE AGUIRRE, J. — *Collectio maxima Conciliorum omnium Hispaniae et Novi Orbis*, Rome, 1693.

SAMSON. — *Apologeticus*, dans FLOREZ, H., *España Sagrada*, Madrid, 1753, t. II, p. 325-516.

SCHEEBEN, M. J. — *Handbuch der katholischen Dogmatik*, t. I, Fribourg, 1873.

SCHMAUS, TH. M. — *Die psychologische Trinitätslehre des hl. Augustinus*, dans les *Münsterische Beiträge zur Theologie*, t. XI, Munster, 1927.

SCHWANE, J. — *Dogmengeschichte der vornizänischen Zeit*, t. II, Fribourg en Br., 1895.

SCHWARTZ, E. — *Acta Conciliorum Œcumenicorum, iussu atque mandato Societatis scientiarum Argentoratensis*, Berlin et Leipzig, 1922 et suiv.

Sententiae SS. Patrum excerptae de fide S. Trinitatis, dans KUENSTLE, *Eine Bibliothek der Symbole und theologischer Traktate zur Bekämpfung des Priscillianismus und westgothischen Arianismus aus dem VI Jahrhundert*, dans les *Forschungen zur christlichen Literatur und Dogmengeschichte*, t. I, Mainz, 1900.

SERRANO (dom). — *La obra « Morales de S. Gregorio » en la literatura hispano-goda*, dans la *Revista de Archivos, Bibliotecas y Museos*, t. XXIV, 1911, p. 482-497.

SIDOINE APOLLINAIRE. — *Carmen XV*, édit. F. VOGEL, dans MGH, *Auct. antiquissimi*, t. VIII.

SILVA-TAROUCA, CH., S. J. — *Nuovi Studi sulle antiche lettera dei Papi*, dans *Gregorianum*, t. XII, 1931, p. 3-56 ; 349-425 ; 547-598 (en tiré à part, Rome, 1932, 107 pages).

— *Le antiche lettere dei papi, e le loro edizioni*, dans la *Civilta Cattolica*, t. LXXI, 1921, p. 13-22 ; 323-336.

— *Die Quellen der Briefsammlungen Papst Leos des Grossen*, dans *Papsttum und Kaisertum... Paul Kehr dargebracht*, Munich, 1926, p. 23-47.

— *Beiträge zur Ueberlieferungsgeschichte der Papstbriefe des IV-VI Jahrhunderts*, dans la *Zeitschrift für katholische Theologie*, t. XLIII, 1910, p. 467-481 ; 657-692.

SOPHOCLES, E. A. — *Greek Lexicon*, New-York, 1900.

Statuta Ecclesiae Antiqua, dans PL, LVI.

STEVENSON et DE ROSSI. — *Codices Palatini latini Bibliothecae Vaticanae*, Rome, 1886.

STIGLMAYR, J., S. J. — *Das « Quicumque » und Fulgentius von Ruspe*, dans la *Zeitschrift für katholische Theologie*, t. XLIX, 1925, p. 340-357.

TAILHAN, J., S. J. — (Anonyme de Cordoue). *Chronique rimée des derniers rois de Tolède et de la conquête de l'Espagne par les arabes*, Paris, 1885.

— *Les Bibliothèques espagnoles du haut moyen âge*, dans *Nouveaux mélanges d'archéologie, d'histoire et de littérature sur le moyen âge*, par Ch. CAHIER, t. IV, Paris, 1877.

TAYON (S.). — *Sententiae*, dans PL, LXXX.

— *Taionis et Isidori nova fragmenta et opera*, édit. ANSPACH, Madrid, 1930.

TERTULLIEN. — *Adversus Praxeam*, édit. KROYMANN, dans CSEL, t. XLVII.

— *Adversus Valentinianos,* dans PL, II.

— *De praescriptione haereticorum,* édit. MARTIN, *Florilegium Patristicum,* fasc. IV, Bonn, 1930.

TEUFFEL, W. S. — *Geschichte der römischen Literatur,* t. III, Leipzig, 1913.

THÉODULPHE D'ORLÉANS. — *De Spiritu Sancto,* dans PL, CV.

Thesaurus linguae latinae. Editus auctoritate et consilio Academiarum quinque germanicarum : Berolinensis, Gottingensis, Lipsiensis, Monacensis, Vindobonensis, Leipzig, 1900.

THOMAS D'AQUIN. — *Summa theologica.*

TIXERONT, J. — *Histoire des dogmes dans l'antiquité chrétienne,* Paris, 1924-1928.

TURNER, C. H. — *Ecclesiae occidentalis Monumenta iuris antiquissima,* Oxford, 1899 et suiv.

— Compte rendu de KUENSTLE, *Eine Bibliothek der Symbole,* dans *The Journal of Theological Studies,* t. II, 1901.

VICTOR DE VITE. — *Historia persecutionis Africanae provinciae,* édit. PETSCHENIG, dans CSEL, t. VII.

VIGILE DE THAPSE. — *Contra arianos, sabellianos et Photinum, dialogus,* dans CSEL, t. VII.

— *Contra Eutychetem,* dans PL, LXII.

VIGILE (PSEUDO-). — *De Trinitate,* dans PL, LXII.

VINCENT DE LÉRINS (S.). — *Commonitorium,* édit. G. RAUSCHEN, dans *Florilegium patristicum,* fasc. V, Bonn, 1906.

WERMINGHOFF, A. — *Verzeichnis der Akten fränkischer Synoden von 843-918,* dans *Neues Archiv,* t. XXVI, 1901, p. 639.

WILMART, A., O. S. B. — *La tradition des grands ouvrages de saint Augustin,* dans les *Miscellanea Agostiniana,* t. II, *Studi Agostiniani,* Rome, 1931, p. 257-315.

III. — TABLE DES CITATIONS

I. — CITATIONS BIBLIQUES

II. — CITATIONS DES PÈRES, DES CONCILES ET DES SYMBOLES

IV. — TABLE ALPHABÉTIQUE DES NOMS PROPRES ET DES MATIÈRES

TABLE ANALYTIQUE DES MATIÈRES

TABLES

IMPRIMATUR :
Lovanii, die 1 Iulii 1938,

P. LADEUZE,
Rector Universitatis,
deleg.

IMPRIMERIE J. DUCULOT, GEMBLOUX, BELGIQUE (*Imprimé en Belgique*).